朱春龙◎著

曾国藩

ZENGGUOFAN

呆书生乱世活命记

时代出版传媒股份有限公司
北京时代华文书局

图书在版编目（CIP）数据

曾国藩：呆书生乱世活命记／朱春龙著. —北京：北京时代华文书局，2014.9
ISBN 978 - 7 - 80769 - 851 - 7

Ⅰ. ①曾…　Ⅱ. ①朱…　Ⅲ. ①曾国藩（1811～1872）－ 传记　Ⅳ. ①K827 = 52

中国版本图书馆 CIP 数据核字（2014）第 208690 号

世纪人物传记系列
曾国藩：呆书生乱世活命记
著　　者｜朱春龙

出 版 人｜田海明　朱智润
选题策划｜黎　雨
责任编辑｜胡俊生　李　荡
责任校对｜闻　天
装帧设计｜张子航
责任印制｜刘　银
营销推广｜新业文化

出版发行｜时代出版传媒股份有限公司 http://www. press – mart. com
　　　　　北京时代华文书局 http://www. bjsdsj. com. cn
　　　　　北京市东城区安定门外大街 136 号皇城国际大厦 A 座 8 楼
　　　　　邮编：100011　　电话：010 – 64267120　64267397
印　　刷｜河北信德印刷有限公司
开　　本｜710 × 1000mm　1/16
印　　张｜18.5
字　　数｜264 千字
版　　次｜2015 年 1 月第 1 版　　2024 年 1 月第 2 次印刷
书　　号｜ISBN 978 - 7 - 80769 - 851 - 7

定　　价｜58.00 元

前　言

在大清国的正史上，他被誉为："器成远大，忠诚体国"①的股肱重臣；"阐程朱之精蕴，学茂儒宗"②的学问大家；"克己省身"③、"一如寒素"④的自律典范；"虽屡经困厄"⑤而"坚忍卓绝"⑥的精神领袖；"节劲凌霜，正直律躬"⑦的耿耿铮臣；知人善任、"推贤让能"⑧的现世伯乐；"持己所学，陶铸群伦"⑨的吐哺良师；"晓畅戎机"⑩、决胜千里的军事统帅；"器识宏深"⑪、高瞻远瞩的洋务先驱……

然而，他同时也被认为："吾祖民贼"⑫；"汉奸刽子手"⑬……

那么，这个身披众多荣耀与光环、被历史上誉为晚清中兴第一名臣、一代完人，开创了晚清乃至中国历史上无数先河、被捧上九天之上的人；这个被骂作失去人性，"不晓得有本族、异族之分"⑭、"只晓得替满人杀同胞"⑮而被打入十八层地狱的人到底是谁呢？

他就是"誉之则为圣相，谳之则为元凶"⑯、仁者见仁、智者见智、众说纷纭的曾国藩。

对于任何一位成功人士来说，吸引人们眼球的，往往只是他们周身萦绕着的那些虚无缥缈的灿烂与神秘。也正是这些所谓的灿烂与神秘，让无数不明真相的人去顶礼膜拜，推崇仰视。

长期以来，不管人们如何看待曾国藩在历史上的地位，如何评论他的功过是非，但就其个人而言，没有谁能否定他的道德文章、困知勉行，没有人能否定他知人善任、忠诚谋国，也没有人能否定他廉洁自律、以身作则。从这一点来说，曾国藩始终都是被作为成功人士的典范来示人的。

在中国古代的历史上，曾国藩立德立言立功、成就人生的经历与辉煌，历来为人们啧啧赞赏；对他十年九迁、封侯拜相的成功，更是充满了无法企及的仰慕与艳羡。其实，曾国藩的成功和其他任何人的成功没有什么本质的不同，都是经历了无数鲜为人知的坎坷、起伏、窘困与险恶，甚至是生死系于一线的劫难。而这种境遇，几乎伴随了曾国藩的一生。

本书试图从一个全新的视角，依据翔实的史料，揭秘曾国藩一生所遭遇的那些困顿与险厄，灾难和霉运，从而展示出一个鲜为人知、困知勉行的另类曾国藩。

注释：

① 《曾国藩全集·首卷》：《谕赐祭文》。

② 《曾国藩全集·首卷》：《谕制碑文》。

③④ 《曾国藩全集·首卷》：《江苏巡抚何璟奏》。

⑤⑥ 《曾国藩全集·首卷》：《同治十一年四月二十八日上谕》。

⑦ 《曾国藩全集·首卷》：《谕赐祭文》。

⑧ 《曾国藩全集·首卷》：《太子少保安徽巡抚英翰奏》。

⑨ 《曾国藩全集·首卷》：《皇清诰授光禄大夫赠太傅，武英殿大学士两江总督一等毅勇侯曾文正公神道碑》。

⑩⑪ 《曾国藩全集·首卷》：《国史本传》。

⑫ 章太炎之《检论》。

⑬ 范文澜之《中国近代史》。

⑭⑮ 陈天华之《陈天华集》。

⑯ 章太炎之《检论》。

目　录

1

梦魇始于科举

如果说人生是一条河，它就一定不乏惊涛骇浪、千回百转。

如果说人生是一出戏，它就一定充满喜怒哀乐、悲欢离合。

如果说人生是一场梦，它就一定会有异想天开、错愕惊魂。

作为一名成功者，曾国藩当然不乏那些共性的优良品质，但更多的却是他遭受的那些异于他人的境遇。那么，在曾国藩成功的背后，究竟饱尝了哪些不为人知的艰辛、苦楚，甚至是生死抉择？在这些境遇的后面，隐藏着哪些鲜为人知的故事呢？

科举，是封建社会所有士子谋求改变命运的最根本的出路之一。然而，科举之路却往往布满非人性的荆棘与坎坷、泪水与鲜血。为了改变命运，曾国藩也不得不懵懂地踏上这条好似看得见，却又似摸不着，而且异常艰险的科举之路。

曾国藩最终是以八股登堂入室，顺利地跻身士林，成为读书人中的幸运者和科举制度的受益者。然而就是这个幸运者、受益者，也曾经遇到过刻骨铭心的挫折，其平生的第一个大跟头，就是跌倒在梦魇般的科举之路上。

"神话"养成了一颗傲心

在曾国藩看来，科举也就是那么回事儿，远不像别人说的那么恐怖。

曾国藩，原名子诚，字伯涵，乳名宽一。清嘉庆十六年（1811 年）十月十一日亥时，出生在湖南省长沙府湘乡白杨坪，今属湖南省娄底市双峰县荷叶镇天子坪。

曾国藩是地地道道的草根出身。他出生时，家里虽有几亩薄田，但很难称得上富裕。曾家的祖上都是种田人，尽管从曾国藩祖父那辈起开始重视读书，但也没有出现什么出类拔萃的人才，所以也就无法改变家族的命运，充其量算是个耕读之家。以曾国藩的父亲曾麟书（字竹亭）为例，书倒是读了差不多一辈子，人也勤奋，但资质平平，无论怎么努力都成效甚微，一直到过了不惑之年才考取个秀才。而作为家族的长门长孙，曾国藩的出生无疑承载了家族无尽的希望。

这时，只有十九岁的曾竹亭的爷爷曾竟希已年近七旬，父亲曾星冈三十七岁。在封建社会中，长门长孙是一个无比荣耀的身份，自然而然就具有其他人难以比拟的优越地位和不同身价。曾国藩一出生，就由于这个长门长孙的身份而备受整个曾氏家族的垂青和厚爱。尤其在曾国藩的曾祖父竟希公看来，曾孙的出生，是自己一辈子积德行善的结果，更是好人有好报的具体体现，所以对尚在襁褓中的曾国藩特别垂爱，呵护有加，"极欣爱之"[①]，一天不看上几眼就像生活缺少了阳光。在曾竟希的心里，这个曾孙就是曾氏家族全部的未来和希望。

曾国藩也似乎身负某种特殊使命，从小就"状貌端重"[②]，联想到成年的曾国藩"为人威重，美须髯，目三角有棱"[③]的形象，我们不得不相信那不是一朝一夕的表现，敢情人家打小很会"玩深沉"。儿时的曾国藩就具有"异举"，其动静坐卧与同龄的孩子截然不同，有的方面甚至令人匪夷所思。比如，从出生到三岁，全家人就没有听过曾国藩哭一声。

那个时候，曾国藩的母亲江太夫人终日劳作，操持着整个家族的里里外外，没有多少时间来专门照看他，曾国藩的日常起居就由祖母来承担。

曾国藩不哭不闹，并不需要什么特殊的关照，每天不声不响地依偎在祖母的身边，看着祖母用纺车纺线。看到花开听到鸟鸣，就会目不转睛地斜着眼睛观看，表现出有所领悟到样子，就像一个小大人，这让老祖母惊奇不已。

曾国藩六岁那年，曾祖父竟希公以七十四岁高龄谢世。曾国藩"哭泣甚哀，执丧若成人"④——哭得非常伤心，异常哀痛。在整个发丧期间，曾国藩表现得就像是一个成年人。

曾国藩的这些表现的确异于一般的孩子。曾国藩的不凡之处，似乎也就是从这个时候开始显现。正所谓三岁看到老矣。

宠爱归宠爱，厚望归厚望，那不过都属于情感的范畴。对于曾氏家族来说，最重要最关键的是加强对曾国藩的培养和教育，祈望他能早日成才，早日光耀曾氏门楣。

清嘉庆二十年（1815 年），曾国藩已经五岁了。从这一年的十月起，曾国藩开始跟着父亲读书识字，从而迈出了平生读书治学的第一步。

曾国藩"诵读颖悟"⑤，聪明过人，属于那种一说就懂、一点就透的孩子，绝对是一个读书的好材料。只要具备了这种素质，再加上适当的引导，曾国藩的前途定会一片光明。看到曾国藩的表现，作为父亲兼先生的曾竹亭心花怒放，也使曾祖父竟希公越发地钟爱这个曾孙，对他寄予厚望。六岁的时候，曾国藩仍然跟着父亲在自家学习。为了更好地培养曾国藩，除了自己殷殷教诲之外，曾竹亭还特意为曾国藩聘请了一位叫陈雁门的先生，专门教曾国藩读书写字。这段在家学习的时间大约持续了两年左右。其实这两年，仅仅就是曾国藩的试学阶段，学习的内容主要局限于一些简单的读读写写，相当于上学前班，而真正开始接受系统的教育则始于清嘉庆二十二年（1817 年）。

这一年，曾国藩的父亲曾竹亭参加童试再次落第，在家里办了一个名曰"利见斋"的私塾，收了十名学生，一边授徒一边备考，曾国藩就是这十名学生之一。从此，曾国藩开始接受长达八年之久的开蒙教育。

在私塾里，由于曾竹亭"训诱专勤"、用心教导，曾国藩的书读得颇为顺利，到九岁的时候就已经读完了《易》《书》《诗》《礼》《春秋》五部儒家经典，并开始尝试学习科举必考的八股文和应试诗帖。曾国藩学得有模有样，很像那么回事儿了。

曾国藩十岁那年，弟弟曾国潢出生了。满心欢喜的曾竹亭笑着告诉曾国藩说："你现在有弟弟了。"⑥并以"兄弟怡怡"⑦为题，命曾国藩即席做一篇文章。曾国藩稍加思索后便一挥而就。

读着曾国藩文辞简约却情真意切的文章，曾竹亭不由大喜过望，连声称赞儿子"文中有至性语，必能以孝友承其家矣"⑧，坚信儿子一定能为曾家增光添彩，继往开来。

时光荏苒，白驹过隙。转眼间曾国藩十四岁了。在这八年的学习生活中，作为父亲兼业师的曾竹亭对曾国藩可谓日夜操劳，不厌其烦，倾其所能，呕心沥血。曾国藩曾深情地回忆道："国藩愚陋，自八岁侍府君于家塾，晨夕讲授指画，耳提不达，则再诏之。已而三覆之。或携诸途，呼诸枕，重叩其所宿惑者，必通彻乃已。"⑨

经过曾竹亭八年光景的悉心培养，曾国藩的德业已经大有长进，各个方面都显露出可造之才的潜质。

清道光四年（1824年）某天，曾家来了一位客人，这位客人名叫欧阳沧溟，是曾竹亭的挚友。欧阳沧溟不是一般的客人，他在湖南学界可称得上是大名鼎鼎，如雷贯耳。

欧阳沧溟，名凝祉，字福田。湖南衡阳人氏。欧阳沧溟三岁丧父，是母亲一手把他拉扯大的。母亲是一位女强人，不仅照料欧阳沧溟的饮食起居，更教导他立志成人。欧阳沧溟"恪遵母训，跬步必谨"。在母亲的教育下，欧阳沧溟一生"无触杵人，即终生不以言色加人。或戒以慎无耽酒，即没齿不近杯勺"⑩。

年纪稍大一些后，欧阳沧溟便"嶷然自厉于学，不假董督"⑪。欧阳沧溟的学业进步很大，"人为学官弟子，旋补廪膳生。远近归仰，交币迎致"⑫。欧阳沧溟一生以教书育人为生，在"适馆课徒"的四十年和主讲莲湖书院的十年时间里，所教授的学生达数百人之多，在当地可谓德高望重，广受尊敬。

欧阳沧溟慧眼灼灼，一下子就注意到了年仅十四岁的曾国藩，认真观看了曾国藩所展示的书法、文章、诗词后，欧阳沧溟表示非常欣赏，给予了充分肯定。见儿子的学业得到了欧阳沧溟的肯定与赞赏，曾竹亭心里自然高兴得不得了。为了进一步展示儿子的才艺，更是为了实际检验儿子的实力，曾竹亭请欧阳沧溟甚至当场出题测试一下曾国藩。欧阳沧溟即以《共登青云梯》为题，命曾国藩作一首命题律诗。曾国藩很快就交了卷。读完曾国藩的诗，欧阳沧溟像发现宝贝一样连声叫好，赞扬曾国藩的诗句非同凡响，"是固金华殿中人语也"⑬，认定曾国藩是一个前途不可限量的"绩优股"。性情直率的欧阳沧溟甚至当即决定，把自己的大女儿许配给曾国藩。这对曾国藩来说可是件大事，他不仅因文而得到大师的赞赏，又因此而不费吹灰之力讨来了一个媳妇。

从这一年起，曾国藩开始随着父亲到省城长沙参加童子试。第二年，曾竹亭设了一个名曰"锡麟斋"的同族家塾，专门用来教授曾氏家族的子弟。曾国藩也在"锡麟斋"读书，跟着父亲系统学习《周礼》《仪礼》，兼读《史记》《文选》经典，收获颇丰。

清道光六年（1826年），十六岁的曾国藩随父赴长沙应童子试，居然一举中的，高中第七名。这既让全家人大喜过望，也让少不更事的曾国藩有些飘飘然——敢情科举这么简单呀？还以为是多难个事儿呢！

此后几年，曾国藩仍然跟随父亲读书，直到清道光十年（1830年），即曾国藩二十岁的时候离开家乡外出求学。

曾国藩在科举之路上小试牛刀，所崭露出的潜质让曾竹亭信心陡增，兴奋得心里就像着起了一团火。曾国藩毕竟已经迈出了成功的第一步，如果想走得再远一些的话，仅靠家学恐怕是难以为继，首先是作为业师的曾竹亭自己就没有那份自信。曾竹亭有自知之明，深知仅凭自己这两把刷子已经很难给曾国藩更大的帮助了，再这样把儿子留在身边的话，必定会妨碍儿子的长进，影响他未来的发展，甚至耽误了儿子的前途。为了给曾国藩创造一个更为有利的学习环境，提高学业水准，曾竹亭决定把曾国藩送出去深造。

想送出去容易，可是往哪儿送又成了问题。在当时湖南范围内，学馆书院倒是不少，但知根知底的并不多，害怕投错了门耽误了曾国藩的学业。后来经多方打听，听说与湘乡相邻的衡阳唐氏家塾有一位叫汪觉庵的先生声明最盛，水平了得，遂作为首选。

主意拿定以后，曾竹亭立刻就把曾国藩送到了衡阳汪觉庵先生的身边，曾国藩从此开始了为期四年的外出求学之旅。

但不知什么原因，曾国藩并没有跟随汪觉庵先生学习多长时间，没过多久就"肄业"了。时间虽短，但曾国藩还是受益匪浅。曾国藩认为，汪觉庵先生是自己非常值得尊敬和信赖的导师。

第二年，曾国藩返回家乡，进入当地的莲滨书院继续学习。曾国藩的诗文得到了莲滨书院山长刘元堂先生的赞叹和赏识，认为这个弟子将来必成大器，前途不可限量。是年冬月，曾国藩肄业于莲滨书院。

清道光十二年（1832 年），曾家好事连连，出现了一些新气象。先是读了大半辈子圣贤书的曾竹亭终于通过了府试，获得了第一名。其次是曾国藩在这次府试中也有收获，得以"佾（yì）生"的身份在县学注册。

进入清道光十三年（1833 年），曾家好运依旧。这一年，曾国藩通过了院试考试，成为一名生员（即秀才），并进入县学深造。在当时的历史背景下，当上了秀才就改变了其平民身份，就是正经八百的知识分子，也就是所谓有功名的人了。有了秀才这个头衔，就可以享受官方提供的一些特权。比如可以免除一个人的徭役，见到知县可以不下跪，以及不能随便被刑罚等等。考取了秀才并不等于大功告成，因为秀才本身并不是官员，仅是获得了追求成为士大夫的一个许可证或是敲门砖，距离真正登堂入室，踏入官宦阶层还遥遥无期。它的重要意义在于证明考生终于完成了童试，也就是全部基础性教育并通过了考试，已经具备了参加"正科"（即乡试）的资格了。

曾竹亭也在这次考试中终于过了关，实现了"秀才梦"。而此时的他已经四十三岁了。一想到"钝拙"的自己历时二十多年的辛勤苦读，"不以为烦苦"才取得的功名，曾竹亭不禁喜极而泣，感慨良多。但最让曾竹亭感到欣慰与自豪的还是儿子的出色表现，甚至为儿子能够后来居上，早早地就取得这样骄人的业绩而喜不自禁。

继曾氏父子在这年院试中双双中的后，曾家的又一件大喜事发生在十二月份，这就是时年二十三岁的曾国藩，把欧阳沧溟先生的女儿娶回了家。对曾国藩来说，院试中的，又加上洞房花烛，是真正的"双喜临门"。

　　清道光十四年（1834年），二十四岁的曾国藩再一次外出求学，到省城岳麓书院继续求学深造。

　　岳麓书院的山长（院长）欧阳坦斋，系两榜进士出身，道德文章名噪荆湘，在主持岳麓书院的二十多年的时间里，桃李满天下，湖南大多数俊才几乎都出自欧阳坦斋的门下。此时的曾国藩已经身手了得，尤其是以诗文名噪一时，在考试中豪取榜首之位。

　　同年，曾国藩肄业于岳麓书院，并参加了这一年秋季在长沙举行的乡试。仔细阅读完试题后，曾国藩的心里有了底。这一年关于《四书》的首题是《凝思问，愈思难，见得思义》，第二题是《智譬则巧，圣譬则力也，出射于百步之外也》。试帖诗题为《赋得翦得秋光入卷来》。

　　一路考下来，曾国藩果然不负众望，考中第三十六名举人。按照清制，举人登科可以授予官职，可以享受免除丁役等特权，初步具备了入仕的资格，也终于冲出了省界，可以在仕途上继续前进了。同年十一月，曾国藩启程进京，准备参加第二年春季的会试。

　　一向被读书人所追慕而又深恶痛绝的科考，在曾国藩看来也就是那么回事儿，并非高不可攀，远不像别人所说的那么恐怖。从十六岁第一次出手童试高中至今，颇得老天爷的垂青，还从未尝过败绩，创造了一个又一个的"神话"，这不由使曾国藩陡升起一颗傲心，小小的湘乡，甚至湖南已经留不住踌躇满志的曾国藩了，他那颗膨胀之心早已不可遏制地飞出了闭塞的湘乡，飞出湖南，飞向外面更加精彩的世界。然而，曾国藩的"神话"还会继续吗？老天爷还会一如既往地垂青这位志得意满的初生牛犊吗？

为轻狂付出惨痛代价

连续两次会试不授，难道是老天爷闭上了眼睛？

　　曾国藩渴望成功，他也必须成功。因为在他的身上，寄托着曾家太多的希冀，承载着振兴家族的巨大历史使命。

此前接连的成功，使曾国藩踌躇满志，信心倍增。他早就按捺不住了，就盼着朝廷早日开科取士，好一展身手，独占鳌头，金榜题名，为曾家五六百年惨淡的农耕历史添上几笔悠远而迷人的墨香。

曾国藩撇下新婚的妻子，离开湘乡老家，带着十几年寒窗苦读的积累，带着曾家几代人的厚望，也带着无所畏惧的轻狂，踏上了漫漫征程。尽管曾国藩没有给家人留下"学不成名誓不还"的庄严承诺，但完全可以想象出曾国藩那副毅然决然、志在必得的精神面貌。

所谓会试是清代中央一级的考试，类似于现在的高考。

会试制度始于唐代，金代始有会试之说，历经元代，沿袭至清。初称礼部试或省试。中试者可以参加殿试。明、清时每三年春季开科一次，考中者称贡士，获得参加由皇帝亲自主持的殿试资格。

第二年冬天，也就是清道光十五年（1835年），初出茅庐的曾国藩赶到京师，寄居在京师的长沙会馆里，全身心地投入备考之中。在焦急的等待中，会试的日子终于来到了。

曾国藩怀着一颗急切而兴奋的心情，与一群莘莘学子走进了戒备森严、气氛凝重的贡院，进入专为考生准备的单人考间——贡舍。

这个贡舍，准确地说不像考试的地方，而更像是一个笼子，长约1.6米，宽约1.3米，高约2.6米。在这样一个只有5.4立方米的空间里，考生只能勉强栖身，根本谈不上舒适。

考场的纪律很严格。每一个考生都要接受监考官的搜身检查，留下多余物品，只允许带书具、灯具和监考人员发给的蜡烛进入贡舍。待考生进入贡舍，舍门马上就被关闭上锁，形似囚禁。

会试共分为三场，一场考三天。第一场考经义，也就是考对《四书》等儒家经典的熟知程度；第二场考试实用文体写作；第三场考时务策论。

这一套程序走下来，所有的考生都难堪煎熬，无不筋疲力尽，简直就像是被扒掉了一层皮。

罪也遭了苦也吃了，好在考题并不是太困难，曾国藩觉得自己发挥得还不错，便心安理得地回到会馆，等待着揭榜那一天的到来。

揭榜的日子终于来到了。而曾国藩站在榜前却傻了眼。因为在通红的大榜上，任凭曾国藩反反复复地查找，就是没有他的大名。无情的现实冷冰冰地告诉曾国藩：你落榜了。

曾国藩无论如何也不能相信这个结局，怎么会第一次参加会试就碰了一鼻子灰，撞了一脑门子包，落了这么个跟谁都无法交代的下场？

难道这就是十几年寒窗苦读的必然结局吗？难道这就是跋涉几千里的最终归宿吗？难道这就是自己的宿命吗？

这个结果实在是太出乎曾国藩的预料了。无情的现实，给曾国藩兜头泼下一盆冷水，又似当头一棒，让曾国藩彻底六神无主，茫然失措了。

自十六岁参加府试以来，老天爷总是眷顾有加，保佑曾国藩考秀才、中举人，一路过关斩将，所向披靡，每一道门槛都是一蹴而就，顺手拈来，而且位列翘楚，声名满满。可偏偏这一次，到了该露大脸的时候了，却失去了老天爷的垂青，使这个湘乡才子灰头土脸，颜面扫地，怎么还有脸回去见家乡父老？

其实，人生本来就不是一艘顺风船，哪里会有那么多的顺风顺水？但刚刚离开故土的曾国藩毕竟年轻，还没有切身经历过旅程中的那些意想不到的凄风苦雨、风暴雷霆，他更多的还是沉浸在自己曾经有过的幸运和一路辉煌之中，对现实的严酷还缺乏足够的认识和承受力。

就在曾国藩怅然地要打道回乡的时候，突然传来一个好消息，听说第二年是皇太后六十华诞，朝廷将特别开恩科以示庆贺，也就是说明年还有一次参加会试的机会。这简直是菩萨显灵，是天上掉馅饼。曾国藩不由欣喜万分，暗暗向上苍祈祷，感谢老天爷终于又睁开了双眼。

所谓恩科原本是相对于会试、殿试等正科而言的。在古代，如果遇到皇帝亲自主持会试时，考试结果可以专门设立名册奏报给皇帝，皇帝会特许考生参加复试，所以称"恩科"。恩科始于宋代。明、清也继续沿用了这个制度。不过到了清代时有所发展，就是在正常的例行会试之外，每遇国家有重大的庆典活动时额外增加一次科考。

曾国藩不甘心初次的失利，倔强的他还要再拼一次。在征得家里的同意后，曾国藩决定留在京城继续读书，为参加第二年的恩科做准备。

京师虽好，但不是草根曾国藩的天堂。远离家乡、孤身一人的曾国藩，在偌大的北京城里，除了每日与四书五经、八股文章相伴外便举目无亲，甚是寥落，其愁苦、愤懑可想而知。尤其是经济上的拮据，使曾国藩不得不常常要节衣缩食，计算每一文钱的支出，极其节俭地安身度日。

第二年的岁初，感触颇深的曾国藩一口气写下了十首"杂感"诗，以诗寄情，以诗抒怀。其中有诗云：

> 芒鞋镇日踏春还，残腊将更却等闲。
> 三百六旬同逝水，四千余里说家山。
> 缁尘已自沾京雒，羌笛何须怨玉关。
> 为报南来新雁到，故乡消息在云间。

又及：

> 去年此祭赋长征，豪气思屠大海鲸。
> 湖上三更邀月饮，天边万岭挟舟行。
> 竟将云梦吞如芥，未信君山划不平。
> 偏是东皇来去易，又吹草绿满蓬瀛。

又及：

> 韶华弹指总悠悠，我倒人间廿五秋。
> 自愧望洋迷学海，更无清福住糟邱。
> 尊前瓦注曾千局，脚底红尘即九州。
> 自笑此身何处著？笙歌严里合闲游。

我们从曾国藩这些诗中不难看出，尽管不乏对家乡的眷恋、对岁月的感慨、对自己的谴责，但核心的思想还是在鞭策自己，不断地为自己提神打气，督告自己一定要横下了一条心憋足了一股劲，咬紧牙关坚持下去，无论如何不能让这次恩科的机遇再一次从手中溜掉。

曾国藩打起精神，重整旗鼓，寄居在京城的长沙会馆里，一门心思备考，以至于废寝忘食，孜孜以求。

首先是熟读以朱熹所注的《四书》为主的书籍。这是会试必考项目，所有考试的题目均出自这里。对于这些，曾国藩已经具备了相当的基础，但关键是一个"熟"字，必须达到驾轻就熟、熟烂于心的程度才行。

其次就是写命题文章，也就是写八股文。所谓的八股文也称作"时文""制义"等，因为题目专出于《四书》，又称"四书文"。这种文体在格式上有具体的规定，每篇文章分破题、承题、起讲、入题、起股、中股、后股、束股等部分，其起股、中股、后股、束股四个部分为精华与主体。这四个部分不是可以任意发挥随便写的，每段必须有两股排比对偶的文字，共有八股，所以叫八股文。对此，文章高手曾国藩也不敢掉以轻心，在即将到来的波涛汹涌的会试当中，一定要吸取上一次的教训，避免大意失荆州。

然而，在京师一年的备考时间里，曾国藩也出现了信马由缰、重大的跑偏行为。

可能因为四书、八股过于枯燥无聊，也可能是曾国藩太寂寞的原因，总之，他竟然花费了很多时间和精力研究起经史来，尤其是不知什么时候起对韩愈的文章产生了浓厚的兴趣，并且毅然决然地开始追慕和效仿，拉开了他一生"治古文词"的序幕。

韩愈，字退之，河南孟州人，唐贞元八年进士，官至刑部侍郎，后因触怒圣上而被贬为潮州刺史，后来蒙昭回京，先后出任国子监祭酒、京兆尹、兵部侍郎、吏部侍郎等职。

韩愈是唐代最著名的文学家之一，尤以散文、诗文闻名，是古文运动的主要倡导者。韩愈反对形式刻板内容僵化的骈体文，大力提倡写作灵活自由有思想内涵的散文，强调文章的内容重于形式。韩愈的诗大气磅礴、强健有力，开辟了诗坛的新境界。著有《韩昌黎集》四十卷，《外集》十卷，对后世影响广泛。韩愈为人为学为诗的秉性、艺术风格和理念，颇合曾国藩的口味。

俗话说热爱是最好的老师。事实证明，只要是对什么东西产生了兴趣，根本不用督促催逼，肯定会毫不犹豫地扑下全部身心去探究。曾国藩也是一样，他完全为韩愈的文章所吸引，深陷其中而不能自拔。

毋庸讳言，韩文的艺术魅力固然是没的说，但它毕竟与科考的内容相去甚远，联系不大。在备考的关键时期，曾国藩对韩文如此痴迷，这无疑是很要命的一件事情。

在煎熬与期盼当中，终于冬去春来，眼看会试又来到了眼前。

命运多舛绝非人力所能违也。无论什么事务，往往看似稳操胜券，结果却一败涂地；往往心怀忌惮，却又可能凯歌高奏。

经过一年的寒窗苦读，胸怀锦绣、渴望一飞冲天的曾国藩，在清道光十六年（1836年）的恩科中仍旧榜上无名，再次与功名失之交臂。

面对熠熠生辉的金榜，站在皇城根下的曾国藩，瞠目结舌，彻底无语。无情的现实再一次告诫曾国藩：天子脚下，没有你这个眼高手低的曾国藩的立锥之地。

一个不尽如人意的"出身"

曾国藩至死都对自己那个"同进士出身"感到浑身不舒服。

再次落第，使曾国藩原本火盆一样的心瞬间跌至冰谷，人生也彻底失去了方向。

继续留在京城读书是不可能的了，一个原因是因为曾国藩上有老下有小，已是娶妻立家之人。另一原因也是根本原因，就是为"窘甚"所迫。家里经济上的拮据无法为他在京师继续学习提供保证。所以，既浪费了一年光阴，又花光了盘缠的曾国藩，只好悻悻然地离开了京师，踏上返乡之路。这一年是清道光十六年（1836年），曾国藩时年二十六岁。他离京返家，闭门苦读。

时光荏苒，日月如梭。说话间便来到了清道光十八年（1838年），又一轮折磨死人不偿命的会试行将到来。这一年的正月，卧薪尝胆了三年之久的曾国藩，再次辞乡上路，风尘仆仆赶往京师，准备参加本年度的会试。

这一次，曾国藩遇到了他一生中最重要的一位贵人。这位贵人，就是这一年会试的座主大总裁穆彰阿。

穆彰阿，字子朴，号鹤舫，生于清乾隆四十七年（1782年），满洲镶蓝旗人。清嘉庆十年（1805 年）进士。历任内务府大臣、步兵统领、兵部尚书、礼部尚书、大学士等职，深受道光皇帝的宠信。清道光七年（1827 年），穆彰阿入主军机处，十年后成为首席军机大臣。一时间，穆彰阿成为满朝一人之下万人之上、权倾朝野、门生故吏遍天下的股肱重臣，时为"穆党"首魁。

曾国藩第三次参加会试的时候，正是穆彰阿的鼎盛时期，时任大学士、军机大臣。对于曾国藩来说，穆彰阿不仅仅是他的座师，更是他日后发达的政治靠山，只不过此时的曾国藩还是一脑门子的高粱花子，还不能想象日后的那些事情罢了。

这一年关于《四书》的考题是道光皇帝亲自拟定的。首题是《言必信，行必果》，次题是《万物并育而不相害，道并行而不相悖》，三题是《颂其诗，读其书，不知其人可乎？是以论其世也，是尚友也》，诗题《赋得泉细寒声生夜壑》。

三场九天考下来，走出贡舍的曾国藩已经耗尽了全部心血，就像一个没有了灵魂的影子。

这次，曾国藩总算是没有再让机会溜走，以第三十八名的成绩获得了参加复试的资格。同年四月，曾国藩参加了在正大光明殿举行的复试，成绩一等，获准参加殿试。

所谓殿试，就是那些通过会试的考生们要经历的最后考验，也是最为至关重要的一关。中试者最终能获得一个什么样的功名全在这一关。

殿试的主持者不是别人，而是皇帝本人。考试的主要形式是策问，也就是皇帝随机提出问题，考生依题回答。然后皇帝及主考、副主考等大臣根据考生的表现划分出档次。这个档次就直接关乎考生的命运与前途。

殿试的档次共分三等，也叫三甲。其中一甲三名，身份叫做进士及第，其中考取第一名的称为状元，第二名的叫榜眼，第三名的叫探花。二甲若干名，叫做赐进士出身。三甲若干名，叫做赐同进士出身。"同进士出身"并不是真正意义的进士出身，只能算是"相当于"进士出身。

曾国藩在殿试中获三甲第四十二名，这个成绩在几百名考生中只能位于中等偏下，因此他获得了"赐同进士出身"。尽管及第，但曾国藩对

"赐同进士出身"感到浑身不舒服，这个"出身"也成为他终生不愈的一块心病，特别是到了后来，曾国藩被捧为晚清儒家的精神偶像，文坛宗师，这个"同进士出身"似乎与他的鼎鼎大名不相称，因此也成为曾国藩一生中羞以提及而又永远除不去的一块瑕疵。

注释：

①②④⑤⑥⑦⑧⑩⑪⑫⑬《曾国藩全集·年谱》。

③《清史稿·卷四零五列传第一九二·曾国藩》。

⑨《曾国藩全集·文集》之《台洲墓志》。

2
都是钱造的孽

曾国藩在世时封侯拜相，位至极品。有了这样显赫的地位，家财万贯、锦衣玉食、荣华富贵似乎应该是理所应当的事儿。可在曾国藩逝世后，江苏巡抚何璟上奏的一个折子却打破了世人的俗见，向人们揭示出一个迥异于常人而又难以让人相信的曾国藩。何璟在奏折上说，曾国藩"其本身清俭，一如寒素。官中廉银，尽举以充官中之用，未尝置屋一廛，增田一区。疏食菲衣，自甘淡泊，每食不得过四簋，男女婚嫁不得过二百金，垂为家训"。①

那么，作为侯爷宰辅的曾国藩果真如此清贫吗？史载表明，曾国藩的一生以"文官不爱钱"为原则，处处节俭，时时节俭，拒绝奢靡，这既是他的为官理念，也是他现实生活的具体写照。无论是做京官，还是督抚大员，以至封侯拜相，曾国藩从来没有刻意地去追求过财富，或者说他从来就没富裕过，经济拮据、为金钱所累是家常便饭。就因为钱紧，不仅差一点耽误了自己的前程，而且还在官场上留下了不少令人匪夷所思、憨态毕现的笑柄。

险些错过会试

盘缠凑不齐，曾国藩只能干着急。

清道光二十三年（1843 年）六月，曾国藩已经是从五品的翰林院侍讲了。同年，他被钦命为四川乡试主考官。按照惯例，曾国藩得到了两千两的典试程仪，这也是曾国藩居京师五载所得到的最大一笔资财。

曾国藩除了留下四百两银子作为入川的盘缠外，把其余的一千六百两银子悉数寄回家中，并修书一封，就如何分配这些银两提出自己的建议。他在家书中写道："……南五舅二百两，如不收，则由父亲用此银两买上几亩好田转赠南五舅。……不孝男如不抓紧报答卖牛送男进京之恩，怕要来不及了。"②

曾国藩为什么对南五舅"卖牛送男进京之恩"如此挂怀呢？原来，这与曾国藩二十六岁那年二度进京参加会试息息相关。

清道光十七年（1837 年）十二月，经过一年厉兵秣马、潜心攻读的曾国藩准备再赴京师，参加第二年的会试。可是，就在曾国藩踌躇满志准备启程的时候，却出现了大问题——家里拿不出他进京所需的盘缠，这让曾国藩眉头颦蹙，心急如焚。

自古以来，上学读书拼的不仅仅是学子们的智力、体力，更重要的拼的是家里的物力、财力。

对任何一个学子来说，首先是要有读书的愿望，也就是所说的内因，内在的动力，这属于上层建筑；其次是具有可以保证读书所需的财力，这属于经济基础。经济基础足够雄厚而智力不足，难以取得好的结果；智力卓越而财力拮据，那么也难以圆满。从古至今，有志于读书治学的人比比皆是，但由于没有经济能力而使云梦化清烟的事儿屡见不鲜了。所以，自古以来就不可能人人都能成为读书人，人人都能当秀才。

曾家最大的开销就是花在曾国藩的求学上。

曾国藩在家里读私塾的时候还好些，毕竟吃住都不需要额外的支出，但出门在外就不同了，处处都需要花钱，这是不能回避的一大现实问题。

在巴掌大的杨树坪，曾家的经济状况勉强过得去，绝对不是家财万贯，富可敌国。作为耕读之家，曾家也就是比一般的农户多百八十亩的土地和一些房屋、牲畜而已，并没有其他可以随时增加收入的渠道，平时很难见到多少现钱。况且"家财万贯，带毛的不算"，这是从古至今的一般通例。这样的话，曾家又要去掉一部分资产。加上曾家的日常生活一向以节俭为宗旨，曾家又有一家子人亲手种粮种菜养鱼养猪织布、处处讲求自给自足的传统，一年到头没有多少花钱的地方，所以看着比一般人家富裕一些、活泛一些而已。但从曾国藩读书开始，尤其是聘请先生、外出求学，以致后来参加县试、府试、乡试，乃至会试，曾家的钱口袋嘴就再没朝上过，进项一点没增加，而大把大把的银子却像流水一般"哗哗"地往外流。这个时候的老曾家四世同堂，人口众多，经济负担本来就重，这样大把地往外掏银子着实是有些吃不消了，常常是全家人咬紧牙关硬撑着，尽量不影响曾国藩的学习，所以，在很长一段时间里，曾国藩始终不知道家里的实际经济情况。史载"公官京师十馀年，未尝知有家累也"③。

但不管多么艰难，曾家老少，在支持曾国藩求取功名的问题上始终是有高度共识的，态度也是坚定的，而尤以曾国藩的祖父曾星冈和父亲曾竹亭最坚决，从来就没有动摇过、含糊过。究其原因，还是看好了曾国藩所具有的潜力，全家人希望他成功，希望他能够改变曾氏家族六百余年没有出过进士的历史，指望他能够封妻荫子、光耀门楣、为祖宗增光添彩。然而，有共识也好，咬牙硬撑也罢，有足够的银子才是硬道理。曾国藩第一次进京的花费就使曾家很吃力了。在京城那样一个与传统消费理念完全不同的环境里，与那些财大气粗的学子相比，曾国藩的支出充其量只能勉强维持温饱，甚是寒酸。比如，第一次会试落第以后，曾国藩一直寄居在长沙会馆，原因就是那里便宜且可以赊欠。后来，曾国藩为了参加恩科考试而在京城又多逗留了一年，这一下，给曾家增添了很大的负担，从一句"公久寓京师，窘甚"④这寥寥数字中，曾国藩当年的窘况便可窥一斑。为了凑足回家的路费，曾国藩只好向老乡借了一百两银子。可借来的这些银子，并没有完全解决曾国藩返乡之需。恰恰因为钱紧，在曾国藩返乡的途中还差一点搞出"裸奔"的闹剧来。

　　事情的缘由是这样的。当初曾国藩离京后行至金陵，不觉被这里的雍容繁华所吸引。

　　金陵是江南久负盛名的大都会。作为六朝古都的金陵，不仅市井繁华、商贾云集，更是一个文化名城，夫子庙、雨花台、石头城、明孝陵、秦淮河等众多名胜古迹不胜枚举。尤其是这里的文化氛围浓厚，街市上随处可见大大小小的书肆、书楼、书院，而浩如烟海的各式各样的书籍，更是牢牢地吸引住了曾国藩的眼球。看看这本爱不释手，瞧瞧那本不忍舍弃，让曾国藩大饱眼福的，流连忘返。最让曾国藩高兴的是看到了一套朝思暮想的《廿三史》。《廿三史》是详解我国历代正史最权威的一部典籍和研究传统经史的必备工具书，更是那时对经史痴迷的曾国藩所急需的。书固然是好书，令曾国藩垂涎欲滴，但价格也贵得令人乍舌，即使是掏光身上所有的钱也不够。最终，曾国藩一咬牙一跺脚，拿出了全部的家底，又去当铺当掉了随带的衣物，终于凑够了钱数，把这套《廿三史》买到手。买书的愿望刚刚得到了满足，但紧接着另一个问题又出现了。那就是除了身上穿的衣服和一套《廿三史》外，曾国藩已两手空空，身无分文，差不多就是一个"裸人"了。

　　等回到家时，赤条条的曾国藩把家里人吓了一大跳，还以为他路遇不测，碰到了打劫的。曾国藩赶紧把那套《廿三史》拿了出来，说明了事情的缘由。

　　曾竹亭听明白了事情的前因后果后，对儿子当衣买书之举不仅未加责备，而且还很开通地对曾国藩说："尔借钱买书，吾不惜为汝弥缝，但能悉心读之，斯不负耳。"⑤大意是，你借钱买书，我不吝惜花钱替你还上，但你要全身心地学习，这样才能不辜负我的心意。

　　老爷子的这番话，令曾国藩"悚息"。从此以后，曾国藩每天天一亮就起床读书，一直读到夜半才休息。曾国藩抓紧一切时间博览群书，批阅百家。曾国藩就这样每天闭门苦读、足不出户，差不多有一年的光景。

　　时间一晃就过去了。就在曾国藩准备再次进京的时候，他又遇到了钱紧的问题，实在是凑不齐堪称巨资的盘缠了。

　　但是时间不等人。眼看会试将至，年已二十七岁的曾国藩是无论如何也不愿意放弃这次机会的，但路费在哪里呢？曾星冈、曾竹亭一咬牙，决定卖地卖牲口，给曾国藩筹集盘缠。可是，卖地卖牲口的钱还是不够，曾家只好又去"称贷于族戚家"——借遍了家族内的所有亲戚，这开了曾星冈一向的先河。原来，自从曾星冈"立起自责"、重新做人起，家业渐兴，曾家就再没有向别人借过钱。不仅没有向别人借过，而且还睦邻族亲乡党，尤其是对那些鳏寡孤独的弱势人员乐善好施，积极相助，即使是"财不足以及物"，也要"以力助焉"，即所谓有钱帮一个钱场，有物帮一个物场，没钱没物也要出把力气帮个人场。所以，曾家颇受尊敬。可是现在遇到了难处，也只好向亲戚朋友开口求助了。亲戚朋友也没含糊，积极帮忙筹措，可即使这样，路费的问题依然没有完全解决。就在这个时候，南五舅出现了。

在弄清了事情的原委后，南五舅二话没说回家就把耕牛拉到市场上卖了，并把卖牛的钱全都送给曾国藩做盘缠。钱虽不多，却是雪中送炭。南五舅的倾囊相助，让曾家尤其是曾国藩感激涕零，足以让他刻骨铭心，一辈子不能忘怀。

曾国藩带着勉强凑集的三十二缗银子，风尘仆仆地赶往京师。等曾国藩到了皇城根下时，口袋里只剩下了区区三缗银子。《曾国藩年谱》记曰："时公车寒苦者，无以逾公矣!"——一路上吃的苦，没有人能超过他。

但不管怎么说，曾国藩还是如期赶到了京城，参加了第二年的会试，并金榜题名，如愿以偿地跻身士林，打开了人生的新境界。如今，曾国藩虽已身为朝廷大员，但却难忘南五舅当年卖牛资助之情。说白了，还不都是为钱所迫吗？

被潜规则

为什么同僚们纷纷走马上任，只剩下一个曾国藩？

清道光十八年（1838年），曾国藩二十八岁，终于中进士点翰林，实现了读书人的最高梦想。

曾国藩以"同进士出身"的身份踏入仕途，心里本来就不是太舒服，总想找机会证明自己的价值。机会出现在当年的朝考中。始终憋着一股劲的曾国藩这回下足了功夫，卖了力气，取得了一等第三名的优异成绩。道光皇帝对曾国藩的文笔颇为赞赏，亲自将他由第三名"拔置"第二名。五月初二，曾国藩被改授翰林院庶吉士。从此，曾国藩在翰林院开始了为期三年的实习生的生活。

大多数做了翰林公的士子，无不极力补偿十年寒窗苦读所耗费的岁月，尽享所谓的功成名就，终日沉湎于觥筹交错和京师的浮躁繁华之中而乐此不疲。"少时器宇卓荦，不随流俗"的曾国藩却没有流俗，他清楚自己的出身、家境，以及自己所承担的家族使命，更重要的是他明白要想将来出人头地，就必须志存高远，时刻保持着清醒的头脑，倍加珍惜这来之不易的成果，"既入词垣，遂毅然有效法前贤，澄清天下之志"⑤，浪费光阴的事儿是绝对不能干的。

为了表明自己的决心，清道光二十年（1840 年），也就是曾国藩的而立之年，庶吉士散馆（即毕业）后他更名立志，将"子城"改为"国藩"，意为甘做国家藩篱之意。早在清道光十一年（1831 年），曾国藩就已经自己的号由"伯涵"改为"涤生"。用曾国藩自己的话来解释就是"涤者，取涤其旧染之污也；生者……从前种种，譬如昨日死；从后种种，譬如今日生也"。从曾国藩更名改号的举动上不难看出，他志存高远，不希望有辱"词臣"的身份，一心想成为国家的栋梁之才。

翰林院是大清的一个官署名称。始于唐代，之后的历朝历代仍然沿用该制，但名称、职能等都发生了不小的变化。到了清初顺治年间，依照明制设立了翰林院，主要职能是掌修国史、草拟有关典礼文件等。其主管为掌院学士，人员由当朝的大学士、各部尚书充任，属官有侍读学士、侍讲学士、侍读、侍讲、修撰、编修、检讨、庶吉士等。新科进士中，状元可以直接授修撰，榜眼、探花授编修，以下再选授一部分庶吉士。

庶吉士，也称"庶常"，属翰林中最末等的位置。他们的主要任务是一方面学习满、汉文典籍，另一方面也是学习为官的经验，为将来出仕打基础，称为"馆选"。待三年实习期满后，参加大考。成绩优良者可实授翰林院编修、检讨等职，其他人员可授各部主事，或者优先委任为地方知县，称为"散馆"。

对天下所有的读书人来说，翰林院无疑具有崇高的地位，拥有其他官署无法比拟的神秘与吸引力，因为翰林院是众所周知的国家"储才之地"。一旦被点了翰林，进入了翰林院，那就意味着已经具备了"后备干部"的身份，踏上了升迁的快车道。所以，能够进入翰林院是天下所有士子梦寐以求，但有时又是连想都不敢想的事。既然登堂入室，曾国藩自然不会浪费这积学储能的绝佳机会，拼了命地充实自己，提高自己，为自己未来的发展夯实基础。

曾国藩虽身处闹市，但把勤学积业当作自己的头等大事，一心一意锤炼自己，要做好国家的"词臣"。

曾国藩给自己设定了不少课程，分门别类加以记注，并且督促自己按时完成。他把自己的功课分外五个部分，即"茶馀偶谈""过隙影""馈贫粮""诗文钞""诗文草"。针对平时的所见所闻进行评述议论，并把自己的所思所想所感记录下来。但这些东西都属于曾国藩的私物，是用来批阅、反思、借鉴、鞭策自己的，所以从来不示人。这中间，曾国藩得以趁隙回家两次，在家乡受到隆重的款待。这对曾国藩的促动很大。

曾国藩第一次回家乡是在清道光十八年（1838 年）十二月，这时他离家已经一年有余了。小小的白杨坪回来了一位翰林公，这无疑是一件开天辟地、绝无仅有的大事件，可是了不得。不仅曾氏的门楣陡添光彩，就连那些亲戚、朋友、乡友、相邻也都兴高采烈、奔走相告，仿佛是自家喜事一般。而曾家则更是整日宾客盈门，其喜庆热闹的场面可想而知。在兴奋的人群中，最高兴的当属曾星冈了。曾氏的家族自迁居衡阳以来，就"无以科名显者"——没有一人在科举中露过脸，更别说取得功名了。"督课子姓受学"，曾星冈是曾氏家族督促子弟上学读书的始作俑者。经过两代人的不懈努力，终于实现了零的突破，曾国藩在这一年不仅高中进士，而且被选入翰林院。看到孙子实现了曾家几辈子的夙愿，已经六十岁的曾星冈怎能不心生自豪、喜上眉梢？高兴归高兴，激动归激动，曾星冈可没有喝迷糊。酒宴已毕，送走了来贺的亲友，曾星冈对儿子曾竹亭说，我们家就是种地的农民，虽然现在富裕了，但不能忘本。国藩现在是翰林了，将来的事业还长，家里的日常生活不要让他操心，以免牵扯他的精力。

曾国藩在家里一直住到第二年，即公元 1839 年。在家里，曾国藩除了接受各方不断的宴请和恭贺以外，还经历了丧妹丧子之痛。

清道光十九年（1839 年）正月，湘乡爆发了天花疫病，曾国藩的小妹妹满妹和大儿子桢第都被传染上了。二月二十九日，满妹撒手人寰，时年八岁零一百七十一天。悲痛的曾国藩亲自为满妹写了碑志，对生来就天性幽默爱开玩笑的妹妹充满怀念之情。仅仅过了一天，曾国藩的儿子也离开了人世，年仅一岁零四个月。曾家老少均沉浸在悲伤之中，作为初为人父人母的曾国藩和夫人来说，其悲痛的心情更是不言而喻。

这一年，曾国藩再次回到了湖南。四月，曾国藩到了衡阳。五月，曾国藩来到耒阳县，拜谒了唐代大诗人杜甫祠堂，然后抵家，与族人商量编撰家谱，"清查源流"。十一月初二，曾国藩的儿子曾纪泽出生。就在同一天，曾国藩启程北上，于第二年，1840 年正月返回京师，准备参加当年翰林院的散馆。

两次返乡，家乡人（尤其是曾氏家族）对他的热望，无形中强化了他的责任感和使命感，同时也倍感压力，所以，他只能愈加勤勉、自律。

散馆对于曾国藩来说至关重要，但曾国藩心里有底，因为在这三年里他几乎没有放松过一天，每日用功甚勤，用心甚笃，因而进步显著。无论是上司、同僚，都对他的文章、诗词给予很高的评价，这使曾国藩信心大增。曾国藩暗下决心，一定要考取一个拿得出手的成绩，不仅要对得起祖父、父母、妻儿、兄弟姊妹，而且也要对得起自己这三年所付出的心血。

该年散馆在四月十七日举行。第二天考试结果就出来了，曾国藩列二等第十九名，这在同期共四十六名庶吉士中属于中下等的水平，成绩一般。曾国藩对此耿耿于怀。

散馆后并不等于完事大吉，还要过最后一关，那就是过班引见，朝见皇帝接受面试，为自己讨前程。

所谓过班引见，是指皇帝接见臣下、少数民族首领和外宾，须有官员引领。在清代，五品以下京官和四品以下外官，在初次任用、京察、保举以及学习期满外放或者留用时，均须朝见皇帝一次，文官由吏部负责安排引进，武官由兵部负责安排引进。翰林院的庶吉士是属于实习期满朝见皇帝，要接受皇帝的亲自面试，以便为自己求取一个出路。

依曾国藩年谱所述，曾国藩于清道光二十年（1840年）四月十七日参加的散馆，二十二日就过班引见了。但据曾国藩的同年进士陈源衮回忆，其过班引见的过程却绝非如此，中间还颇有一段波折，听来耐人寻味。

考试的成绩已经出来一段时间了，可始终没有过班引见的动静，曾国藩不免心怀惴惴。凡事都要有个过程，心急吃不了热豆腐，再说三十六拜都拜了，不差这最后一哆嗦。曾国藩劝慰着自己，给自己吃宽心丸。

吃完了宽心丸，曾国藩的确心安了不少，每天仍然按部就班地继续做着自己的功课，读书、作诗、练字一样不落，过得倒也算充实。可是，曾国藩渐渐发现事情并不像他想的那样，好像有什么地方不太对劲了。因为同期的庶吉士一个一个地陆续地被安排了过班引见，外放的外放，留用的留用，唯独没有他曾国藩的份儿，到最后就只剩下了他老哥一个光杆司令了，他的脑袋不由得大了。经过一番思前想后，曾国藩不觉恍然大悟：胆小偏偏遇到鬼。看来，不愿意相信、不愿意去做，更瞧不起的事儿到底发生了。

那是在散馆以后，同期的庶吉士们一个个忙着让家里汇来大笔的银子，各个昼伏夜行，请客聚餐，忙得不亦乐乎，花钱更是如流水，其费度远远超过以往。

起初，曾国藩没怎么在意这些事。一是他本人洁身自好，不善交际，平时除与三五好友吟诗作赋，相互砥砺以外，罕与其他同僚厮混；二来自己囊中羞涩，没有足够的经济实力去供他消费，跟那些富家子弟根本就玩不起。在翰林院的同僚中，曾国藩属于名副其实的穷人，比他家境好的比比皆是，就是巨贾富商也不在少数。这些富家子弟平时就呼朋唤友、吃吃喝喝，完全不拿大把花银子当做一回事，曾国藩见怪不怪，早已习以为常了。现在又值实习期已满，即将过班引见，正式踏入宦途，无论是留馆还是外放，都铁定无疑地将成为大清的官员，想一想十几年的寒窗苦读，历经科举的折磨，不就是为了这么一天吗？喝喝酒，聚聚餐，好好庆祝一番也无可厚非。可是直到同僚们走的走留的留，就剩曾国藩孤家寡人一个后才引起他的瞩目。

难道是没请客的缘故？曾国藩自问。

就在曾国藩懵懵懂懂，一头雾水之时，那些久混官场的老翰林一语道破天机，给曾国藩上了一课。

原来，迟迟未被安排过班引见，不仅仅是因为没有请客的缘故，关键是没送礼。

同僚家里汇来的那些银子，并不是单纯为了喝酒庆贺的，而主要是用来送礼打通关节用的。这是官场中屡试不爽、百发百中的潜规则。那么都需要打通哪些关节呢？就人员而言，主要就是那些跟安排过班引见有关的官员，比如当年的座师、副主考，翰林院的掌院学士，吏部侍郎，礼部侍郎，那些负责跑腿学舌的郎中，甚至是当值的太监，等等。总之，凡是能和这事儿挨上点边儿的都在打点之列。就部门而言最主要的就是吏部，因为安排过班引见属于吏部的职责范畴，在吏部那里要是排不上号，谁着急都没用。这就是所谓的现官不如现管。

想不到堂堂的天子门生、翰林公，竟然要通过这样下三滥的途径去为自己谋取前程，这是什么狗屁潜规则？简直就是有辱朝廷，有辱皇上，有辱天下读书人！

曾国藩愤怒了，他想不通，更鄙视这种做法。然而，想得通也好，想不通也罢，反正就是迟迟不安排你过班引见，逼着你在向现实、向潜规则低头，看你服不服？官场的腐朽、黑暗，完全出乎曾国藩的意料之外，极大地刺激了曾国藩脆弱而敏感的神经。

"宦海情怀蝉翼薄，离人心绪茧丝团。更怜无会飘零客，纸帐孤灯坐夜阑"⑥。

初涉宦途即遭遇潜规则，令曾国藩心灰意冷，他用这样的诗句，来描述自己的孤立无援和无可奈何。

俗话说胳膊拧不过大腿，现实是最好的老师，它胜于任何口诉心授、言传身教。曾国藩终于想明白了，也彻底服了气。可是，明白也是白明白，因为曾国藩根本就没有什么执行力，此时的曾国藩，只是两手攥空拳，身无分文，就连吃饭、住宿都靠赊欠来维持，生活早已陷入极度的窘境之中。

这段难熬的日子，使曾国藩确确实实地感受了一回"钱不是万能的，但没钱是万万不能"的深刻道理。官场这潭水难测深浅，这使首次被潜规则的曾国藩心情复杂，对自己的未来感到迷茫，对能不能在官场上继续混下去也没有了底数。

两手空空，无计可施。也是出于无奈，曾国藩只能是揣着明白装糊涂，来一个死猪不怕开水烫，整日躲在会馆里，靠读书、练字打发日子，咬着牙硬挺着。曾国藩被后世所称道的"挺"功，大概就发轫于此。

升官后的窘境

身为大清国的官员，既置不起新官服，更坐不起轿子，成为京城官场一大奇闻。

在度日如年地"硬挺"了六个月之后，曾国藩终于被安排过班引见，接受皇帝的面试。

面试那天，曾国藩表现得还不错。除了开始时，皇帝觉得曾国藩面相有些不雅外，对他的沉稳镇定，对问题的思维缜密，"答对明白"表示满意，认为曾国藩不像是一个糊里糊涂的人，所以赐予曾国藩从七品的检讨一职，继续留在了翰林院，即所谓"留馆"。

历经两次科举失利，又遭遇官场潜规则的曾国藩，现在终于可以长出一口气了，因为他毕竟在而立之年，正式成为大清国的一名有品级的官员了。

曾国藩认为，读书人之所以看中科名，是因为它可以光宗耀祖，让家里人高兴，得到的俸禄养家糊口，但对曾国藩而言，他所取得的这个成就，不仅远远超出于"承堂上之欢""禄仕可以养亲"的初级目标，而且更具有重要意义，因为曾国藩从根本上改写了曾氏家自明代以来"无以学业发名者"的历史，成为曾家五六百年来以科举名世的第一人。

从古至今，升官必然要和发财联系在一起，这不仅是人们的一种思维定式，也的确是因为这二者之间有着不可分割的必然联系。在古代，读书人之所以肯于头悬梁锥刺骨，寒窗苦读，其根本的动机和目的是非常之单纯的，那就是为了"学而优则仕"，然后发财。而且官职越大官位越崇，聚财的功能也就越强，财路也越广。

曾国藩升了官职有了薪俸，窘困的生活理应有所改观了吧？但是从这个时期的一些史料中，我们可以看到曾国藩的日常生活没有什么显著的变化，穿的还是作庶吉士时的补服，吃的还是每顿一粥一菜，住的仍然是可以赊账的长沙会馆，上翰林院依旧靠步行。那么，是曾国藩的薪水不足以改善自己的生活吗？答案是肯定的。

身为大清从七品的官员，曾国藩一年的俸禄总共只有白银三十三两。有人计算过，那时的一两白银，相当于现在的人民币200元左右，那么三十三两白银，就相当于6600元人民币。这点钱，连维持曾国藩个人的生活都不够。

在没有领到俸禄之前，曾国藩就已经做出了支出预算，左盘算右合计，最终让他很泄气。因为按照预算，俸禄还没等领到手，就已经是入不敷出了。

领到俸禄后，曾国藩首先要做的第一件事就是还欠账。还完了欠账，曾国藩手里的银子已经所剩无几了，可是还有一件大事没办，这让曾国藩不由得头痛。

这件大事就是要置办一身像样的官服官靴。

俗话说，人靠衣裳马靠鞍。外在的形式，在某种程度上，往往比内容还要重要，而在官场上尤为突出。

曾国藩现在已经不是实习生身份的庶吉士了，作为堂堂的翰林院从七品检讨，必须要有与自己身份相般配的服饰。可一打听价钱，曾国藩不由得皱起了眉头，因为他手里剩的那俩钱，根本就不够置办官服官靴所需。怎么办呢？先不用说为了应付官场上的虚荣和面子，就连曾国藩自己也觉得万万不能衣衫不整地出现在众人面前。左思右想也没有找出一个好办法，最后曾国藩一咬牙一跺脚，索性把那身庶吉士的服装送进了成衣铺，绣上五蟒四爪，把它改制成了一件七品官服了事。

曾国藩穿着改做的官服到翰林院上任去了。别人虽然看着曾国藩那身打扮有些不顺眼，但也没有谁特意去跟一个品级较低的官员较真儿。可没承想，曾国藩那身穿戴竟然被到翰林院视察的道光皇帝发现了。

道光皇帝一看曾国藩这身打扮，不由有些愠怒，他认为凭曾国藩所得的薪俸，不可能连一件像样的官服都做不起，穿得如此寒酸，不仅是丢了翰林院的脸，也让大清国脸上无光，甚至怀疑曾国藩是故意这么做的，有"巧取""博名"之嫌。

曾国藩解释了几句，本想蒙混过关算了，可偏偏道光帝的眼睛不揉沙子，他一定要弄清楚曾国藩这身缀着补丁的官服到底是怎么回事和曾国藩为什么这么做。

事逼无奈，曾国藩只好和盘托出，把三十三两薪俸的开销去处说得清清楚楚，明明白白，并向皇帝陈述说，自己供职在翰林院主要是为了不负圣恩，好好潜心于学问，时刻准备为国出力，不想把心思用在维持所谓的威仪上。况且，自己收入微薄，就更不愿意靠借贷来粉饰门面。自己这样做，绝不是故作姿态，更没有丝毫巧取之心。

曾国藩回答得从容实在，道光帝听得清楚明白，也就没有再去追究什么。曾国藩这才总算度过了一场令他胆战心惊、惶恐不安的诚信危机。

转眼间就到了清道光二十一年（1841年），曾国藩的检讨已经做了整整一年了，学问增长了不少，可经济状况仍然没有什么起色。除了固定的死工资外，曾国藩没有任何别的收入来源，仍然时常要靠借贷维持生活。既然连维持自己的生活都很困难，所以就更谈不上接济家里了，曾国藩每每为此感到"不胜愧悚"。在这一年六月初七曾国藩给祖父曾星冈的家书中坦称，自己在京城"别无生计"，看来冬初就得靠借账过日子了。

新的一年终于来临了。为了过个像样的新年，曾国藩除了使用了长沙会馆的六千文（相当于六两银子）以外（注：曾国藩于同年六月开始接管长沙会馆，所得房租可以作为经营管理的费用），又借了五十两银子。即便如此，手头仍然不觉宽裕，本指望基层能孝敬一些"炭敬"，结果却未见到分文。所谓"炭敬"，就是那些基层的地方官员，以购买木炭取暖为名，给当权派送的孝敬钱，类似于"取暖费"，其实也就是官员们的"灰色收入"，或是公开合理地收受的贿赂，只不过就是不带"钱"字罢了。官职越大收到的"炭敬"就越多。曾国藩有些不明就里，以为"炭敬"会像发福利一样人人有份，孰不知，他一个没权没势的小小从七品翰林院检讨，是没有资格享受这份孝敬的。所以曾国藩自己无奈地说："前日冀望外间或有炭资之赠，今冬乃绝无此项。"⑦在这一年的家书中，"光景渐窘""勉强支持"之类的话语随处可见。后来，曾国藩虽然每月可以支配会馆的房租十五千文，生活略有改观外，仍然时不时地需要"些微挪借"⑧方可度日，其生活之窘境可窥一斑。

清道光二十三年（1843年），已经做了三年检讨的曾国藩，时年三十三岁。

这一年可谓是曾国藩的龙腾之年。

曾国藩终于时来运转，苦尽甘来，幸事一件接一件地接踵而至。史上所谓曾国藩九年升十级，仅在这一年他就连升了四级。

先是该年三月初十日，道光帝主持在正大光明殿的考试，亲自考察翰林院的这些天子门生。曾国藩与一百二十四名翰林一起参加考试。

这是国家选拔人才的最重要的考试，因此考场纪律森严，除了由道光帝亲自主持以外，还要亲自阅卷，并视考生成绩钦定等级。监考官的档次也高得吓人，竟然是定郡王载铨。有一名翰林赞善心存侥幸，把一些资料偷偷地揣在怀里带进了考场，结果被逮了个正着，当即被交到刑部治罪。

这种场面颇为惊心动魄，无疑会使其他人心惊肉跳。看到那个被抓住的人，曾国藩在心里为之哀叹"可惨也"，同时也为自己从容不迫、顺利完成考试而自得。

曾国藩这回考得不错，除一等的五人外，曾国藩列二等五十五人中的第一位。这是一个非常优秀的成绩。

道光帝对优胜者不吝奖掖，其中共有十一人得以提拔，有五人被记名候升，有十九人受到了赏赐。经过一番面试策问，道光帝把曾国藩升授为翰林院侍讲，尽管尚为补缺，但仅这一下，曾国藩就由从七品小吏，而一跃成为从五品的中层官员，与取得一等第一名的陈文肃级别相同。这开了大清官场上的一个先河。

鸿运当头，吉星高照，想躲也躲不掉。是年六月，道光帝亲自确定曾国藩为当年四川乡试正主考，而命品级、地位远远高于曾国藩的从四品翰林院侍读学士赵楫为副主考。这在大清的历史上又是一个绝无仅有。七月，曾国藩被补授翰林院侍讲实缺。十一月返京复命，充文渊阁校理。

望着从天上不断掉下来的一块又一块的馅饼，不仅令满朝同僚垂涎、朋友艳羡，就连曾国藩自己也觉得皇恩过隆了。

升官的喜悦还没完全消退，曾国藩接着就犯起了大难，根源还在于一个"钱"字。

首先是搬家。身为朝廷五品官员，曾国藩再也不能混在会馆了，必须赁房搬家自立门户，可这就需要一笔不菲的费用。

其次是做官服。有了上一回的教训，这次说什么也不能把七品官服再改制成五品官服了，这也同样需要一笔开销。

再次是置轿。大清国的五品官是不能上班下班靠步量的，总得置轿子配轿夫，这又是一笔支出。曾国藩曾因为步行上下班而被同僚所不耻，甚至被编排为京城的一大怪，成为官场的笑柄。

这几件事儿，没有一件可以拖延，都是非办不可，而且是马上就得办的，可钱从哪里来呢？

实在是没有辙了，堂堂的五品京官曾国藩，只好向家里开口要钱，以解燃眉之急。这在大清国的历史上也算是一件稀罕事儿。

《曾国藩年谱》记曰："公居京师四年矣，宦况清苦，力行节约……"说到底，都是钱紧逼的。即使到后来，曾国藩的官越做越大，但他的经济条件却改善无多，以至于连回家的路费都筹措不齐。如清道光二十八年（1848年），曾国藩已经是内阁学士兼礼部侍郎，为堂堂的二品大员，晋身于大清高官之列。在这一年年初的家书中，曾国藩说自己从去年起就天天想回家探望。之所以没有成行的原因除了不好意思跟皇上请假以外，关键问题还是一个"钱"字。因为回家走一趟的话，至少需要花费几百两银子，而这个时候，曾国藩还欠着一千多两银子的外债呢。如果再为回家借钱，恐怕会求借无门，"甚是难以筹办"①。曾国藩只盼望着明年能有一次去当乡试主考官的机会，那样的话，不仅可以在经济上宽绰宽绰，最重要的是可以"假公济私"，来一次"公费旅游"，以了却思乡之苦。

所谓"另类"的背后

曾国藩为什么自贴告示，公然拒绝参加所有逢迎呢？

清道光二十二年（1842年）深秋的一天，住在京城长沙会馆的客人们，被贴在会馆显著位置的一张告示吸引住了目光，便不约而同地驻足围观。

只见告示上说，因为自己位卑薪薄，生活维艰，从即日起，不再参加官场上所有应对酬答之邀。落款署名翰林院检讨曾国藩。

围观者均瞪大好奇的眼睛，对曾国藩这一惊人之举或是啧啧赞赏，或是摇头讪笑。一时间，人们评头论足，议论纷纷。

在官场上，阿谀奉承、拉帮结伙、攀高附贵都是通行的惯例，至于下级逢迎、尊崇、孝敬上级则更被认为是天经地义，理所当然。因为官场上讲究的就是一个关系、一个靠山、一个面子，大家所尽力维持的也就是这个关系，这个靠山，这个面子。只要有了这些关系、这些靠山和这些面子，就能上下盘桓、左右逢源，就能够混迹官场，前途光明。至于那些让天下读书人吃尽了苦头的所谓道德文章则百无一用，根本就不在话下，本事高低更属其次，古今中外，概莫能外。谁要不这样做，谁就是官场中的另类，谁就是不想在官场上混了。那么，究竟是因为什么缘故，促使这位曾大人一反常态，做出了如此标新立异，独树一帜的举动呢？

事情还要从一份请帖说起。

一天，会馆的门房给刚刚下班的曾国藩送上一份宴请的帖子。曾国藩打开一看，见发帖人是赵楫，为迎接父亲抵京，赵楫定于次日宴请所有同仁共贺。赵楫不是一般人，尽管仅比曾国藩早晋身一年，但已官拜翰林院从四品侍读学士，比身为翰林院检讨的曾国藩整整高五级，是曾国藩的顶头上司。赵楫这个人平时就有些眼高手低，颇为势利，根本就没把出身耕农、长相不雅的曾国藩当作一回事，常常摆出上司的派头，眼皮总是往上翻。虽然同在翰林院供职，又有属僚之谊，本来应该好好维系，但因为有赵楫不屑一顾在先，所以就有了曾国藩嗤之以鼻在后，两个人的关系非常一般。

按理说，上司请客非比寻常，是拉近关系、巴结逢迎的绝佳机会。况且，赵楫是曾国藩的顶头上司，所以对曾国藩来说，这个宴请无论如何都是应该去捧场的。

曾国藩当然明白这个道理，但他最后还是做出了一个抉择，拒绝赴约，并公开昭告朝野。不仅如此，还宣布从此以后，拒绝参加一切官场上的应酬。

堂堂的翰林院侍读学士赵楫没想到，偏偏碰上了曾国藩这么一个另类。恰恰就是这个在翰林院里，学问不算最好、官职不算最高的曾国藩，让威风八面的赵楫颜面扫地，掉到地上都拾不起来。

从表面上看，这是曾国藩对官场上阿谀奉承习气的反叛，但实事求是地说，还是因为钱紧这个根本原因。

自打中进士、点翰林、做庶吉士起，曾国藩就被应接不暇的各种逢迎所困扰。今天这个上司过生日，明天那个同年生孩子；今天这个同僚外放，明天那个友好婚庆。总之，一年到头，那些三节两寿、没完没了的应对酬答，几乎成了曾国藩日常生活中的主要内容。而只要是履约赴宴，就总不能只带一张嘴去，少不了要表示表示。而这种表示，可不是单纯地动动嘴皮子，讲两句吉祥话就应付过去了，是需要往外掏银子的。一年下来，光参加这样的"高价自助餐"，曾国藩就不知要掏出去多少银子，可曾国藩的软肋就是缺银子。

进京这几年，曾国藩时时为经济拮据所困，几乎到了寒酸的地步。头三年做庶吉士，没有正经的俸禄，只能得到朝廷发的一些补助，连维持自己的基本生活都不够，还要时不时地靠老家的接济才能勉强度日。即使是做了从七品的翰林院检讨，一年也只有微薄的薪俸，依然要穿普通官服，吃是家里自制的腌菜，居住在会馆，上下班全靠两条腿，总之是能省的就省，能俭的就俭。可即便这样勒紧裤腰带过日子，一年连还账带支出的花费，也要在八百两银子以上，区区几十两的俸禄简直令曾国藩难以启齿。曾国藩在给祖父的书信中无奈地说，"孙此刻在京光景渐窘"，绝大部分原因就在于"东扯西支",所以"从无充裕之时"。

曾国藩的窘困寒酸,不仅为官场那些显贵政要所不齿,就连自家的下人也直翻白眼,甚至公然与曾国藩面对面地论长论短,极尽讥笑嘲讽之能事,表现得甚是轻蔑。曾国藩曾经写过一首戏作《傲奴》,把奴才的那副见钱眼开、势力成性的嘴脸描绘得惟妙惟肖,其中也不乏无奈的自嘲。诗曰:

> 君不见,萧郎老仆如家鸡,十年苔楚心不携。
> 君不见,卓氏雄姿冠西蜀,颐使于人百人伏。
> 今我何为独不然?胸中无学手无钱。
> 平生义气自许颇,谁知傲奴乃过我。
> 昨者一语天地暌,公然对面相勃奚。
> 傲奴非我未贤圣,我坐傲奴小不敬。
> 拂夜一去何翩翩,可怜傲骨撑青天!
> 噫嘻乎,傲奴!安得好风吹汝门权要地,看汝仓皇换骨生百媚!

不识抬举的丑八怪曾国藩,让顶头上司赵楫当众丢了脸面,把赵楫险些气抽了风。不少人为曾国藩担心,他此举势必要惹下祸端。因为赵楫本来就不是一个有胸怀的上司,喜欢斤斤计较,且睚眦必报。如此看来,曾国藩倒霉也就是一个时间早晚的事儿。果不其然,没过多久,赵楫就开始故意刁难曾国藩,有事没事都要找出一个机会来整治一下曾国藩。圣人说"在上位不凌陵下,在下位不援上,正己而不求于人,则无怨"[10]。敢情这说和做是两码事:上司就是上司,下级就是下级;在上就要"陵下",而在下就一定要"援上",否则就绝没有好果子吃,哪里还谈得上"无怨"?曾国藩敢怒而不敢言,只能是独自生闷气,吃哑巴亏。

赵楫的事情还没利索,曾国藩又接到一封请帖。这位发帖之人比赵楫的官还大,是官拜詹事府少詹士、正四品的满人金正毕。宴请的理由是姨母过寿,遍请百官同贺捧场。

这一下,可真让曾国藩怒不可遏,气冲斗牛了。既然没有给赵楫面子，自然也不可能去捧金正毕的场，那么从此以后，谁的宴请都不能赴约了，省得别人说厚此薄彼。想到这儿，曾国藩干脆来个一不做二不休，借着火气，奋笔疾书，写了那份告示。写毕，曾国藩亲手把告示贴到会馆的门柱上，广而告之。

曾国藩说到做到，从此以后，除了三五知己好友相聚外，拒绝参加其他一切官场上的应酬逢迎。

凡是自己不正常的人，才会看别人不正常。

曾国藩拒绝参加官场应酬的消息很快就传遍了朝野。他的这个举动没有几个人看好，普遍视其为另类，不仅仅是得罪了那些达官显贵，而且彻底地孤立了自己。让曾国藩想不到的是，道光帝也知道了这件事，曾国藩不知是福还是祸，便不由为自己的一时孟浪忐忑起来。

俗话说，人要是倒霉，喝凉水都塞牙。曾国藩的报应很快就来临了。清道光二十三年（1843年）初，曾国藩莫名其妙地因"办事糊涂，办差敷衍"而丢了翰林院检讨的实职，成为一名候补检讨。究竟哪里"糊涂"？哪里"敷衍"？曾国藩不明就里，他真的糊涂了。

丢了差事，自然也就没了俸禄，曾国藩成了翰林院里的闲臣看客，自此受尽了冷嘲热讽和轻蔑白眼。从被皇帝实授检讨到被免职，仅仅才两年多一点，可以说那种亢奋和热乎劲儿还没有消退，曾国藩就尝到了官场之险恶、虚伪与冷漠。好在还有唐鉴等一些欣赏曾国藩的好友在，稍慰曾国藩那颗寒彻的心。

如果说这些不平的境况还不足以削弱曾国藩的意志的话，那么皇帝的当面质问可就差一点要了他的命，使他第一次体会到了什么叫生死系于一线。

一年一度的皇太后寿诞之日就要到了。皇太后的寿诞是国家最重大的事件之一。满朝上下都在为迎接这个重要日子的到来而忙碌。没有一个人肯放弃这样一个讨好皇上、皇太后的机会。

皇太后的寿诞大典终于来临了。那天，曾国藩随同翰林院全体官员一起上朝给皇太后拜寿。

待翰林们喊完"祝皇太后万寿无疆"刚要鱼贯而出时，道光帝却出人意料地叫住了曾国藩。道光帝的这个举动，不仅令曾国藩大感意外，就连满朝的王公大臣、文武百官也不得其解。因为在这样一个盛典上，小小的翰林院候补检讨，无论如何是登不上大雅之堂的，那么这个曾国藩如何能引起皇帝的特别关注呢？

曾国藩硬着阵阵发麻的头皮，转身双腿瑟瑟地跪在品级台下，垂着头，恭候皇帝的问询。

道光帝倒也干脆，开门见山地问曾国藩是不是贴过一份不参加任何官员宴请的告示。曾国藩不敢隐瞒，只得点头称是。

道光帝喝问道，你的这个"不参加"，是不是也包括国宴、皇太后的寿宴啊？曾国藩急忙摇头。

道光帝"啪"地一拍龙书案，厉声道，那你不就成了言行不一、当面一套背后一套的势利小人了吗？我堂堂大清国焉能容你这样的小人招摇撞骗、胡作非为？你说，你说！

道光帝劈头盖脸的一顿痛斥，吓得王公大臣、文武百官大气都不敢喘一下，跪在殿下的曾国藩更是汗流浃背，浑身颤抖。好在大脑尚且清楚，还没有发懵。

想不到道光帝能在今天这样一个场合搞突然袭击，给自己来了一个下马威，是为了震慑百官，还是真的动了气？总不会拿我的项上人头来给皇太后做寿礼吧？

曾国藩左思右想，大脑迅速地思考着。事已至此，光害怕也没有用，曾国藩把牙一咬，豁出去了。

曾国藩沉了沉气，镇定地回答道光的询问。

曾国藩说，自己的初衷并没有改变，更不是为了招摇。之所以参加国宴、皇太后的寿宴，只是因为皇太后、皇上都不是官员。

不是官员是什么？道光帝颇觉这个说法新鲜，挑起眼皮追问道。

曾国藩侃侃而谈道，皇上是天子，是我大清的一国之主，天下的主宰；皇太后是大清的国太，母仪天下，受万民景仰。怎么能与俗世的官员相提并论呢？能参加这样的国宴、寿宴，是天下人无与伦比的荣耀，微臣当然是要参加的。

曾国藩一番话，说得道光帝出了一口气，脸色也好转了许多，不过还是追问曾国藩究竟为什么拒绝参加官员的宴请。

曾国藩早已没有了畏惧，借着道光帝的发问，来了一个竹筒子倒豆子，一吐为快。

曾国藩说自己之所以这么做，一来是因为官小位卑，经济拮据；二来是发现官员们喜欢大摆宴筵，吃吃喝喝，有借机敛财、败坏风气之嫌。己不正焉能正人。作为一名翰林，不想有负皇上的圣恩，更不想助长这种歪风邪气。

话既然说到了这个份儿上，道光帝也就不想在追问什么了。因为事先早有唐鉴、穆彰阿等重臣替曾国藩求情开脱，今又有曾国藩一番坦诚相告，道光帝对曾国藩有了新的认识，打心眼里认为这个曾国藩是一个有思想的人，且不乏胆略。

曾国藩凭借着自己豁出去的劲头儿，以及好友的帮助，渡过了这场宦海危机，也更是一场人生危机。事后，曾国藩记不得自己是如何退出大殿的，只记得当时两耳不停地嘶鸣，双目发蒙模糊，至于其他的就没有什么明显的记忆了。

曾国藩被道光帝当庭诘问一事，胜过任何形式的炒作，迅即传遍京师，使胆大包天的曾国藩一时名声大噪。从此，曾国藩不仅为满朝文武所侧目，就连道光帝也对他格外关注。不久，曾国藩被破格超擢、钦命四川乡试正主考，此后行情一路飘红均发轫于此。

注释：

①《曾国藩全集·首卷》：《江苏巡抚何璟奏》。

②《曾国藩全集·家书》：清道光二十三年六月禀祖父母并父母叔父母。

③④⑤《曾国藩全集·年谱》。

⑥《曾国藩全集·诗集》：《寄郭筠仙浙江四首》。

⑦《曾国藩全集·家书》：清道光二十一年十月二十一日禀父母。

⑧《曾国藩全集·家书》：清道光二十二年三月十一日禀父母。

⑨《曾国藩全集·家书》：清道光二十八年正月二十一日谕诸弟。

⑩《中庸》语句。

3
错把尽职尽忠当原则

古人有云："古之欲明明德于天下者，先治其国。欲治其国者，先齐其家。欲齐其家者，先修其身。欲修其身者，先正其心。欲正其心者，先诚其意。欲诚其意者，先致其知。致知在格物。物格而后知至，知至而后意诚，意诚而后心正，心正而后身修，身修而后家齐，家齐而后国治，国治而后天下平。自天子以至庶民，壹是皆以修身为本，其本乱而末治者否矣。其所厚者薄，而所薄者厚，未之有也。此谓知本，此谓知之至也。"①

这番话尽管讲得像车轱辘一样，翻过来倒过去，但核心的意思很明白，那就是无论是谁，无论要做什么，都一律需要"意诚""修身""知本"。当然，对于分属不同阶层的人来说，"意诚""修身"和"知本"既有共同点，也有不同之处。比如身处官场，吃国家俸禄，它的表达方式就应该是恪尽职守，尽职尽忠。这也是曾国藩所思所想所为。为了恪尽为人臣子的职责，更是为了感谢皇上的隆恩，对得起皇上赏的这个饭碗子，曾国藩憋着劲儿要做好本职工作，作为对皇上、对朝廷的报答。然而，曾国藩却忘记了"允执厥中"②的圣训，没有把握好尽职尽忠的限度，结果是尽忠未果，反而给自己一次次地招惹祸端，甚至险些丢了性命。这些倒霉的经历使曾国藩恍然明白了一个道理，那就是只知埋头苦干，不一定就有好结果。

听话也会惹祸

因为听了皇帝的话而锒铛入狱，这让曾国藩糊涂了。

翻阅《曾国藩家书》会发现，从清道光二十三年（1843年）六月初六至年底这一段是空白的。在长达半年的时间里，难道曾国藩就未修一封家书吗？还是后人在编辑时有意漏掉或删除掉了？对于这些，我们当然不得而知。但是，我们从一些佐证史料中得知，一夜之间连升四级，开了清一代官员晋身先河的曾国藩，却在这个阶段曾肩负了一项与翰林院侍讲、四川乡试正考官等职无关的特殊使命，也恰恰因为这个使命，使曾国藩身陷囹圄，险些命丧黄泉。

事情还得从曾国藩钦命四川乡试正考官说起。

曾国藩因不满附庸官场相互吃请的陋习，成为大清官场上的一个另类，不仅让所有人都认识了一个特立独行的曾国藩，而且还引起道光帝对他的注意，进而声名鹊起，无意中成了名人。清道光二十三年（1843年）三月，曾国藩被超擢，由翰林院候补检讨一跃而成为从五品的翰林院侍讲。六月，曾国藩又被钦命为四川乡试正主考，而副主考就是那位始终看不上曾国藩的赵楫。道光帝以五品官员做正主考，而以四品官员做副主考的圣命，开了大清立国八朝之先河，不仅大出当事人曾国藩、赵楫的意料之外，也使满朝文武百官无不惊讶。实在是搞不懂曾国藩到底使用了什么迷魂术，让大清皇帝如此一而再、再而三地垂青厚待。没有思想准备的曾国藩，也急忙给家里写信，一方面告之喜讯，另一方面对皇帝如此浩大的"皇恩雨露"表示悚愧。

就在曾国藩打点行装，准备启程赴四川之际，一道圣谕把他召到宫内。曾国藩不仅有些诚惶诚恐。

书房中的道光帝少了一些朝堂之上的威严，多了几分和蔼。

道光帝先吟诵了李白"蜀道难，难于上青天"的诗句，然后感叹自己自登基以来未出过京师，不能像列祖列宗那样遍访天下，探究民情，对于像四川那样的偏远大省更难于顾及，欲知民情吏治，除了看折子外就只能靠想象。道光帝说这番话时，面色严峻，言语中透出不安和怅惘。

曾国藩能够体会到道光帝作为大清最高统治者不了解下情的苦衷，却未弄明白道光帝为何偏偏对自己讲这番话。正在狐疑之际，道光帝话锋一转，直奔主题，即命曾国藩提前入川，替他考察沿途民情吏治，搞一番调查研究，用眼看，用耳听，尽量多掌握第一手资料，回来后直接禀报。

曾国藩闻听大喜，因为这等于是钦差大臣应该干的活儿呀！难道道光帝是想让自己再挂上一个钦差大臣的头衔吗？

就在曾国藩的脑筋迅速转动时，道光帝却没有了下文。

只交代任务而不授权，也就是说，道光帝只让曾国藩负责看、听，而不需要实地解决问题。有职无权，这算哪门子钦差？有其名而无其实嘛，充其量只能算是"相当于"钦差而已。

不管有权无权，但圣旨已下，曾国藩也管不了那么多了，于第二天便带着两个随从踏上了入川之路，开始了一次凶险难料的旅行。

曾国藩主仆三人出京师、过保定，晓行夜宿十数日后，离开了直隶属地，进入山东境内，来到吏部"叙优"的古城平原县。

所谓"叙优"就是考核成绩优等。这是吏部对基层单位考核的一个等次。可让曾国藩想不到的是，刚刚踏上平原的地面还没站稳，就遭到衙役的缉拿，不容分说地被带到了官府。一打听才知道，敢情是违反了平原县"酉时净街"的规矩。看来被"叙优"的平原县就是与众不同，各项管理还真到位。

曾国藩不想多事，也就没有亮出身份，而是花钱免灾，被当庭释放。曾国藩不甘心就这样不了了之，希望多了解一些"酉时净街"的内情，于是略施小计，从衙役那里套取了不少内幕信息。原来，平原县"酉时净街"并非是为了强化治安管理而采取的一项措施，而是衙门变相捞钱的一个主要渠道，更有甚者，当局与省、京勾结，把罚来的银子坐地分赃。因此，全县居民，包括过路之人，常常被无故缉拿，或罚银或受刑，弄得怨声载道，民不聊生。曾国藩了解了事情的前因后果后，立即给道光帝上了一份折子，参奏山东巡抚及一干属僚，派随从返回京师上奏皇帝。期望道光帝能够整肃山东吏治，还百姓一个清平世界。

道光帝也真不含糊，还没等曾国藩一行离开山东境内，就传来了山东巡抚被撤换，平原县令被就地正法的消息。

曾国藩深为道光帝对自己的信任而激动，更为道光帝雷厉风行的作风而叫好。可刚刚高兴了一半，曾国藩忽觉事情有些不对头，感觉有些蹊跷和跑偏：难道这样一个上下串通、省京勾结的大案，仅仅就撤换了一个巡抚、正法一个贪婪的县令就完事儿了吗？

曾国藩的这个问题正触到了此事的软肋上。

除了曾国藩已经了解到情况外，还有很多他不了解的内幕。此案除了山东官府上下勾结外，还可以追根溯源到曾国藩的恩师穆彰阿和协办大学士、吏部尚书英和。山东的那个被撤换的满巡抚，当年正是经过英和力荐，又打通了穆彰阿的关节才得以外放的。

其实，当道光帝接到曾国藩的奏折后，在第一时间就把穆彰阿和英和召进宫里，质问这两个当朝主管干部的重臣：年年吏部叙优、被他们力捧的这位山东能员，到底是怎么回事？命他们二人拟旨，速将山东巡抚和平原县令一同押解来京问罪。

穆彰阿和英和读着曾国藩证据确凿、义正词严的奏折，心里的那个气就不用说了。按照曾国藩所说的那些个事儿，如果真把那两个该死的巡抚和县令押解京师的话，肯定会露出底细，如果那样的话，不光是一年十几万两的孝敬钱没了，还要自己牵扯进去，那事可就不是闹着玩儿的了。这个该死的曾国藩，他哪里是在参一个巡抚、县令啊，这分明是要砸这二位大佬的饭碗子，想要这二位的项上人头啊！

想到这儿，老官痞穆彰阿和英和急忙拦阻，堂而皇之地劝说道光帝把山东巡抚革职罚款，以"用不着大动干戈"的理由就地处斩平原县令，以消弭民怨，抚慰民心。

道光帝并非弱智，轧不出其中的苗头，在思前想后了一番后，道光帝接受了这个建议。其实，道光帝也不想为此事而"大动干戈"，能够杀一儆百，以效儆尤也就算达到了目的。坐车的总需要驾车的。只要这些驾车的懂得忌惮，知晓厉害，好好干活就行了。

不日，山东巡抚被押解京师，矢口否认上下勾结、同流合污的罪行，只承认用人不当，约束失察，把一切罪过悉数推到那个死鬼县令身上。山东巡抚这边言之凿凿，雷打不动，穆彰阿和英和那边则亲自出面为其求情，最后，经道光帝批准，将该巡抚革职并罚银百万两，撵回了奉天原籍。穆彰阿和英和使的这个杀人灭口之计，不仅保住了那个巡抚的小命，而且又从中收取了大量的银子。此事就这样以皆大欢喜的方式得以了结。这些背后的细节，曾国藩当然是不可能知道的。

狐疑归狐疑，不解归不解，毕竟参倒了一个昏聩的巡抚，处斩了一个霸蛮的县令，拨开了笼罩在山东上空的阴霾，取得了考察沿途民情吏治的开门红，曾国藩对此还是很满意的。于是乎，愈加地信心满满，劲头儿实足，决心继续尽心尽力地履职履责，一路走下去，为道光帝好好办事，好好卖力气，以谢浩荡的皇恩、眷遇。可曾国藩的信心和劲头没保持几天就泄了。因为刚刚走到河南洛阳，曾国藩就稀里糊涂地被河南按察使英桂就地擒拿。等丈二和尚摸不着头脑的曾国藩明白过来是怎么回事时，他已经身陷巡抚衙门大狱，成了一名阶下囚。

身陷囹圄的曾国藩，无论如何也弄不明白究竟触犯了哪条王法而弄成这样一个令人匪夷所思的局面。

英桂缉拿曾国藩的那天，倒是当场宣读了道光帝的圣旨，但不是为了曾国藩开脱，而是为了证明曾国藩打着钦差的旗号到处招摇撞骗，草菅人命，重伤绿营把总，引得上上下下民愤鼎沸。经河南按察使英桂、开封总兵清同、游击肇衍等查实，着河南巡抚和春奏报后经皇帝御批拿下的，待进一步查实后问罪。一想到这一连串的人名和围绕这些人所发生的事件，曾国藩的脑子慢慢清醒了，思路也渐渐清晰起来：噢，事情原来是这个样子的！

旗开得胜后，曾国藩一行离开山东，进入河南境内，来到了古城开封。

开封，古称大梁、汴梁、汴京。始建于春秋时期，距今已有近三千年的历史了。位于河南中东部，黄河南部的豫中平原上。曾有战国时的魏，五代时的梁、晋、周、北、北宋以及金朝在此建都。

一到开封，鞍马劳顿的曾国藩顿时就来了精神头，不仅为"七朝古都"雍容气度所折服，更为铁塔、龙亭、相国寺、禹王台等不胜枚举的名胜古迹牢牢地吸引住了眼球。他决定要好好逛逛这座包青天主政过的开封府。可是还没逛上两天，曾国藩的雅兴就被搅了。原来，曾国藩在闲逛时，遇到了一位飞扬跋扈的绿营把总。这个把总不仅欺弱逞凶，而且在公堂之上仍然颐指气使，气焰嚣张。曾国藩气不过，当场亮出了自己的身份，责成开封知府摘去了那个把总的顶戴。

事情到这里本来就算结束了。想不到曾国藩在离开开封的途中又遇到了那个把总，因记恨曾国藩的摘顶之仇，欲官报私仇，竟然不容分说包围了曾国藩一行。就在那个把总得意之时，突然被曾国藩的随从踢断了一条腿。曾国藩这边刚刚制服了饭桶把总，紧接着把总的救星就到了。这个救星不是一般的八旗兵，而是一名官居三品的武官，也就是圣旨说所说的那个游击肇衍。肇衍一向眼高手低，牛皮哄哄，没问青红皂白，就命令手下不管三七二十一，把曾国藩一干人马统统拿下，还口口声声地说要给英大人一个交代。曾国藩的随从可不吃这一套，上前一脚踢翻肇衍，随即亮出大内侍卫的腰牌。一见到这个物件，肇衍的骨头顿时就酥了。

想到这里，曾国藩逐渐地地理出了一些头绪。看来，事情的起因就在那个绿营把总。接连伤了把总和游击，触犯了地方利益，因而得罪了河南的高层，才有今天自己这场牢狱之灾。

一连几天，曾国藩被孤零零地扔在大牢之中，吃残羹睡冷铺，日夜与老鼠为伍，既不过堂也不审讯，仿佛没有他这个人一样，无人问津。令曾国藩百思不得其解的疑惑时时困扰着他。这个疑惑既不是英桂、肇衍等的诬告，也不是和春的听信谗言，而是道光帝对此事的态度：皇上怎么能够不分青红皂白，仅仅凭和春的一面之词就把自己下了大牢呢？

曾国藩自认为一路之上恪尽职守，尽心尽责，严格按照"有贪赃枉法者，有权请旨革除"的谕旨办事，从未越雷池一步，道光帝何以偏听偏信，要治自己一个"打着钦差的旗号到处招摇撞骗，草菅人命"之罪？把一个堂堂的翰林院侍、四川乡试正主考拘押在地方的巡抚衙门看管，既不押解回京闻讯，也不按例交刑部问罪，这算是怎么回事？抑或是皇帝糊涂了，抑或是满人无视法度？还是他们上下勾结，官官相护？

一连十几天的光景，曾国藩在暗无天日的大牢里一会儿清醒一会儿糊涂，分不清天分不清地，更不知道时间，精神备受煎熬，几近崩溃。

就在曾国藩即将绝望、疯癫之时，突然拨云见日。道光帝把诬告曾国藩的巡抚革职查办了，并着曾国藩官复原职，而且对他一路之上的尽职尽责予以充分肯定，极尽抚慰之能事。曾国藩愣怔着，脑筋一时有些不够用了。一场突如其来的天灾，又突如其来地烟消云散了。

事情似乎就这样过去了。对又是赏银又是叙优的道光帝来说，吃尽牢狱之苦的曾国藩是没有资格与胆量说点什么的，但是免不了心里产生一些感触。比如说，只知道埋头干活而不知抬头看路，这在官场上是一定要吃亏的。再比如，在大清国，道光帝对汉员仍然是不托底的，可以肯定地说，如果没有皇上点头，英桂就是再猖狂，也绝不敢轻易地把曾国藩下了大狱。还有就是手心手背都是肉，道光帝也有道光帝的难处，管还是要管的，但不能过分，否则……

事儿就是这么个事儿，情况就是这么个情况。既然想明白了，看开了，曾国藩也就释怀了，只是暗暗叮嘱自己，以后凡事要多长脑袋，多长记性，别一味地埋头傻干，小心自己项上人头。

马屁拍到了蹄子上

为讨好皇上，曾国藩献了祖传秘药，却差一点要了皇后的命。

由于道光帝的青睐，曾国藩得以青云直上，跳级晋升，一路飙红，让满朝官员无不艳羡垂涎。因此，曾国藩无时无刻不在感念道光帝，无时无刻不在想方设法报答皇上的浩荡皇恩。

功夫不负有心人。报恩的机会终于来了。

历尽险恶的四川乡试结束后，曾国藩得以顺利返京。一回到京师，曾国藩就忙不迭地去拜见自己的座师穆彰阿。

对于曾国藩来说，穆彰阿不仅是他当年参加会试时的主考官，也是他在朝中所谓的政治靠山。不得不承认，曾国藩之所以能得到道光帝的垂青而被超擢，穆彰阿所发挥的正面或者潜移默化的作用是不能忽视的。因此，曾国藩尽管对穆彰阿结党营私之举心存芥蒂，但却无论如何也不能有负两个人之间的这种师生之谊，更不敢小觑权倾朝野的穆宰辅。虽说平日里的接触不是很频繁，但逢年过节寿诞之日，曾国藩总免不了要过府探望，联络感情，以表孝心。

穆彰阿并非庸碌之辈，进士出身的他也是才高八斗，学富五车，尤其是于古玩字画方面颇为精熟，造诣很深，这与有着同样爱好的曾国藩很有共同语言。曾国藩掏不起大钱，但淘弄一些古玩字画倒不是件很困难的事儿。所以，曾国藩一淘弄到什么稀罕物件，第一个就会孝敬给穆彰阿。此次过府拜见，曾国藩正是要把在四川得到的一个稀罕物进献给穆彰阿。

穆彰阿留曾国藩小聚，师生谈古论今好不畅快。临告别前，穆彰阿善意地提醒曾国藩办事小心些，因为近来皇帝心绪不佳，皇后博尔济吉特氏得了腹肿不泄，不能进食的怪病，情况十分危险。宫里的太医一个个都快被逼疯了，也拿不出好办法来，道光帝整日怒气冲天，不是骂太医就饬大臣，弄得满朝上下各个揣着小心，连大气都不敢喘一下，生怕惹着皇帝给自己招来祸端。曾国藩连忙点头应承，感谢恩师的提醒。

博尔济吉特氏是道光帝的第四位皇后。

在博尔济吉特氏之前，道光帝曾经有过三位妻子，但都因为短寿而相继辞世。第一位是孝穆成皇后。生于公元1781年。系户部尚书一等子布颜达赉之女。可惜的是，她在嘉庆十三年就过早地辞世了，年仅二十七岁，没有留下子嗣，更没有享受过真正的皇后生活。宣宗（即道光帝）即位后，把她追谥为孝穆成皇后。第二位是孝慎成皇后佟佳氏。佟佳氏，生于公元1790年，卒于公元1833年。系三等承公舒明阿之女。孝穆成皇后辞世后，嘉庆皇帝便把佟佳氏册封为宣宗的继福晋。宣宗即位后，把佟佳氏立为皇后。佟佳氏育有一女，是为宣宗的长公主，但夭折了。其后再没有生育。第三位是孝全成皇后钮祜禄氏。生于公元1808年，满洲镶黄旗人。系大清苏州驻防将军、乾清门二等侍卫、世袭二等男、赠一等承恩侯、晋赠三等承恩公钮祜禄颐龄之女，也是仁宗和睿皇后的侄女。道光十四年被立为皇后，是咸丰皇帝奕詝的生母。道光二十年正月辞世，终年三十二岁。

其实，博尔济吉特氏并不是真正意义上的皇后，她的实际身份是皇贵妃。

博尔济吉特氏生于清嘉庆十七年，即公元 1812 年。系刑部员外郎花良阿之女。刚进宫的时候封为静贵人，道光十四年累进为皇贵妃。嘉庆元年，嘉庆皇帝将博尔济吉特氏册封为宣宗的嫡福晋。尽管博尔济吉特氏只有皇贵妃的身份，但在道光帝跟前和后宫里却很有影响，虽无皇后之名却有皇后之威。其原因是博尔济吉特氏资历太深，贡献太大。

博尔济吉特氏很小就被选入宫中，从十四岁起就为道光生育，至二十八岁，共生育了七个子女，其中就有著名的和硕公主和后来名满天下的皇六子——恭亲王奕訢。孝全成皇后驾崩时，后来的咸丰皇帝奕詝只有十岁。身为后母的博尔济吉特氏便承担起养母的责任。就单凭咸丰养母这一身份，后宫上下就无人能及，无人不尊。现在，博尔济吉特氏得了怪病，道光帝着急上火自然是情理之中的事儿。

得知博尔济吉特氏病危后，曾国藩也心生忧虑。出于一份至诚，曾国藩当即决定把一剂祖传的秘药进献给道光帝。

这是一剂什么秘药呢？据说这剂秘药上可追自曾氏远祖曾参。相传，曾参得到世外高人亲传，集百草煎制而成，专治各种疑难气症。曾国藩自己就曾得益于此药。

曾国藩不敢怠慢，连夜进宫求见道光帝，献上祖传秘药。

接过曾国藩献上的秘药，尤其是听完药的煎制过程后，道光帝不禁踌躇起来。自博尔济吉特氏得病以后，太医院的太医各个束手无策，所有的秘方成药均无济于事，难道曾国藩的这个秘药就能有奇效？刚才，曾国藩把服用的过程讲了一遍，无论是药引子还是配料，都具有很强的毒性。万一……

道光帝不敢想下去，一会儿闻闻，一会儿看看，始终沉吟不语，不明确表态。就在这时，宫里的太监忽报博尔济吉特氏命悬一线，岌岌可危。

也是苦于别无良策，道光帝一咬牙一跺脚，终于同意给博尔济吉特氏试一试曾国藩的秘药，前提是要由曾国藩亲手煎制，不许别人插手。

曾国藩被带到御药房，太医们赶紧备齐各种配料，曾国藩便马不停蹄地动手煎制秘药。煎制好后交给御医送入宫中，然后奉命留在御药房候等，不准离开。

太医的脚步匆匆地走远了，寂静的御药房里只剩下了曾国藩一个人。此刻，时交未时，正是夜深人静之际。整个后宫大院深沉似海，悄无声息。直到这个时候，曾国藩始终怦怦乱跳的一颗心才稍稍平静了一些，长长地出了一口气。可没等这口气出完，曾国藩猛地想起祖父曾星冈一句话，心里不由产生了后怕，而且是越想越怕。当年，曾星冈曾对要把秘药公之于众的曾国藩说，药可以治病救人，也可以夺人性命。就是同一种药，对不同的人来说，其结果也往往不尽相同，关键是对症下药，否则就不是治病而是要命。博尔济吉特氏究竟得的是什么病，曾国藩所知不多，仅仅就是从穆彰阿哪里知道一些症状，也仅仅是从这些外在的症状上分析像是气症。由于急于报答君恩，曾国藩才急不可耐地献上了秘药，如果对症医好了病那就再好没有了。可一旦出现差池，非但没有医好病，反而……

想到这儿，曾国藩不由悔意顿生，恨自己办事太莽撞，太沉不住气。曾国藩刚刚平静的心脏又开始怦怦乱跳，只觉得心口发堵，浑身不由自主地抖动起来，额头上渗出了一层接一层的细密冷汗。

屋漏偏逢连夜雨。越怕出事就越出事。

时交子时，就在曾国藩忐忑不已、后悔不迭的时候，就听得皇宫后院脚步纷杂，出现一阵忙乱。

曾国藩不明就里，刚要出门观看，忽见当值太监带着几位侍卫推门走进御药房。没等曾国藩开口，几个侍卫架起曾国藩就往外走，直接就把他拖进了宗人府的大牢。一见到这个架势，曾国藩心说完了，肯定是秘药出了事儿，要了博尔济吉特氏的性命。

当值太监命令侍卫给曾国藩上了大挂，用一条白绫子从前向后勒住嘴巴，临行前扔下一句阴森森的话：候旨勒死。

最担心的事终于变成了事实。眼下，曾国藩刀悬颈上，生死系于一线。

真是时也运也命也。面对一步步走近的死神，曾国藩只能苦笑，慨然长叹。他的心已经凉到了底。

对曾国藩来说，癸卯年真是波谲云诡之年。先是年初遭贬，由从七品的翰林院检讨被降至为候补检讨。然后鲤鱼跳龙门，一下子做梦似的连升四级，官至从五品翰林院侍讲。接着又被钦命四川乡试主考官，得名利于一身。不料在赴川的路上险象环生，被地方势力陷害而身陷囹圄，差一点命丧黄泉。好在皇帝能及时拨云见日，救曾国藩于即殁。如果说上几次遇险，曾国藩心里还有一个道光帝可以期盼的话，那么这一次却没有了任何盼头，因为要他小命的就是道光帝本人。他亲手要了博尔济吉特氏的命，道光帝就是再慈祥，也没有给杀害自己老婆的凶手留一条活路的说法。

如果单单就是曾国藩一人赴死也就罢了，谁让你急于表忠心、拍马屁了呢？最要命的是这种欺君之罪会殃及九族。一想到曾星冈这支好不容易延续下来的血脉，就将因为一己之过而被诛灭，曾国藩不觉心如刀绞，泪如雨下，把肠子都悔青了。真是应了那些老话：太阳不能总往一个地方照；捧得高，摔得重；人露多大脸，就会现多大眼……现在说什么也没用了，恨就恨自己办事太孟浪，怨就怨马屁拍到了蹄子上。

就在曾国藩万念俱灰，抻着脖子候旨等死的时候，曾国藩的秘药终于发挥了奇效，博尔济吉特氏竟然起死回生，转危为安了。

当曾国藩得到这个消息的时候，竟然一下子昏了过去。不知是因为兴奋过了头，还是因惊恐过了度。

认真倒没有好果子吃

因查处冤案却把自己送进了大狱。

说到底，曾国藩还是书生本色，是那个时代所有士子的典型代表，不忘把"三纲五常"时时作为为人处世的准则，更把忠君报国作为毕生的信念和理想来追求。为官八年，曾国藩每天生活在"闭门百虑丛忧煎，出门葛蔓相纠缠"③的官场之中，经历了不少凶险磨难的历练，心得体会更是总结了一箩筐，但事情过后又都忘到了脑袋后去了，仍然一切以君主的意愿为意愿，以君主的意志为意志，做到绝对服从绝对遵循，认真履职，不折不扣，完全是"吃一百个豆不嫌腥"的态度，因而一次又一次地把自己置于被动的绝境，而他自己却不改初衷，义无反顾。

清道光二十六年（1846年），三十六岁的曾国藩官居从四品的翰林院侍讲学士之职。随着官职的不断跃升，曾国藩的个人生活也发生了显著的变化，体会到了当官的益处、妙处。好日子接踵而来。由于收入渐丰，经济条件有了很大的改善，不仅搬出了寄居了六年之久的长沙会馆，单独赁了房子自立门户，显示出了大清中层官员的范儿，而且把家眷接入京城，一家人得以团圆，曾国藩也因此结束了与夫人多年分居的鳏夫生活。从表面上看，这时的曾国藩官运亨通，生活滋润，只能用春风得意，诸事顺遂来形容。孰不知，一场场险恶难料的官场风暴即将来临。

一天，道光帝单独召见曾国藩，吩咐他到河北的保定府走一趟，对那里发生的一起案子进行复核。领了圣命曾国藩不敢怠慢，连夜就带着随从赶奔保定府。

道光帝究竟交给曾国藩一件什么案子呢？

说起来这个案子本身并不复杂，但审理的过程却很繁琐，总是节外生枝，几经反复，甚至连道光帝都不得不亲自出面，组织三法司会审，但也是搞得一头雾水，没有最后弄清楚，成为轰动一时的悬案。

案情的主犯叫李纯刚，是保定府的一位县学生。他被人举报私藏朝廷禁书，并批有反语，不仅李纯刚本人当即被剥夺了功名，上报斩刑，而且还被没收了全部家产，要把他的全家发配边关。这看似一件很普通的案子，既有原告也有被告；既有人证又有物证；既有庭审又有口供，一切都符合程序，就等刑部批准执行就是了。可是事情并没有就此结束，而是出现了意想不到的波澜。保定府的一些读书人气不过，联名到总督衙门替李纯刚喊冤。在没有得到总督府的答复后，来了一个进京越级上访，直接告到了刑部、大理寺和军机处。这些读书人避开了李纯刚私藏禁书一事不谈，而是将矛头直指保定知府，控告他故意陷害李纯刚，目的在于图谋李纯刚的巨额家产。如果事情果真如此的话，那么案件就复杂化了，因为这不仅仅是一个私藏禁书问题，而且还牵扯到了官府、官员。

曾国藩亲赴保定府，经过明察暗访，证明此案果然是一桩冤案。

案子既然已经查明，曾国藩本该可以交差了，而实际上不仅案子没有交出去，倒把自己送进了内务府的大牢。因为，这桩案子不仅牵扯到了一些地方大员，还牵扯到皇亲国戚。

曾国藩自信满满地把罪犯供状誊写清楚，然后去御花园向道光帝禀报。想不到，道光帝御览完供状，没表示什么态度，而是问曾国藩现在官居几品。曾国藩据实回答，现在官居翰林院从四品侍讲学士，兼詹事府右春坊掌印。道光帝脸色一沉道，你才是个小小的从四品，就敢插手皇族的事，如果官居大学士，还不得把朕也下到大牢里吗？曾国藩一下子瞪大眼睛。莫不是这道光帝吃错了药吧？这都说了些什么呀？哪儿跟哪儿呀？太不挨边儿了。曾国藩正狐疑时，道光帝喝令，摘去曾国藩的顶戴花翎，押宗人府严加看管。曾国藩一听顿时懵了，不觉眼前一黑，昏倒在道光帝的面前。

曾国藩此次入狱，并非是因为办事不力，而恰恰是因为他把事情弄得太明白了，才让道光帝坐不住金銮殿。

道光帝的心情十分复杂，处于两难境地。出了这等的馊事，无疑是给皇家的脸上抹了黑，造成了很坏的影响，而这又不是打掉了牙往肚子里咽就能解决的。制裁就要涉及骨肉至亲，涉及大清的基石……

犹豫是暂时的。道光帝不是个糊涂人，作为大清国的最高统治者，他自然深知高官也好，皇族也罢，干系再大也大不过社稷；利益再重要，也重要不过江山的道理。他自己必须要拿出坚决的态度和霹雳手段，给祖宗、给天下人一个交代、一个明白。

道光帝斩断忧思，当机立断，下旨缉拿案犯。于是，一批涉及贪赃枉法、卖官鬻爵的皇亲国戚、高官显贵被悉数捕获，为大清除去一大痼疾、隐患。曾国藩被无罪释放。

这一次，本来立下首功的曾国藩，没有受到任何封赏，白白蹲了一回宗人府的大狱。出来后还遭到道光帝的警告，不准就被拘一事透露半个字，否则的话，皇上会很生气，后果会很严重。

这算是什么事儿呢？曾国藩心里甚是憋屈，但胳膊拧不过大腿，只能仰天长叹，把一腔怨气往自己的肚子里咽。正如他在三十一岁那年写下的诗句"壮盛百无能，老苍真无耻"，搞不清楚曾国藩真是怨恨自己壮年无能，还是咒怨老天爷不开眼。

恶人往往先告状

曾国藩始终不懂：恶人先告状是官场惯用的伎俩。

满族入关建立大清国，并没有妄自尊大地以满文化取代汉文化，而是采取了双轨并行的模式，一方面保持着满文化的原住性，另一方面也继承了汉文化的悠久性。比如在对儒家文化的尊崇与推广、对汉制的沿用等方面更是全盘接收，甚至是有过之而无不及。这当然有汉文化博大精深、实难割裂的历史传承，也有清统治者笼络天下民心、士心的政治考量。建庙立祠，祭祀孔子和历代大贤大德的行为，便是这种考量的具体表现之一。

北京的文庙就是专门用来祭奠儒学宗师孔子和历代大贤之所，兴建于清顺治十九年（1645 年），也就是大清入关的第二年，中间除了乾隆年间翻修过一次外，已经有近百年的时间没有修缮过了。于是，道光帝准备搞一次彻底翻建，为住在里面的孔老夫子再塑金身，同享天朝盛世。道光帝除了钦命工部右侍郎匡正为翻建的总监理、翰林院掌院学士文庆为第一副总监理两名满系官员外，而任命备受恩宠的汉官曾国藩为第二副总监理。

对曾国藩来说，能有机会参与文庙的建设，这本身就是一件可望而不可求的幸事，而担任第二副总监理，就更表现出是皇上对自己的无尽信任与恩宠了。可问题是曾国藩是学文科出身，对于建筑、算学一窍不通，是一个完完全全、地地道道的门外汉。

在曾国藩看来，尽管皇上恩宠有嘉，但自古以来，都是行家看门道儿而外行看热闹，外行绝对是领导不了内行的，更不用说亲手去做了。

皇上派的差事，不管你能不能做都是推脱不了的；硬要推辞就是蹬鼻子上脸，就是抗命不遵，就要砍脑袋。但曾国藩知道自己半斤八两，接了差事后显得惶恐不安，生怕干不明白交不上差，便斗胆向道光帝力辞。道光帝也是一个认死理的人，在他看来曾国藩是员能臣，应该干啥都行，而且还能干好，所以没治曾国藩请辞之罪，当然也没有批准他辞职的请求。曾国藩无奈，只好遵从圣命。他一方面临时抱佛脚，学习相关建筑、算学等基本业务；另一方面编制搞预算，跑市场选料购货，还亲自监工，忙得团团转，把全副身心都投入到了文庙的建设之中。

经过一番紧锣密鼓的建设，文庙终于按期竣工了。道光帝亲自验收，对整个工程建设的质量表示满意。满心喜悦的道光帝在勤政殿召见匡正、文庆、曾国藩等一干人等，论功行赏，重奖有功人员。曾国藩自然也得到了不菲的赏赐，心里美滋滋的。可当道光帝表扬此次建设文庙很节俭，只耗银三十万两时，曾国藩不由大骇。因为这个数字，是曾国藩亲自所做预算的五十倍。这是怎么回事？曾国藩心里疑云顿生。

开始，曾国藩以为自己听错了。出了大殿返回文庙后，曾国藩把用料情况与预算进行反复核对，核对的结果证明，曾国藩自己没有错。

这是明目张胆的欺骗，而且欺骗的不是别人，恰恰是道光帝本人。事情果真如此的话，那这就是毫不含糊的欺君之罪，是要祸灭九族的。一时间，曾国藩心惊肉跳，害怕事情一旦败露，追究自己一个明知不举之罪，难脱干系。

曾国藩不敢轻视，更不敢坐以待毙。他急忙找到翰林院掌院学士、文庙翻建第一副总监理文庆反映情况。

文庆是满洲镶红旗人。费莫氏，字孔修。道光进士，此时为二品大员。

听完曾国藩的情况反映后，文庆完全是一副见怪不怪的样子，甚至是笑眯眯的，多肉的白脸上一片坦然。

文庆没有表扬曾国藩明察秋毫，也没有批评他坚持原则，而是讲了一通在曾国藩听来振聋发聩的大道理。

文庆首先告诉曾国藩，文庙已经顺利完成了翻修，皇帝很满意，这是最主要的。作为配角，咱们协助匡正匡大人完成了任务这就是首功一件。

再说，皇家的事儿不同于普通百姓。老百姓用一两银子买一筐鸡蛋，而宫里用一两银子却只能买一个鸡蛋。文庙的花费和买鸡蛋的道理是一样的。

小鸡不撒尿，各有各的道儿。做人有做人的根本，官场有官场的规则。这个，曾国藩自然是懂得的。但文庙的事儿与买鸡蛋的事儿毕竟不是一回事儿，绝非文庆像说的那么简单，曾国藩不仅没弄明白，倒陷入疑云迷雾之中。

曾国藩整日纠结在此事之中不能自拔，甚至到了寝食不安，噩梦连连的地步。作为臣子的忠心，作为士子的道德，使曾国藩难以与文庆苟同。

曾国藩最终决定，还是按照自己的主意行事，直接向道光帝举报。曾国藩把拟好的奏折，连同原始凭证一同递到了都察院转呈道光帝（按照大清律例，四品以下官员，没有直接向皇帝上书的资格）。至此，曾国藩心里悬着的那块石头才算是落了地，不觉浑身上下一阵轻松。

折子倒是递上去了，可是如石沉大海，一直杳无音信。盼来盼去，却盼来了一纸吏部的咨文。曾国藩打开咨文一看不由傻了眼。咨文里说，由于曾国藩一向轻视满臣，尤其在修缮文庙时专横跋扈，自以为是，不把上司放在眼里等，被革去现职，降为翰林院检讨——原来，曾国藩的举报没有见到成效，他自己倒被匡正给参了一本，而且立竿见影。

正所谓捧得越高，摔得越重。

曾国藩手捧咨文，哭笑不得。想不到自己没有打着狐狸倒先惹了一身骚。不仅从四品的翰林院侍讲学士做不成了，还被连降四级，被迫离开了詹事府。

说实话，被连贬四级，曾国藩并没有多想什么、多说什么，反而觉得心里很平静，很坦然。因为他觉得自己上对得起皇帝，下对得起自己的良心，此次被降级，绝对不是因为自己做错了什么，而仅仅是被恶人先告状而已。

人生大概就是这样，总是会有起起伏伏，潮涨潮落，就像一夜之间可能连升几级，或者眨眼间又被连降几级一样。这就是官场，这就是历练，这就是成长。

在对待被降级这件事儿上，曾国藩觉得自己成熟了，尽管上司不时送上白眼，同僚也自动与他拉开了距离，就连平日里推都推不出去的学生，也各找理由相继离去，往日热闹的门厅霎时冷落了下来，但曾国藩不仅没有气馁，反而多了几分静气。面对，有时不仅仅是一种勇气，而是一种境界。而有什么样的境界，就会有什么样的态度，而什么样的态度决定着要采取什么样的举动。

曾国藩写诗言志：

> 屋后一枯池，夜雨生波澜。
> 勿言一勺水，会有蛟龙蟠。
> 物理无定姿，须臾变众窍。
> 男儿未盖棺，进取谁能料？

曾国藩被贬之事，发生在清道光二十六年（1846 年），距离曾国藩升授翰林院侍讲学士不足年余。

热脸贴上了凉屁股

因为与皇上的意愿相违，煮熟的鸭子竟然飞了。

逝者如斯夫。转眼，时间到了清道光二十七年（1847 年），曾国藩的京官已经做了九年，因揭发文庙贪污案有功，而被升授正四品詹事府少詹事。年底，逢三年一次的京察，即朝廷对京官的政绩考核，因成绩优异而被破格超擢为正三品主管宗庙祭祀事务的太常寺卿，俨然位列大清高官之列。

官当得久了，历练自然就多了，对官场上的风云变幻、尔虞我诈也有了很强的适应，心里也超然、淡定了不少。曾国藩在自己这个时期的诗作中，以禅味实足的笔调写道："得失升沉纷满眼，世闲人事等牛毛。"⑤

超然似乎是超然了，淡定似乎也淡定了，可一遇到具体事儿还是书生气十足，正所谓江山易改，禀性难移。

在这一年上半年，曾国藩曾有过一次做地方大员的机会，但还没来得及赴任，就胎死腹中了。原因是因为他的理解，恰好与皇帝的意图完全相左，把好端端的一张热脸贴到了道光帝的凉屁股上，这自然是一个大问题。究其原因，曾国藩还是认为自己不够成熟、老道，还是太嫩。

清建国于 1616 年，初称后金。1644 年满族入关，改国号为清。到了道光帝的手上，大清国已经历了二百多年漫长的岁月。总的来说，泱泱大清国还算风调雨顺、国泰民安，享誉后世的"康雍乾"盛世就不用说了，就是后来的嘉庆、道光等也比较顺利，即使有些内忧外患也无伤大雅，动不了大清国的龙骨，伤不了大清的血脉。但到了道光二十年，也就是公元1840 年的时候，形势急转直下，强虏的坚船利炮终于打破了大清封闭的国门，中英之间的第一次鸦片战争爆发了。英帝国凭借着坚船利炮，强行打开了大清禁锢的樊篱，逼迫大清国开埠通商，倾销鸦片，不仅掠夺了大量真金白银，严重销蚀着大清国民的意志和筋骨，拉开了屈辱的中国近代史的序幕。至此，大清国的太平盛世宣告寿终正寝，进入了内忧外患的动荡岁月。

1847 年春夏之交，三十七岁的曾国藩奉圣命赴湖南办案，刚刚回到京师就接到了道光帝的圣旨，被告知升授为广东巡抚兼属都察院右副都御史，并且命他立刻赴任。

巡抚一职始设于明代。按清制，巡抚为省级地方政府最高长官，总揽一省的军事、民政、吏治、刑狱等事务，品级为从二品。巡抚例兼都察院右副都御史衔，其地位略次于总督。在单设巡抚的省份，其职权与总督无二；在设总督的省份，巡抚例受总督节度。曾国藩此次升授广东巡抚并兼属都察院右副都御史，由正三品骤升为正二品，也就是说，曾国藩又被超擢了。

在曾国藩为擢升而高兴之余，也为新任而忧心，因为当时的广东正闹得鸡飞狗跳，不得宁日。

西方与中国的鸦片贸易起始于唐，延续至明。尽管历史悠久，但输入的量很少，仅供药用。十七世纪，吸食鸦片的方法由南洋传入中国，遂成奢侈品。清雍正五年，政府明令禁止吸食鸦片。清嘉庆元年，诏停鸦片征税，严禁鸦片的输入。自此，鸦片贸易成为非法。为了打开中国的门户，十八世纪初和十八世纪末，英帝国开办的东印度公司先后取得了鸦片的专卖、制造特权，开始向中国大量销售鸦片。据史料披露，清嘉庆五年（1800年），输入中国的鸦片约为四千五百七十箱，而到了清道光十八年（1838年），就已经猛增到四万零二百箱，激增了十倍，中国因此而损失白银三四亿两之多。鸦片的野蛮贸易，给清政府的政治、经济带来了严重的影响，激起了朝野有识之士的满腔义愤，进一步加重了业已存在的危机。其中最著名的代表者就是时任湖广总督的一代能臣林则徐。林则徐上书道光帝，指出如果再这样下去的话，那么"是使数十年后，中原几无可以御敌之兵，且无可以充饷之银"。如果一个国家没有了可以抵御敌人的兵力，没有了可以充当军饷的银子了，那后果将不堪设想，因而力主抗英，坚决打击鸦片走私贸易。

林则徐，字元抚，一字少穆，晚号竢村老人。生于公元1785年，福建侯官人，嘉庆十六年进士。在任东河河道总督时，全力治理黄河。任江苏巡抚期间，大力兴修水利，减少百姓负担，口碑皆佳。历来反对鸦片贸易，痛感鸦片贻害无穷，致使国家民贫兵弱银涸，在出任湖广总督时，严禁吸食鸦片，成效卓著。

清道光十八年（1838年）十二月底，道光帝委林则徐为钦差大臣，前往鸦片走私罪严重的广州禁烟。次年三月，林则徐抵达广州，协同两广总督邓廷桢、水师提督关天培严厉查禁鸦片，迫使英国驻华商务监督义律及鸦片商贩交出走私鸦片二百三十七万多斤，在虎门海滩被当众销毁，始称"虎门销烟"。在多次武力挑衅失败后，同年十月，英政府正式决定出兵中国。清道光二十年（1840年），英远征军组成，于六月抵达广东海面，挑起战火，因遭到林则徐的坚决抵抗而无果，遂转攻厦门，被邓廷桢所部击退。遭到惨败的英军沿海北犯，乘虚接连攻占浙江定海、天津海口，直接威胁北京。迫于英军的压力，道光帝将林则徐革职。可叹的是被誉为民族英雄的林则徐，因抗英而声隆，又因为禁烟而罢官。英夷是满意了，而国民的心却伤透了。但不管怎么说，在中华民族孱弱之时，是林则徐奏出了铁骨铮铮的最强音。

为解广东之危，道光帝派琦善为钦差大臣处理善后。琦擅自作主张，撤海防、裁水师、散兵勇，一味向英军示好。英军则背信弃义，发动突然袭击，迫使琦善投降。琦善贪生怕死，擅作主张，同意割地赔款，与英军签订卖国条约，后被道光帝革职查办。

清道光二十一年，即公元 1841 年，道光帝决定对英宣战，但因用人失误、准备不足等原因，最后以失败而告终。清道光二十二年（1842 年）八月，清政府被迫与英帝国签订了丧权辱国的《南京条约》。从此，中国由一个封建社会，逐步沦为半封建半殖民地的社会。

时在京师的曾国藩，自始至终关注着鸦片战争的进程。自清道光二十一年（1841 年）四月始，至清道光二十二年（1842 年）九月止，在这个时期的曾国藩家书中，每每提到鸦片战争的进程，并通报最新战况。翻看这个时期的家书，诸如"琦善已于十四日押解回京""广东事已成功""近又传异辞""英夷在浙江滋扰日甚"等内容不绝如缕。

在关注战争进程的同时，曾国藩也表现出应有的爱国心和对战胜英夷祈盼，并对清军的软弱无能表现失望。曾国藩在清道光二十二年（1842 年）正月十八给父母的家书中说："英逆去秋在浙滋扰，冬间无甚动作。若今春不来天津，或来而我师全胜，使彼片帆不返，则社稷苍生之福也。"在同年四月的另一封家书中又言："英夷去年攻占浙江宁波及定海、镇海两县。今年退出宁波，攻占乍浦，极可痛恨。"同年六月，曾国藩在家书中告知家人："逆夷海氛甚恶，现在江苏滋扰。宝山失守，官兵退缩不前，反在民间骚扰。不知何日方可荡平！"七月，战事继续恶化，"江宁、扬州二府颇可危虑。"

第一次鸦片战争终于结束了。在英夷的炮口下，大清国只剩下了俯首帖耳、唯唯诺诺的份儿。清道光二十二年八月二十九日，接替琦善的钦差大臣耆英、伊里布与英国全权代表璞鼎查在南京江面的英国军舰皋华丽号上，完全按照英方的条件，签订了近代史上，帝国主义侵略中国的第一个不平等条约《南京条约》。在世界面前，泱泱中华帝国在自己的家门口损兵折将、割地赔款，颜面扫地。

曾国藩曾分析英夷取胜的原因，他认为"盖金陵为南北咽喉，逆夷既已扼吭而据要害"⑥，所以逼迫大清不得不"权为和戎之策，以安民而息兵"⑦，"实出于不得已"⑧。再回过头来，看大清国将士在战争所表现出的种种问题，曾国藩痛心疾首，认为"自英夷滋扰，已历二年，将不知兵，兵不用命，于国威不无少损"⑨。靠一味的割地赔款、妥协安抚是不能从根本上解决问题的，后来的历史发展也无可辩驳地证明了这一点。这样的发展趋势，凭曾国藩的识见完全可以预判得到，但曾国藩似乎也为暂时的和平所蒙蔽，说了一番很没智力，但很顺耳的话，如"但使夷人从此永不犯边，四海晏然安堵，则以大事小，乐天之道，孰不以为上策哉!"⑩难道曾国藩是真没看出来，还是故意装傻？事实证明，曾国藩此举是故意的，因为五年后，当曾国藩有机会出任广东巡抚时，他的观点不是"和"而是"战"。

鸦片战争虽然结束了，但中英之间关于鸦片的纠葛并没有完结，英夷的目的不在于获取二千一百万银元，割一个香港，开放几处通商口岸，而有着更大的野心，其中就包括夺取中国东南的门户广州。

面对英夷的狼子野心，广州军民表现出极大的愤慨，欲拼死力保，主战的呼声一浪高过一浪。民众更是自发地组织起来，与英夷不断发生摩擦，火药味越来越浓，形势愈演愈烈。胆小如鼠的耆英把全部矛盾都推到林则徐的身上，说这一切都是林则徐惹下的祸端，并以有病做托词，请朝廷另选能员主政广州，他准备玩一套"三十六计"——走为上计。就在这样一个情况下，道光帝把目光落到了曾国藩的身上。

接到圣旨，曾国藩迅速返京，并在抵京当日就受到了道光帝的召见。第二天一早，曾国藩就接到了道光帝的任命，他被升授为广东巡抚兼属都察院右副都御史，要求他即刻赴任，不得有误。

在"学而优则仕"的封建社会里，作为一个读书人，其根本目的就是渴望通过科举这华山一条路走上宦途，跻身士林，不仅可以改换门庭、光宗耀祖，而且也是为了证明自己的人生价值，实现自己的抱负。

做官是一个高风险、高投入的行业。谁也不能保证自己在漫漫的宦途上顺利地走下去、走多远，而能出任督抚，就更成为一种可望而不可即的梦想。出身农家的曾国藩，尽管接连被超擢，早已跻身大清高层官员的行列，看似仕途顺遂，但也绝对没有做一名地方大员、主政一方的奢望。因为那是可望而不可即的。现在，道光帝慧眼识英才，把广东巡抚的红顶子送到曾国藩的面前，不仅使他对日常浩荡的皇恩"悚怵"，而且激起了他忠君报国的一腔热血。

英夷对广州垂涎三尺，其野心昭然若揭。对于这些混乱、危急的情况，曾国藩略知一二。

那么，在这样一个复杂的情况下，道光帝把曾国藩放任广东是做何打算呢？

曾国藩主观认为，道光帝之所以做出这样的决定，就是希望自己能够从维护大清的江山社稷出发，顺乎民意，坚决打击英夷的嚣张气焰，誓死捍卫民族尊严、保全国家主权。

在曾国藩的信条中，圣命不可违，那叫抗旨不遵，有违君纲；父命不可逆，那叫对父不孝，有违父纲；民意亦不能拂，那叫违民心，会惹众怒，毁江山，尤其是后面之一条最重要，连圣人都说"民为贵，社稷次之，君为轻"[①]，所以即使是一言九鼎、金口玉牙的道光帝也不能与天下的百姓作对。现在，在抗击英逆的问题上，前有林则徐做榜样，现有道光帝的信任，特别是有广州军民高涨的爱国热情做后盾，君命、民心高度一致，可谓具备了天时地利人和，曾国藩信心满满地以为，下一步就看自己能不能趁势而上，震荡乾坤了。

曾国藩深感使命在肩，责任重大，深为自己能够有机会为圣上、为国家出力尽忠而心潮澎湃，热血沸腾。曾国藩精神亢奋，夜不能寐，立即动笔，给道光帝上了一个折子，阐述自己对当前形势的分析，提出用持久战来对付英夷的侵略。

就在折子递上去的第三天，也就是曾国藩打点行囊准备动身的时候，突然接到圣旨，着"曾国藩即日起升授内阁学士兼礼部侍郎兼署都察院左副都御史，毋庸署理广东巡抚"。

事出突然，曾国藩不明白道光帝为什么朝令夕改。当他面见道光帝以后才恍然大悟。原来，道光帝根本就没有"战"的打算，而是仍然希望采取"和戎之策"，以达到罢兵的目的。既然有了这样一个思想基础，那么在道光帝看来，把曾国藩这样一个活脱脱的翻版林则徐放到堆满炸药的广东，无异于火上浇油，粉身碎骨。

等曾国藩弄明白缘由时已经晚三秋了。虽然升了级，位列卿二，但却丢了巡抚实职。

枉揣君心的曾国藩，刚刚还畅想在地方大员任上一展身手，现在只好望职兴叹了。煮熟的鸭子又飞了。

谤言也惹是非

仗义可以，执言却要付出代价。

农家出身的曾国藩能够混迹官场，位列卿二，主要靠的就是自己的忠诚与勤奋。一个好汉三个帮，红花还须绿叶扶。试想，哪个当权者不需要给自己干活，且能干好活的？而曾国藩恰恰就属于这种人。

清道光三十年（1850 年），对曾国藩有知遇之恩、时年六十八岁的道光帝驾崩了，其子爱新觉罗·奕詝于同年三月继位，年号咸丰。

咸丰皇帝生于清道光十一年，即公元 1831 年，是道光帝的第四个儿子。这个新皇上只有十九岁，按照现在的年龄段来说也刚刚成年。年少本就难以定性，这位刚登大宝的咸丰帝到底表现怎么样，满朝文武还一时很难有定论。

曾国藩在道光帝面前算是红人，除了是先皇倚重之人外，在咸丰帝眼睛里，曾国藩还没有什么特殊的地位。

作为礼部侍郎，安排先帝下葬，侍奉新皇继任大统等都是曾国藩职内的事儿，所以免不了要忙前忙后。此外，在处理当下的一些事务时，曾国藩也适当地表现了一下。

首先是捍卫道光帝的荣誉。咸丰帝于匆忙之中登场，还没有完全进入既定的角色，千头万绪，一时还不知从何处着手，好在道光帝弥留之际留下了四条遗诏，咸丰帝总算有了一个遵循。

如果说，对于道光帝关于册奕詝为皇太子、册封六子奕訢为亲王，以及希望奕䜣对待满汉一视同仁等遗嘱还好办理的话，那么第四条遗诏却让咸丰帝犯了难，因为道光帝在这条遗诏中明确说，他的陵寝"无用郊配，无用庙附"。

"郊配""庙附"是歌颂先皇文治武功、仁爱之德的先制，可道光帝谦虚，认为自己的所作所为不配享有这些待遇，故明谕"无用"。咸丰帝没有准主意，便跟大臣们商量。

曾国藩从职责出发，满怀着对先帝的崇敬上来一道《遵议大礼疏》，表明自己"随从众议"，认为"大行皇帝功德懿铄，郊配既断不可易，庙附尤在所必行"。曾国藩言辞凿凿，有理有据，既尽了职分，又维护了先帝的尊严。

其次是奉旨建言。为了广开言路，集思广益，咸丰帝下诏，要求一切"有言事之责者"，对于如若用人、行政等一切事宜，都可以实事求是地建言献策。曾国藩当即上了一道《应诏陈言疏》，陈述自己用人、选材、行政等方面的见解，获得咸丰帝的肯定，认为曾国藩所言"剀切明辨，切中情事，深堪嘉纳"[12]，给予了很高的评价。

再次，"奏陈日讲事宜"。就是请求咸丰帝照行康熙登基时"勤学好问，儒臣逐日进讲，寒暑不辍"[13]的做法，"召见臣工，与之从容论难。见无才者，则勖之以学，以痛惩模棱疲软之习；见有才者，则愈勖之以学，以化刚愎刻薄之偏。"[14]简单地说，就是要加强对干部的教育和培训工作，不能让他们整天无所事事吃老本，同时奖勤罚懒，发现人才，树立正确的用人导向。

第四，请求咸丰帝设坛祈雨。为了解除京畿、河北、山西、山西等地区的旱情，曾国藩请求咸丰帝向上天祈雨。并言"圣主虔申祈祷，苍穹定需和甘"[15]。

可以说，曾国藩的几次表现，既体现了职守，又表现出忠诚，多得到咸丰帝的嘉许，亮相还是成功的。兴许是自我感觉过于良好，曾国藩便把咸丰帝当成了道光帝，胆子也随之大了起来。

洪秀全兵兴广西，引起满朝震惊。咸丰帝着广西巡抚郑祖琛从速剿杀。但郑祖琛出师不利，根本就摸不着太平军的影儿，一气之下竟大开杀戒，乱屠无辜，引发朝野争议。都察院监察御史曲子亮闻风而奏，不想竟被摘去了顶戴。曾国藩见状，血往上涌，便仗义进言，在大庭广众之下斗胆忤逆咸丰帝，公然替曲子亮辩护。

监察御史一职，始设于隋初，后世沿用之，至清代得以完善。其职责是"弹举官邪，敷陈治道，审核刑名，纠查典礼"。是一个品秩虽然不高，但权限很广泛的一个位置。曲子亮就是一个从五品官衔的监察御史。

曾国藩说，按照清制，监察御史的职责就是监察百官，巡视郡县，纠正刑狱，肃整朝仪。其中闻风而奏是其履行职责的主要方式。不管曲子亮所奏是不是事实，但他是在履责，就是有错也不该被摘了顶子。

曾国藩说的尽管没错，但问题是说话的对象、说话的地点、说话的方式欠妥，在咸丰帝和朝臣看来，曾国藩的这一举动无疑是有些放肆。

咸丰帝当即震怒，喝令摘取曾国藩的顶戴，押进刑部大狱。

算起来，这应该是曾国藩第四次入狱，除了献药那次外，其他三次都是因为主持公道、仗义执言所致。

令曾国藩哭笑不得的是，头几次入狱时，自己位卑官小。而这一次，一个堂堂的二品侍郎竟然也就是因皇上一怒而丢了乌纱帽，沦为囚徒。自古道伴君如伴虎，想来也的确如此。清道光二十七年九月，曾国藩升授二品之后曾说"实深惭悚"，警告自己一定要"时时战兢惕惧"，现在看来仅做到这些是远远不够的。

毕竟曾国藩没有大错，所以入狱没多久便官复原职了。此次，曾国藩不仅参掉了那个利令智昏的广西巡抚郑祖琛，而且还陆续兼属了兵部侍郎、刑部侍郎和工部侍郎等职。说曾国藩因祸得福也好，苦尽甘来也罢，反正是一次莫名的惊魂，也是咸丰帝给他的一个下马威。自此以后，在咸丰帝驾下称臣的曾国藩，就揣起来十二分的小心，神经就没敢放松过，而是"常存冰渊惴惴之心"，以提防反复无常的咸丰帝。

注释：

①《大学》语句。

②《中庸》语句。

③《曾国藩全集·诗集》：《丙午初冬寓居报国寺赋诗五首》句。

④《曾国藩全集·诗集》：《小池》。

⑤《曾国藩全集·诗集》：《丁未六月七日考试汉教习，试院作二首》句。

⑥⑦⑧⑨⑩《曾国藩全集·家书》：清道光二十二年九月十七日禀祖父母。

⑪《孟子·尽心》语句。

⑫《曾国藩全集·年谱》。

⑬⑭《曾国藩全集·奏稿》：清道光三十年三月初二日之《应诏陈言疏》。

⑮《曾国藩全集·奏稿》：清道光三十年三月初四日之《请设坛祈雨疏》。

4

被逼无奈的选择

在别人看来，曾国藩的宦途可谓是顺风顺水，在九年的光景里屡迁十次，而且常常是被越级提拔。清咸丰二年，曾国藩早已由最初的一名见习的翰林院庶吉士，超擢为内阁学士，兼礼部侍郎，兼属都察院左副都御史，官至卿二。其升迁之速、品级之高，皆开大清官场之先河，而此时的曾国藩只不过才三十七岁。这个年纪就攀援到这样的高位，相对于那些大多四五十岁才中进士、点翰林的人来说，其优势、潜力和前景真是太大了，太令人垂涎了。其实曾国藩挺不容易的，尽管起步较早，进步较快，但倒霉的事儿也没少碰到，中间也是几经沉浮，历尽坎坷，所付出的心血、尝尽的苦头无法细说，只有他自己最清楚，也算是多年的媳妇熬成了婆。光吃苦、遭罪没有用。再好的千里马，没有伯乐去发现、去赏识也就是一个拉车的货。在曾国藩成长的过程中，他的伯乐和最大的恩人就是道光帝，用同治帝的话说，都是因为他承蒙道光帝"特达之知"①的结果。这的确是事实。如果能按照这样的路子继续走下去的话，曾国藩登堂入室，封侯拜相，也就是时间早晚的问题。然而，"夫物，量无穷，时无止，分无常，终始无故。"②事物永远也不会按照人们事先的预想去发展，否则的话，就不会有人生多舛、波谲云诡之说了。

就在曾国藩仕途顺遂，扬名大清官场的时候，太平天国运动的蓬勃兴起，致使大清国风起云涌，形势堪忧。在这样一个特殊的历史关头，命运也再一次把曾国藩推上了风口浪尖。

投笔从戎，跻身军旅，是曾国藩人生中的一次重大转折，也成为他事业的新起点，更是使他步入文治武功胜境的重要机遇。正是这样的转折、起点、机遇，使曾国藩超越了时代，成为一位产生广泛影响的历史名人。

当曾国藩成为大清的精神偶像后，不仅他的道德文章成为人们捧读不辍的经典，而他临危受命、墨绖出山的选择，更是普遍被认为是一个心系社稷、忠君报国的壮举。同治帝称曾国藩"援墨绖从戎之义，俾移孝以作忠；励丹心报国之诚，每出奇而制胜"[③]。其实，放下笔拿起刀，倾身战事，并非曾国藩本意，原因简单得不能再简单，那就是"无奈"——即非常被动、无法推卸的被逼无奈。至于"墨绖师兴，奇功历著于江淮，大名永光乎竹帛"，绝对是曾国藩想都没想过的事儿，仅仅也就是时势造英雄。用老百姓的话说，不过是大小劲儿都赶到一块而已。

心情很糟而局势更糟

闻母丧，曾国藩悲痛万分。而此时广西战火蔓延，东南半壁堪虞。

咸丰帝的命运不太好，从父亲手里接过来的是一个内忧外患的烂摊子，不仅外虏卧于侧榻，虎视眈眈，而且国内矛盾激化，正酝酿着惊天动地的事变。在这种情况下，悲观失望没有什么作用，怨天尤人也无济于事，咸丰帝只好面对这个现实，接受这个现实，而不能去埋怨老父亲啥也不是，平庸无能。

客观地说，大清的这种局面，的确不能全怪道光帝。

从大清的历史上看，作为泱泱天朝大国的最高主宰者，与康熙、乾隆等祖辈相比，道光帝尽管资质不高，能力平平，再加上时局动荡，外国列强觊觎中国，但总体上还算是一个不错的统治者，在力所能及的情况下，道光帝也曾有过一些作为。比如整顿吏治、厘清盐政、畅通海运、兴修水利、整顿军备、平定叛乱等等，特别是严禁鸦片，为恢复政治的清明，恢复农商发挥了积极的作用。而他本人勤于政务，力行节俭，拒绝奢靡。比较有代表性的，就是为了节省开支，道光帝毅然取消了避暑、木兰秋狝等传统活动。

所谓避暑，始于清康熙皇帝。从清康熙四十二年起，在今河北省承德市区北部兴建了一个规模浩大的避暑行宫，至清乾隆五十五年最终建成止，共费时八十七年。该行宫分宫区和苑区两个部分，一道绵延十公里的石质宫墙环绕周围，使整个山庄与外界区分开来。从建筑上看，整座山庄背山面水，自然环境绝佳。山庄内亭台楼阁错落，湖中洲岛参差，既有江南传统园林之巧，又有北方壮阔山色之伟。每年盛夏，康熙、乾隆等都要带着王公大臣、后宫妃嫔来此避暑，成为大清的第二个政治中心。

木兰，系满语，意为"哨鹿"，即捕鹿的意思。因为这项活动多在每年的七八月间进行，故称"秋狝"。而所谓木兰秋狝，其实是康熙皇帝为了让八旗子弟永远保持骁勇善战和淳朴刻苦本色、抵御骄奢颓废而采取的一个措施。利用每年秋狝之机，让那些锦衣玉食的八旗子弟既习练骑射，又习劳苦，体味当年祖辈在马背上、在刀光剑影中打天下的辛劳与荣耀。尽管这两项活动是祖制，但每年都需要耗费巨资，道光帝毅然取消了这两项延续了百多年的皇家盛事，因此被称为"抠门"皇帝。

道光帝本人尽管很勤劳、很节俭、很尽心，但在世界大势不可逆转的巨变之下，整个封建制度已经病入膏肓，阶级矛盾、民族冲突日益激化。自公元1831年起，各地陆续爆发了湘西瑶族起义、山西先天教起义、白莲教起义、天地会起义等达百次之多，而更大规模的激变正在形成。这种内外交困的危局，不是能靠皇帝一己之力就可以扭转的。

俗话说，是福不是祸，是祸躲不过。

咸丰帝继位伊始，激变便至，首先是湖南新宁爆发了以李元发为首的大规模起义，从此揭开了大清国噩梦的序幕。

就在咸丰帝即位的第二年（1851年）年初，"愤青"洪秀全率两万之众，在广西桂平金田村举行起义，建立太平天国，标志着震惊中外、声势浩大的太平天国革命运动就此拉开了序幕。

洪秀全，广东花县人，原名仁坤，乳名火秀。生于公元 1814 年，贫苦农民出身。在洪秀全的身上，有几个特点不妨赘述一下。

首先，洪秀全是科举制度彻头彻尾的失败者。曾几何时，洪秀全也同那个时代的所有知识分子一样，寄希望于科举，期盼通过科举之路来改变自己的人生，实现自我价值。然而，洪秀全的科举之路颇为坎坷，用现在的话来说，每次参加考试都发挥得不好，考运非常差劲。从公元 1828 年起，洪秀全一连参加了十几年的科举考试，均屡试不中，使他的自尊心受到极大的打击，最终失去信心，导致寄托了全部理想的科举之梦随之破灭。完全有理由相信，如果洪秀全像曾国藩一样科举成功，跻身士林，那么绝对不会有后来的什么太平天国运动。洪秀全自然也不会以大清的叛逆者身份留名青史，其历史身份也会与曾国藩一样，应该是封建制度的遵循者、卫道士。

其次，洪秀全是一个激进主义者。洪秀全与刻苦砥砺、一条道跑到黑的曾国藩不同，接连的科举失败，没有促使他在自己的身上寻找原因和不足，更没有咬牙坚持下去，而是反其道而行之，选择了一条与常规大相径庭的道路，干脆举起了大反孔孟、鞭笞科举的大旗，捣毁孔庙，砸碎了私塾里供奉的孔丘牌位，彻底与传统决裂。非此即彼，不可调和；你不让我好，我也不让你好；你不让我活，我也不让你活。其所思所想、所作所为，甚是极端，均迥异于常人，

再次，洪秀全是一个聪明的拿来主义者。洪秀全的天资不算高，但却懂得"君子性非异也，善假于物也"④的道理。洪秀全的聪明之处在于他能够另辟蹊径，从别人不知不懂的地方入手，创造出一个新的精神偶像，即从实用主义的角度出发，在西方的基督教义中获取灵感，自创了一个中西合璧的拜上帝教。通过写作教义、制定"天条"、编造神话等手段，以老百姓最关注的那些平等、均权为口号，提出"天下一家，共享太平"的纲领，在民间广泛宣传，极尽蛊惑，争取同情和支持，扩大影响。在条件逐渐成熟之后，洪秀全才亮出底牌，公开打出了反清的大旗，正式走上了与大清争夺政权、分庭抗礼之路。

洪秀全率领太平军杀出广西，一路上越州过府，攻城略地，犹如不可

阻挡的滚滚洪流，以势不可挡之势席整个卷了大西南，这使本就日子艰难的大清国愈加风声鹤唳，雪上加霜。

就在洪秀全杀出广西，席卷大西南的时候，四十二岁的曾国藩正登峰造极、红得发紫。早在清咸丰元年，曾国藩就奉旨兼属刑部左侍郎。这样，曾国藩在短短的三四年的时间里就兼属了礼部、兵部、刑部、工部等四部侍郎，惹得满朝上下一片艳羡。

在四部执事，曾国藩的确忙得很。诚如《曾国藩年谱》里所说："职务繁委，值班奏事，入署办公，益无虚日。"

曾国藩的工作虽然很繁忙，但对自己的约束并没有降低。在业余时间里通常是"手不释卷"，致力于研究经世之务及在朝掌故，分十八类记录下来，为自己积累知识的财富。除此之外，曾国藩还给自己规定了每天必做的八项功课，即读书、静坐、属文、作字、办公、课子、对客、复信。"触事有见，则别识于其眉"⑤——有了心得，就随手记录下来。可见，曾国藩的官职越高，对自己的要求也越高。

对曾国藩来说，清咸丰二年（1853 年）注定是不平凡的一年，因为这一年，不仅曾国藩的仕途达到了顶峰，而且他的人生轨迹也即将发生重大转折。

这一年正月，曾国藩奉旨兼属吏部左侍郎，极其罕见地遍兼了五部侍郎，在成为大清股肱之臣的同时，也创造了一个前所未有的官场神话，成为大清有史以来的第一人。

自咸丰登基以来，天灾人祸不断，"粤匪猖獗，河工未合，京畿亢旱，人情惊惧"⑥，而且愈演愈烈，几乎到了难以收拾的程度。咸丰帝要求大臣们出主意想办法，为挽救危局献计献策。皇上让大家说话，等于为大臣们表现聪明才智提供了一个平台，一个好机会。一旦引起皇上的注意，很有可能加官晋爵，名利双收，但也充满风险。内阁学士胜宝就没表现明白，因"上疏失检，交部严议，部议降三级调用"⑦。最后还是曾国藩上了一道"广言路"一折，请求宽宥胜宝。"上纳用焉，疏留中"⑧。

这一年的六月十二日，曾国藩被钦命为江西乡试正考官。这是曾国藩继钦命四川乡试正主考之后，第二次主持乡试。接到圣旨的次日，曾国藩递折谢恩，同时向咸丰帝请假，准备乡试之后，顺便回家省亲。

曾国藩在给咸丰帝的"请假回籍省亲片"里说得可怜巴巴的，言称自己从道光十九年进京供职以来，已经十四年了，从来也没请过假，也没有亲自侍奉老人。现在太平军攻入了湖南，自己的家乡就临近战火纷飞的衡阳，他日夜惦记家乡的安危。现在正好去江西。从江西到老家只有八天的路程。希望咸丰帝能赏二十天的假，待发榜后回家探亲。折子递上去后，曾国藩"不胜悚惕待命之至"。还好，咸丰帝很快就"朱批允之"，毫不犹豫地准了假，显得颇有人情味。

曾国藩于本月二十四日离开京师，一路上拜老友访故交，"纵谈今古，自夜达旦"⑨，不亦乐乎。

本月二十五日，当曾国藩走到了安徽太和县境小池驿时，突然接到了母亲病故的消息。失去了母亲，使已逾不惑的曾国藩不由泪眼滂沱，痛彻心扉。充任乡试正考官的好心情，在这一瞬间烟消云散，为无尽的哀痛所取代。

在曾国藩的心中，母亲江太夫人具有崇高的、重要的、不可替代的地位，尤其是母亲孝敬长辈、相夫教子、吃苦耐劳、乐观向上的精神，对曾国藩的成长影响很大。

小池驿距离湘乡约有两千里左右的路程，需要走一个月的时间。时间不等人。曾国藩立刻改服奔丧，踏上归程，终于八月二十五日回到白杨坪老家，送别母亲。

是年六月，太平军一路杀出道州，取桂阳，陷郴州，大军直逼湖南省会长沙。太平军的行动引起了连锁反应，"湖南各郡旧有会匪蠢焉欲动"⑩，就连湘乡也频现"匪踪"，湖南的形势已然万分危急。早在曾国藩奔丧的途中，即八月十三日到湖北武昌时，就已经知道了湖南的情况。由于长沙被包围，阻断了交通，使曾国藩"不胜悲痛，胶着之至"⑪。

由于兵力不足，各地只好靠临时编练湘勇来加强防范。曾国藩的父亲曾竹亭也加入到了保卫家乡的行列，并因为德高望重而被推选为领袖。是时，湘乡的乡团因时就势发展很快，成为湖南乡团之首。

长沙的危局没有什么缓解，反而随着大批太平军的到来而越加危急。

长沙，位于湖南东部偏北，著名的湘江下游。这座具有三千多年历史的"荆楚名城"，北瞰洞庭，南依衡岳，湘江纵贯南北。素有"荆豫唇齿，黔粤咽喉"之称的长沙，地处湖北、河南、贵州、广东的咽喉要道，自春秋战国起，就是南方的军事、交通重镇。如果丢了长沙，那无疑就等于打开了扼守南方的门户，其后果不堪设想。

为力保长沙，清廷一方面选派能员坐镇指挥，另一方面不断增兵驰援，与太平军相持。即便是这样，长沙城的局势依然严峻。咸丰帝又接连饬大臣督剿，查处作战不力的将士，拼死也要守住长沙。

见久攻不下，太平军打起了"地道战"——挖了一条直通长沙城下的地道，填上炸药轰城。清军经过拼死抵抗才保住了城池。就这样，长沙战局陷入胶着。清军与太平军一直相持鏖战了三个月之久。

长沙易守难攻，成效甚微，迫使太平军不得不调整了战略部署，暂时撤离了长沙城。长沙之困顿解。长沙之困虽解，但军事压力并没有减轻。一方面，太平军采取声东击西的战术，先是渡过湘江，西进宁乡、益阳，然后东出临资口，顺江而下，袭湘阴战岳州，于十一月，攻取重镇汉阳府，逼迫清军急忙拔营出寨，尾随追击。另一方面，在太平军的影响下，各地"匪患"严重，大有燎原之势，这令本来就兵力不足的湖南当局来说，更是捉襟见肘，不得不为分散兵力而大伤脑筋。

此时，身在湘乡白杨坪老家的曾国藩，也深切地感受到了局势的严重性。尽管湘乡尚且安全，但其他地方不断遭袭的消息令人不安。加之谣言四起，情况不明，难免风声鹤唳，人心惶惶。甚至个别胆小的，已经急急忙忙携家带口地逃奔了他乡。曾国藩虽然告诫人们保持冷静，沉着应对，但也无济于事。本来曾国藩因为母丧而心情很糟，想不到局势更糟糕，难免让人灰心丧气。

乡情更难却

圣命相催，曾国藩以"尽孝"婉拒，而保护桑梓之责，他还能拒绝吗？

曾国藩在下腰里宅后的山内，选了一处风水绝佳的墓地，准备安葬母亲。

曾氏祖先不相信风水这一套，尤其是曾星冈认为那是邪门歪道，"屏斥之惟恐不远"⑫，这也成为曾家的传统。曾国藩曾明言，对于凭山的走势判断吉凶之说用不着全信。但随着曾国藩科举中第，点翰林、晋仕途，一路超擢，曾家对风水的看法发生了一定的变化，如何对待风水的问题便被提高到了议事日程。尤其是清道光二十六年九月十八日，曾国藩的祖母以八十高龄辞世，安葬于湘乡二十四都木兜冲。自此之后，曾家的运气好像为之陡变，"诸事顺遂"。先是曾星冈因"火大"而引发的病症大好，曾国藩的"蛇皮癣"也痊愈了，最重要的是曾国藩"骤升至二品"，这些，不能不使他对风水之说产生新的认识，乃至很肯定地认为，这一切"吉兆"都是因为祖母墓地风水绝佳所带来的。而在此之前，曾国藩在给曾星冈的家书中，曾有过为祖母迁墓的设想。究其原因，是曾国藩觉得自己身为二品大员，祖母的坟茔必须"局面宏敞"，尤其是墓的下方必须宽阔，便于拜祭扫墓。另外，曾国藩的祖母与普通老太太不同，因为她是道光帝钦封的"恭人"，属于身有功名之人。所以，其墓地必须建立诰封的牌坊，设立神道碑。但是，木兜冲这个地方比较狭窄，离河流又较近，根本就没有建牌坊和神道碑的空间，这让曾国藩不太满意，考虑另外选一个新址，"以图改葬"。其目的倒不是为了什么富贵吉祥，而是为了免受水、蚁凶险，图个"宏敞"而已。这个建议，是曾国藩在清道光二十七年正月时提出来的。从史料上看，曾国藩的这个建议好像遭到了曾星冈的反对，没有得到首肯，这令曾国藩很不安。这个时候，曾星冈正处在病中，且久治不愈。见没有得到曾星冈的同意，曾国藩便急忙致信弟弟说："山向之说，地理也；祖父有命而子孙从之，天理也。"⑬意思是说，如果老爷子的态度很坚决的话，就不要"拂违其意"，担心改葬引起曾星冈的愤怒，从而加重病情，这是"大逆天理"，是万万使不得的。自此以后不必再提改葬之事了，无论吉凶祸福，一切凭天由命。等到了是年六月中旬，曾国藩更是强调"万万不可改葬"。其理由是，"若再改葬，则谓之不祥，且大不孝矣"。但祖母的坟茔地毕竟狭窄，这是不争的事实，也是一个遗憾。既然诰封碑亭不能不修，而祖母又绝对不能改葬，所以曾国藩的意思是再选一块风水好的地方，准备将来给曾星冈用，但能不能行得通，全凭曾星冈定夺。从表面上看，改葬不改葬，曾国藩好像是绝对以曾星冈的意志为意志，但实际上是他自己放弃了改葬的想法。他认为祖母的墓的确是好，真的是动不得。

有了经验在先，曾国藩对自己母亲的坟茔自然要格外上心。在选好墓地后，曾国藩于九月十三日安葬了母亲江太夫人。先人虽然已经入土为安了，但曾国藩仍然日日沉浸在丧母的悲痛之中。

转眼间，曾国藩在家乡已经待了两个多月了。

无官一身轻的曾国藩心无旁骛，一心一意在家丁忧，为母亲守制。可是，突然发生的变故，打乱了曾国藩的守制计划。

清咸丰二年（1852 年）十一月，太平军自长沙城下撤离，"蔽江而下"，转攻汉阳。看似危局已解，其实不然。各地风起云涌的地方武装纷纷起事，向湖南当局频频发难。

这真是按下了葫芦起来个瓢。

刚想喘口气的湖南巡抚张亮基不敢稍懈，赶紧督兵弹压，"搜捕土匪甚严"。但正规的清军已经尾随太平军而去，张亮基这个巡抚是个光杆司令，手里没有多少兵可供调遣。无奈之下，张亮基只好动湘勇——那些民兵的脑筋。先是派知府衔的江忠源，率领两千楚勇驻守长沙城，又谕令湘乡儒士罗泽南等招募湘勇千人协防。张亮基这边刚刚调度妥当，巴陵又发生了兵事，张亮基急遣江忠源"讨擒"，生怕后院再生祸端。

就在张亮基缺兵少将、穷于应付之际，一道圣旨传到他的手里，使他在满眼愁云之中看到了一线曙光。

圣旨云："前任丁忧侍郎曾国藩籍隶湘乡，于湖南地方人情自必熟悉，著该巡抚传旨，令其帮同办理本省团练乡民、搜查土匪事宜，伊必尽力，不负委任。"

本月十三日，丁忧在白杨坪的曾国藩接到圣旨，命其出山，帮办本省团练，以改善湖南被动的局面。一向以圣命为本的曾国藩，这次却没有盲目地听从咸丰帝的金口玉言，他犹豫了。

至于曾国藩犹豫的真正原因，我们当然不得而知。但可以大致推测如下。其一，曾国藩系书生出身，半生都是与笔墨纸砚打交道，别看曾兼任过兵部侍郎，但对军事一窍不通。如果贸然答应出山，一旦出师不利，遭遇不测，非但扭转不了湖南的局面，有负圣眷，而且还会极大地损害皇上对他业已形成的良好印象。曾国藩曾明言："至行军本非余所长。兵贵奇而余太平，兵贵诈而余太直……"⑭其二，曾国藩清楚，仅仅依靠团练是做不了什么大事的。团练，说好听点就是民兵，离"基干"民兵还差着十万八千里。依靠这么一群临时招募的流氓无产者，怎么能与训练有素、能征惯战、势如虎狼一般的太平军相抗衡呢？那简直就是自不量力，以卵击石。其三，曾国藩正在丁忧守制期间。在以伦理纲常为社会生活唯一准则的封建社会，尽孝是头等大事。朝廷虽有"夺情"之说（清朝沿袭的一种古制，清廷对因父母丧事而去职在家守制的大臣要员，可以命其不必去职，着素服办公或守制期未满而诏令其复职），但毕竟有违常规。如果出山，身死是小，再丢了孝字，那可就真的毁了半世的英明。

思来想去，曾国藩觉得这山出不得。他提笔给咸丰帝上了一道堂而皇之、理由充足的折子，以"奉讳归家，不宜与闻军事"⑮为由，恳请在家继续丁忧终制。

就在这时，太平军继续高歌猛进，于清咸丰二年十二月，攻陷了湖北省会武昌，湖北巡抚常大淳战死。同时，"大江南北土匪蜂起"，湖北形势异常严峻。

曾国藩的折子刚刚写好，正准备委托张亮基转奏，不料张亮基已经派"专弁"来了。专弁当然不是为了专门来取曾国藩折子的，而是给他送来一份公函，特告武汉失守的噩讯，言称现在形势混乱，人心惶恐，恳请曾国藩出山，保护桑梓，尽速扭转当下的危局。

前有咸丰帝夺情的圣旨，后有张亮基恳请的专函，到底是在家尽孝，还是出山尽忠，曾国藩反复掂量，仍然左右为难，下不了决心。

就在曾国藩犹豫不决、颇费踌躇之际，最终促使曾国藩投笔从戎，从而改变其人生轨迹的一个重要人物出现了。他就是曾国藩的挚友郭嵩焘。

郭嵩焘，生于公元1818年，湖南湘阴人。字伯琛，号筠仙，清道光二十七年进士。尽管郭嵩焘比曾国藩小八岁，但两个人交往比较早，彼此视为知己。

从《曾国藩年谱》的记载来看，曾国藩与郭嵩焘最早相识于岳麓书院，时间约为清道光十四年。曾国藩两次科举落第后返回家乡。清道光十七年，赋闲在家的曾国藩，听说浏阳文庙祭祀先哲用的音乐是古乐。为了考察声音律吕的源流，曾国藩在浏阳逗留了两个多月。路过长沙时，遇到了在这儿应试的刘公蓉与郭嵩焘。老朋友聚首自然"相见欢甚"。三个人谈古论今，吟诗作赋，一时"昕夕无间"，忘记了时间。曾国藩在长沙逗留了月余，才与刘公蓉、郭嵩焘依依惜别。曾国藩中进士后第一次返家，就与郭嵩焘偕行。此外，郭嵩焘还是曾国藩慧眼识英雄的一个范例的唯一见证人。

那是发生在清道光二十四（1845 年）年八月的事儿。当时，曾国藩官拜翰林院教习庶吉士。一天，老朋友郭嵩焘给曾国藩带来一位客人。这位客人叫江忠源。

江忠源，字常孺，号岷樵。生于公元 1812 年，湖南新宁。举人出身。这一年，江忠源恰好在京师应试，因而有机会，与郭嵩焘一起拜会湖南读书人的骄傲曾国藩。

江忠源性格豪爽，说话办事无拘无束，是一个胸怀宽广，顶天立地的人物。给曾国藩留下了深刻的第一印象。曾国藩与江忠源谈起家乡的那些市井琐事、风土人情，两个人常常开怀大笑，在欢快的气氛中不知不觉地度过了时光。江忠源告辞后，曾国藩目送良久，颇为感慨地对郭嵩焘说，在京师是找不到这样人才的。继而又说，这个人必定要以功名而名扬天下，但是"当以节义死"。当时天下太平，曾国藩的这番言之凿凿的预判，令郭嵩焘吃惊非浅。"江公自是遂师事公"——从此，江忠源开始追随曾国藩。

说这些，无非就是为了证明郭嵩焘与曾国藩两个人的关系非同一般。因此说，作为挚友，郭嵩焘在曾国藩的心里很有一些分量。

郭嵩焘此时的身份是翰林院的庶吉士，也正好在家乡湘阴丁父忧。

郭嵩焘在这个危急关头出现，绝非是为了老友叙旧。不用问，曾国藩的心里早就料定了一二。

郭嵩焘此行就一个目的，那就是力劝曾国藩出山，以他的才能与威望号令一方，协力保护桑梓。可在堂堂的二品大员曾国藩面前，郭嵩焘一时还不知道怎样去切入正题。若一味地跟名扬天下的五部侍郎讲什么国家社稷的大道理，估计不会产生任何作用，可话又说回来了，即便是讲，自己也根本不是曾国藩的对手。最后郭嵩焘打定了主意，要想说服曾国藩，就只有一条，那就是以情寓理，用情说事儿，用难以推却的乡情来触动、打动、感动曾国藩。这样的话，即便就是曾国藩不愿意出山，出于顾及自己颜面的考虑，也谅他绝难推辞。为什么会做出这样的估计呢？因为曾国藩在湖南，实在是盛名太隆，影响太大了。曾国藩从一个从七品的翰林院检讨，九年十迁，超擢为二品大员，用曾国藩自己的话说"湖南三十七岁至二品者，本朝尚无一人"[16]。所以，曾国藩不仅是湖南的第一人、湖南的骄傲，而且还是湖南的形象大使，道德文章的典范，广大士子的旗帜。在曾国藩的身上寄托着全湖南的希望与重托。在此危难之际，想他曾国藩无论如何也不可能置湖南桑梓的安危于不顾，一味地恪守一己之孝道。

"廉士重名，贤士尚志"[17]。在有些人的眼里，名誉这种东西，有的时候的确比生命还重要，但有时也很要命。史上为博得名誉而不惜杀身成仁、以身殉职者并不鲜见。现在，曾国藩就是被逼到了这个份儿上。

郭嵩焘果然是对症下药，找到了曾国藩的软肋，他的游说果然奏效了。

曾国藩本就极爱面子，更不是一个孬种。前有圣命相催，现有郭嵩焘力劝，尤其是殷殷乡情，令曾国藩不能无动于衷。如果说圣命尚且可违的话，那么乡情实在难却。试想，一个对家乡的福祉都无动于衷、不管不问之人，如何还能对江山社稷负责？还有什么脸面当湖南的形象代言人？还有什么资格给湖南的士子作旗帜？

曾国藩胸脯一拍牙一咬，拿出了大丈夫气概，当即撕碎了辞命的奏折，决定墨绖出山，报效朝廷，保护桑梓。而这一决定，则彻底改变了曾国藩既定的人生轨迹。

现实堵死了退路

曾国藩的聪明之处在于有言在先，即待局势好转后之后仍然回家丁忧。然而，残酷的现实却把他的后路给堵得死死的。

清咸丰二年（1852年）十二月十七日，是曾国藩人生的一个重要转折点。他从白杨坪动身前往长沙，迈开了投笔从戎的第一步。

本月二十一日，曾国藩风尘仆仆地抵达长沙，见到了湖南巡抚张亮基。

曾国藩的到来，令焦头烂额的张亮基喜出望外，仿佛抓住了一根救命的稻草。张亮基倒不是奢望曾国藩能立刻扭转危局，而是身边能有这样一位德劭名重的二品大员坐镇，自己无疑是多了一个主心骨和一副依靠。

既来之则安之。通俗地说就是干什么吆喝什么。

甫至长沙，曾国藩就立即与张亮基商量，谋划下一步的行动，集中全部精力，专注于战事。

张亮基向曾国藩介绍说，眼下最大的威胁不是把注意力集中在武昌的太平军；当务之急是赶紧查办土匪，尽快恢复湖南的生活秩序。

在了解了基本情况后，曾国藩于二十二日给咸丰帝上了一个洋洋洒洒的长篇奏折，除了全面汇报了鄂、湘当前的局势外，着重谈了他对当前一些重要问题的思考和建议，是为《敬陈团练查匪大概规模折》。

曾国藩首先简略地叙述了自己出山的前因后果，然后便入主题。曾国藩说：

"听到武昌城被太平军攻陷以后，我非常愤慨。"贼势猖獗如此"，对江山社稷的安危影响很大！皇上为眼下的局势"宵旰南顾"，不知道会愁苦胶着到什么程度。我虽然不才，也要竭尽全力尽忠，为皇上分忧。所以，我从十七日启程，二十一日就到了省城，与张亮基面商一切，我们俩都非常感慨。

圣上说的召集乡民组织团练一事，确实是当务之急。然而组织团练的困难，不在于操练武艺，而在于筹集经费。现在的一般人都"倚财为命"，即使是苦口婆心地相劝，仍然犹豫不决，不肯答应。如果再遇上不讲理的，那就更闹心。现在的情况，与嘉庆年间发生的川楚战役不能相提并论。那时候，官方拨给训练的经费，不完全依靠老百姓。现在，我准备访求各个州、县那些有公正之心的德高望重、具有影响的乡绅，通过书信劝说他们，使他们能够了解这其中的内情，让老百姓知道组织团练、自保自卫的道理，而不是以捐献经费为苦差事。如果这样的话，组织团练的事差不多才能取得实效，而不至于在民间产生对老百姓滋扰、拖累的不好影响。

关于圣谕搜查土匪之事，上个月巡抚张亮基曾经下发过一个手札，严令各州、县稽查土匪、地痞、恶棍。明令各州、县，有能力自己抓捕的自己抓捕；力所不能及的，派专人到巡抚衙门报告，设法剿办。现在，各个州、县都在遵照张亮基的手札办理，屡屡破获大案，已经初见成效。我又给那些有影响的乡绅写了信，要求他们留心"查察"本地的匪徒，万不可被遮掩住耳目。一旦发现情况，这些乡绅可以向各州、县密告，巡抚则根据密告立即派兵搜捕，如果这样做，就没有破不了的案子。

我还要请示的是，太平军既然攻陷了武昌，气焰越来越嚣张，湖南、安徽、江西等毗邻之省，都被太平军所窥视。长沙是军事重地，不可不严加防守。我现在查看了省城的兵力，认为十分单薄，经过查询后得知，湖南各标的兵力一多半调到了大营，本省兵力空虚，很难再往外抽调了。附近各省也没有可以调兵的地方，如此势单力孤，不足以加强防御。所以，我建议在省城成立一个大团，认真操练，从各县那些曾经接受过训练的乡民中，选择身强力壮的，把他们招募到省城。训练一个人，就要收到训练一个人的效果，训练一个月，就要有训练一个月的效果。自与太平军作战以来，已经有二年的时间了，时日不可谓不长，所花费的饷银不可谓不多，先后调集的部队不可谓不广。然而，在作战时，往往一遇到太平军就不战自溃，从来就没有听说与太平军鏖战过一场。部队往往是在太平军的后面尾随，从来也没听说有拦住其去路而与之面对面交战的事。部队所使用的兵器，都是用大炮、鸟枪，只做远距离的轰击，从来也没有听说过有短兵相接、刀兵相见的时候。这到底是由于什么原因造成的呢？都是因为所使用的兵丁没有经过正规的训练，既没有胆量，也没有武艺，所以往往临阵退怯。现在，我准备改弦更张，总体上以训练兵丁为首要任务。我草拟的训练章程，宜参照明代的戚继光、近人傅鼐成法，但只求其精，不求其多，只求有效，不求速效。如果能脚踏实地地操练，搜捕土匪是足够用的了，就是对防守长沙城也不无裨益。我与张亮基认真地相商过了，意见完全相同。谨将现在办理的情形，向您汇报个大概。我们希望得到圣上的明鉴！训示！"

通过曾国藩的这道折子，我们不难领略他的与众不同，那就是对问题的精准把握和透彻分析，以及提出操作性很强的意见和建议。也正是通过曾国藩的这道折子，咸丰帝了解了湖北、湖南的大概情况，然后给曾国藩批了几个字："知道了。悉心办理，以资防剿。"

既然已经被推上了风口浪尖，就没有了退路。这是曾国藩的思维定势。但凡事都不应该尽绝。久经考验的曾国藩没少吃一条道跑到黑的亏，这样的经验教训，说起来历历在目，耿耿于心。所以，当再次临险时，经验便发挥了重要的作用。曾国藩在上书咸丰帝，陈述他的分析判断，展现他的雄才大略外，没忘给自己留一条后路，直言希望在形势有所好转的情况下，能够允许他继续回家丁母忧。

曾国藩为什么要这样做这种迂回之想呢？究其原因，曾国藩此番答应墨绖出山，绝不是出于自愿，而是圣命难违，乡情难却的结果。抛开曾国藩对于兵事的种种犹豫、踌躇以外，他最关心的就是在家丁忧，为母亲守制。关于这一点，曾国藩在给咸丰帝的一个附片中说得再明白不过了：

"我在京师已经十四年了。从前在京师供职的时候，我的祖父母和父母都在。今年回来时，祖父、祖母的坟墓前宿草已经很长了，我的母亲也逝世了。那个时候，长沙尚未解围，"风鹤警报，昼夜惊惶"[18]。于是将母亲的棺椁仓促下葬，还想将来另外找一块墓地，寄托孝思。我的父亲已经老了，久别乍归，我也想稍稍尽一些孝心。现在，我回到原籍还没满四个月，就又离开了家里，不是说我万分不忍，而实在是因为我的父亲慈爱难离。由于武昌告急，在圣上宵旰忧劳的时候，我不敢不出山为圣上分忧解难。思之再三，墨绖出山保护桑梓是可以的，如果因此而夺情出仕，或者因此而作为向圣上邀取什么功劳的话，则是万万不可的。我这区区的愚忠，不得不事先向圣上陈述，一旦形势稍有缓解，团练之事办理得有些头绪，即当上奏专折陈情，请求仍回原籍守制，以实现我个人这个小小的私心。等等。"

曾国藩的这个附片，可以说写得情真意切，抑或有些无奈和悲怆。其根本目的就是想向咸丰帝表明，他此次墨绖出山，绝不是为了邀功而是出于无奈。一旦形势有所好转，他仍然还要回去丁母忧，尽一个儿子的孝道。

对于曾国藩这个举动，我们既可以从正面去理解，即人之常情；也可以从另一面去推测，即为自己留一条后路，而留后路的理由也的确言之凿凿，无可辩驳。从当时的情况来看，以及我们在前面分析的情况判断，后者的可能性更大一些。这是因为，军事斗争毕竟不是要嘴皮子、动笔杆子，而是要真刀、真枪、真流血、真拼命，而一旦有失，生死事小，而因此毁了一世英明事大。在历史上，夺情出仕而最后弄得身败名裂者不乏其人。前事不忘，后事之师。饱读诗书，以史为鉴，是读书人常挂在嘴边上的名言，而绝顶聪明的曾国藩不仅是常挂在嘴边上，而且是落实在行动中。这是在吃过无数次大亏之后，曾国藩所获得的最大进步。凡心里没底的事儿，他总会留有余地，以防不测，而不像从前那样被人家卖了，还在替人家数钱。这就是成长，就是历练，就是经验，就是智慧。所以说，曾国藩的书是真的没有白读，苦没有白受，罪没有白遭。曾国藩同时发出的一折一附片，可谓一举三得。你看，既出了山，办了事儿，又陈了情，表了态，同时也使咸丰帝感到了他为人为臣为子的赤胆忠心。何其妙也。

本指望咸丰帝在读到奏折和附片之后，能宽勉几句。结果咸丰帝惜字如金，对折子朱批了十一个字，对附片仅朱批了三个字，即"另有旨"就"钦此"了。不知道接到这样的答复后，曾国藩的心里是个什么滋味。

曾国藩抵达长沙城，一出手就显示出不凡，以事实证明自己这个堂堂二品大员绝不是个花架子。

别看曾国藩从未接触过军事，但学问这东西是可以融会贯通、触类旁通的。当时，湖南湘乡的诸生罗泽南所招领的三个营练勇已经赶到长沙，仿效戚继光的方法练兵。曾国藩亲自为他们拟定训练章程，实行规范化管理，开始奠定湘军的雏形。后来，曾国藩的手下良将辈出，猛士如云，其发源地就在于此。

曾国藩的规范化管理，很快就在剿灭浏阳匪首周国瑜一战中初见成效。

周国瑜打出了"征义堂"的旗号，聚集了匪众逾万人，在浏阳公开发动暴乱。曾国藩和张亮基派江忠源出战。江忠源不负众望。他采取声东击西，出其不意之策，加之湘勇训练有素，能征惯战，没费吹灰之力便"一战破平之"。

曾国藩出山之后，湖广政局波谲云诡，正在发生翻天覆地变化。

首先是武昌陷落后，湖广总督徐广缙被逮问，而太平军的手下败将向荣，却被钦命为钦差大臣，专办军务。原湖广总督程矞采被革职，诏令张亮基属湖广总督一职。与此同时，仍然不放心的咸丰帝，又特命琦善为钦差大臣，偕直隶提督陈金绶、内阁学士胜宝督兵驰赴河南、湖北交界，堵截北犯的太平军。又以两江总督陆建瀛为钦差大臣，出江西堵截。总之，政局不稳，人心惶惶，形势不容乐观。

在这样一个纷繁复杂的现实面前，一心惦记着形势好转回家守制的曾国藩，断然没有了这种可能，而是一出山便搅到了这场乱局之中。不用说正面有太平军大兵压境，单是后院那些多如牛毛的土匪就够湖南喝一壶的了。一时间，湖南的局势难以扭转，就像一艘失去了动力的船，只能随波逐流，不知什么时候就会触礁遇险。在这种情况下，身负圣命的曾国藩，哪还能提出回家丁忧守制之事？不得不全力以赴地应对乱局，清保甲、练湘勇、打土匪，忙得不亦乐乎，恨不得像哪吒三太子那样，生出三头六臂来，一直等到了清咸丰三年（1853 年）七月，曾国藩才在长沙"筹防之事粗备，援江之师已成行"[19]的情况下，抽出时间回老家一趟省亲，但也仅仅就是待了几天而已。曾国藩虽然给自己留了退路，但残酷的现实却把路完全堵死了。

见过不讲理的，但没见过这么不讲理的

已停薪留职的"裸官"曾国藩，仍被要求效忠朝廷，效死疆场。

在君权至上的封建社会，没有任何人敢跟皇上讲什么道理，因为他是金口玉言，说什么是什么。作为臣下，只有无条件地服从，而没有任何辩驳的可能，否则就是活腻歪了，自己给自己找不自在。

总的来说，咸丰帝还算一个不错的国君，但也有不讲道理的时候，尤其是对曾国藩，简直就是用君权相压，不讲道理，可以用"成也咸丰毁亦

咸丰"来形容，经常把个忠心耿耿的曾国藩弄得灰头土脸，尴尬至极。气得曾国藩直翻白眼，心里暗骂：见过不讲理的，但没见过这么不讲理的。

太平军撤离长沙后，各地多如牛毛的土匪成为影响湖南安定的主要祸患。远在京师的咸丰帝，对湖南的局势不敢轻识。他下旨要求湖南督抚和曾国藩，认真研究如何办好团练、卫戍湖南之事，"剪除百恶"，"保卫善良"，要求"悉心妥筹办理"。

面对复杂的形势，曾国藩协同督抚采取了恩威并施、宽猛相济之法来应对。一方面是"劝谕"，即通过书信等方式，委托在籍的一些官员帮助"编查保甲"，分别良莠，清查阶级队伍。另一方面是坚决打击。即采取严厉的手段，武力镇压。一旦发现匪踪，"即行设法处办"，根除祸患，努力维持一方平安。关于此事，曾国藩给咸丰帝上一道《严办土匪以靖地方》的专折。咸丰帝完全赞同曾国藩的意见，朱批道："办理土匪，必须从严！务期根株净尽！"

曾国藩出山以后的表现的确不俗。凭借着敢想、敢说、敢做、敢为的品质，有了一个比较惊艳的亮相，给颓败的湖广军政界带来了一缕春风，为靖地方平安尽到了自己的力量，没有辜负咸丰帝的厚望。咸丰帝对此给予了充分肯定，甚至不吝词句，赞不绝口。认为"曾国藩团练湘勇，甚为得力，剿平土匪业，经著有成效"[20]。但用兵打仗，毕竟不是说说而已的事儿，天时、地利、人和等各方面条件缺一不可。

曾国藩是一个经历过大风浪的人。当年做京官时就没少被弹劾、遭陷害，被超擢、被降级的事儿屡见不鲜，早已修炼了一身见怪不怪、处变不惊的金刚不坏之身。然而，军事斗争毕竟是他从未接触过的领域，从前的那些经验可资甚少。加之现在的情形与在京师不同，一脚迈进了懵懂的烽火战场，又远离中枢，跟最高当局沟通很困难，所以曾国藩不免有些懵门儿。他必须一切从头做起，而且要有足够的失败。

果不其然，曾国藩自踏上军旅之日起就没有一帆风顺过，除了在对付土匪时取得过些许辉煌外，与太平军的作战基本上是屡遭败绩，厄运频仍，被交吏部议处、降职、申斥几乎成了家常便饭，到最后，竟然成了一名光干活而没有官职的"裸官"。其惨状不忍触睹。

因为曾国藩与太平军的作战效果不显，且接连失利，咸丰帝的脸色越来越难看，话也说得越来越难听，有的时候就像是"逼命"一般。

清咸丰四年（1854年），曾国藩四十四岁。肖羊的曾国藩迈入了虎年。按照传统生肖学的说法，肖羊的在虎年多有不利，用"羊入虎口"的成语来形容比较恰当。而现实也的确如此。

虎年伊始，江南仍然战火纷飞，局势异常混乱，这让曾国藩心里直打憷。但曾国藩毕竟是个读书人，而且是那种少见的不迷信的读书人，他这个肖羊的遇不遇到虎，他好像并没太在意。可是随着一件又一件厄运的发生，曾国藩不能不产生疑问：难道真的有虎、羊相克之说，难逃羊入虎口之运吗？

先是在这一年的年初，曾国藩痛失得力大将江忠源，硬生生地折他的一只臂膀。这对刚刚开始军事生涯的曾国藩来说，无疑是一记晴空霹雳，对湘军来说更是一个不可挽回的巨大损失。

事情的缘由是这样的。

清咸丰三年（1853年）春，江忠源因剿灭周国瑜的"征义堂"而擢生道员，升任湖北按察使，不久奉旨帮办江南军务。同年六月，江忠源在行至江西九江遇阻后，转赴南昌协助守城。九月，南昌解围。此时，太平军攻占九江的湖口、安庆等地，据此固守。张亮基派了五千人马扼守田家镇，但当太平军来袭时，清军抵挡不住，遭致大败。刚刚离开南昌的江忠源得知此事，遂改变原计划，紧急驰援田家镇，但"战不利"，救援的效果并不显著。突出重围后，江忠源回师汉阳，奉旨升授安徽巡抚。咸丰帝强调湖北、安徽一体，着江忠源"斟酌缓急，相机进剿"[20]。太平军所向披靡，继续向清廷保持巨大的军事压力。一个月之内，连克安徽的桐城、舒城，逼近庐州，安徽形势极端危机。与兵多将广的太平军相比，清军兵力空虚，穷于应付，工部侍郎吕贤基、前安徽巡抚周天爵先后战死、病死。为解庐州之围，江忠源急奔庐州。走到六安时，江忠源已经病得很重了。

咸丰帝命曾国藩"顺流东下，与江忠源水路夹击"[21]，以解安徽之危，但因曾国藩身陷剿匪之中，加之水师未成，故未能及时驰援。

江忠源带病进入庐州，随即被太平军团团包围。虽有援兵相救，但各路援军皆遭到太平军的阻击而寸步难行。清咸丰四年，即公元1854年1月，太平军攻克庐州。身负重伤的江忠源不肯投降，投水自尽，终年四十二岁。正如曾国藩当年所料："是人必立功名于天下，然当以节义死。"㉓

曾国藩埋怨江忠源"急赴庐州之急"，而不留在湖南，"宜可少安，以惜有用之身"。慨叹江忠源"必蹈危地，甘死如饴"，"但求无疾于神明，岂所谓皎然不欺者耶？呜呼！忠已"㉔。

曾国藩亲自为江忠源撰写了《江忠烈公神道碑》，并作铭诗。铭曰：

> 儒文侠武，道不并张。命世英哲，乃兼厥长。惟公之兴，颓俗实匡。明明如月，肝胆芬芳……两以躬致，义泣鬼神。近古之侠，孰与比伦。作宰吴越，风教露养。秀水振饥，冀民以长。苏其柘楛，衣以文褥。儒吏之风，并使无两。蕴此两美，风雷入怀。砰然变化，阴阖阳开。宜截大难，重奠九垓。半驾而税，天乎人哉！……天河荡秽，海宇再清。公创其始，不观其成。九原可作，慰以兹命。

曾国藩对江忠源友谊之殷，感佩之深，赞许之高，无出其左右者。

时值三月，尚未从失去江忠源的悲痛中完全摆脱出来，曾国藩又遭到挫折，因一笔军费的筹措渠道违制，而受到弹劾，部议革职，后经咸丰帝御批被降两级调用。这是自曾国藩出山以来，受到的来自上层的最严厉的处分。因无处申述，曾国藩只能埋怨自己昏聩，独自吞下这颗苦果。

然而，曾国藩的噩梦还没有结束。

未出一个月，曾国藩所部陆军战败于岳州，咸丰帝斥责曾国藩"调度无方，实难辞咎"㉕，交到吏部"严加议处"。虽然遭到了圣上的严厉批评，但仍然要求曾国藩"督带师船，迅速进剿，克复岳州，即行赴援武昌，毋得再有延误"㉖。

前面的几道上谕，已经让曾国藩心里很恼火了，可是更让他窝心的是随后的一道上谕。在这道上谕里，咸丰帝对曾国藩产生了质疑，似乎失去了对他的信任。这是一个信号，而且是一个非常危险的信号。

咸丰帝认为曾国藩统领的兵马太多，一会儿要与太平军作战，一会儿又要剿匪，兵力分散在各地，而又都不能按时推进。由于兵力分散，无论是与太平军作战还是剿匪，都"自难得力"，而一旦遭到失败，兵丁们就没有了坚韧的斗志，照这样下去怎么能够有所成效？而在这个困难的时候，肃清长江上的太平军，就指望着曾国藩的部队……现在湖北急需救援，曾国藩以在籍的绅士身份，如果只为了保全湖南的安全，而不能为全局着想，那么平日里的那些自许自夸都跑到哪里去了？

未出数日，关于靖港战败的上谕又到了。

咸丰帝这次比较果断，对曾国藩"自请从重治罪"表示宽宥，干脆将曾国藩革职了事。

事情到了这里还没有完。

曾国藩虽然成了"裸官"，形同百姓，但咸丰帝并没有放过他，仍然谕令曾国藩"赶紧督勇剿贼"，以期"带罪自效"。这个结果，颇出曾国藩的意料。

世界上没有这么欺负人的。降职也好，革职也罢，那都是罪有应得。既然降也降了，革也革了，没有了顶戴花翎就是老百姓了，干吗还被要求"督师"效命疆场呢？原本出山统兵时就没有一个正经的名分，但好歹还有一个在籍侍郎的头衔。现在全没了，还怎么去调兵遣将？还怎么去排兵布阵？还有人会服从指挥吗？这真是见过不讲理的，但绝对没见过像咸丰帝这样不讲理的。远在京师的咸丰帝不可能详尽地了解战场上瞬息万变的具体情况，曾国藩又不能事事辩驳，真是哑巴吃黄连——有苦说不出。

"裸官"曾国藩一身素服，头顶一根辫子，继续在战场上督师攻剿，东挡西杀。不过，与从前比起来，曾国藩倒是悠游了许多，这一点恐怕连咸丰帝也没想到。那就是无论遭到什么样的失败或过失，咸丰帝就是想治曾国藩的罪，也没有了什么办法。因为能摘的摘了，能撤的撤了，曾国藩已经没有负责的资格了。所以，咸丰帝只好"不复加谴责"，承认"惟曾国藩前经革职，此时亦不必交部严议"[22]，只是仍然责令曾国藩继续效命而已。

曾国藩的"裸官"身份，一直持续到同年的闰七月才有所改变，但曾国藩的噩梦并没有就此结束。

注释：

①《曾国藩全集·首卷》：清同治十一年二月十二日，内阁奉上谕》。

②《庄子·秋水》语句。

③《曾国藩全集·首卷》：《谕赐祭文》。

④⑥⑦⑧⑨⑩⑫㉑㉒㉓㉕㉖㉗《曾国藩全集·年谱》。

⑤《荀子·劝学》语句。

⑪《曾国藩全集·家书》：清咸丰二年八月初八日谕曾纪泽。

⑬《曾国藩全集·家书》：清道光二十七年二月十二日谕诸弟。

⑭《曾国藩全集·家训》：清咸丰十一年三月十三日谕曾纪泽、曾纪鸿。

⑮⑳《曾国藩全集·事略》。

⑯《曾国藩全集·家书》：清道光二十七年六月十八日谕诸弟。

⑰《庄子·刻意》语句。

⑱《曾国藩全集·奏稿》：清咸丰二年十二月二十二日之《附陈办团稍有头绪即乞守制片》。

⑲《曾国荃全集·年谱》。

㉔《曾国藩全集·文集》：《江忠烈公神道碑》。

5

官不官绅不绅

"援墨经从戎之义，俾移孝以作忠；励丹心报国之诚，每出奇而制胜。"[①]

曾国藩墨经出山之举，总是被历史大书而特书的一节。因为这是具体表现曾国藩忠诚体国、劲节凌霜的最好例证。其实，曾国藩之墨经出山，无非是前有圣命难违，后有乡情难却，二者都无法拒绝而已。

既然答应出山，除了希望形势有所好转后继续回家守制外，曾国藩没有其他任何私心杂念，一心一意地要尽一个士子的绵薄之力，保护伞梓，感念圣上，报效国家。

国难思良将，家贫念贤妻。

曾国藩本来以为，在战火纷飞、国难当头之时，那些被圣上调往前线的督抚重臣，定会戮力同心，同仇敌忾，以全力挽救危亡。然而，事实却恰恰相反。纵观前方将士，离心离德者有之，贪生怕死者有之，懦弱无能者亦有之。在太平军势如猛虎的打击下，无论是官员，还是八旗子弟，其腐败无能、刚愎自用暴露无遗，往往未战自溃，狼奔豕突。对外无能，而对内倾轧却无所不用其极，整天醉心于那些钩心斗角、尔虞我诈的纠葛之中。

想象不能代替现实；而现实又是如此不尽如人意。

在这样的局面下，曾国藩不仅不能以一人之清爽而涤清官场之污浊，反而自出山之日起，连他自己也身陷于错综复杂的关系之中而难以自拔。曾国藩因这种无聊的纠结而耗费的心血，绝不亚于残酷的军事斗争。

正如圣人所言"名不正则言不顺，言不顺则事不成……"[②]。

作为一个没有实权的边缘人，不具备成就事业的客观条件，这是一般公理，即使是声名赫赫的曾国藩也不例外。

在出山的最初日子里，那种叫天天不应、叫地地不灵，下挤上压、左右掣肘的窘境，让曾国藩心地寒彻，悲怆至极。要想有所成就，曾国藩只好拿出与本色相去甚远的作为，而这些作为均为不得已而为之，都是被逼无奈的选择。

"帮办" 难帮办

堂堂二品大员，竟然没有一个像样的名分。连名分都没有，还怎么干？

"非领导职务"并不全是现在的说法，在古代就有类似的职位。比如丁忧的官员就相当于"非领导职务"。

丁忧制度始于汉代，而后世沿袭之。

所谓丁者，当也，即遭逢、碰到之意；忧者，居丧也，是指父母的丧事。"丁忧"就是指遇到了父母的丧事。

按照祖制，凡父母辞世者，无论其官职多高，一律需要去职丁忧三年。在这三年中，要一直吃、住在父母的坟前，不得喝酒、洗澡、剃头、更衣，不得外出做官、应酬，夫妻也不得同房，还要停止一切娱乐活动。丁忧期满后，方能复职。

曾国藩出山前的身份，是正二品的在籍侍郎，正在家中丁母忧。除了照样领取相应的俸禄之外，已经处于"非领导"的位置，不管他是内阁学士也好，遍兼五部侍郎也罢，现在已经不再具有行使任何权力的资格。

然而，在圣命和乡情的双重压力面前，曾国藩只好答应墨绖出山，"帮办本省团练"。帮办就帮办吧，曾国藩并没有想得太多，等曾国藩出山后才发现问题的严重性。要组织团练却要权没权，要人没人，要钱没钱，而且自己对军事又很懵门。这所有的问题，没有一件是可以凭一己之力就能解决的。问题的症结就在于那个说不清道不明的"帮办"上。

"不在其位，不谋其政"③。

自古以来，责任和权力就应该是对等的。那么现在，曾国藩究竟是在其位还是不在其位？曾国藩也说不清楚。因为这个"帮办"不是他自己要来的，而是咸丰帝强加给他的，他属于"被"帮办。就是因为这个很难说清楚的"被"帮办，所以出现一系列的具体问题。

第一是权力问题。曾国藩虽然是大清堂堂正正的二品大员，但此时却无职无权，其身份如同一个普通的乡绅。他的出山，从官方上讲叫做"夺情"，从现在的角度来看相当于"返聘"。咸丰帝当然知道曾国藩是什么身份，所以在给曾国藩的上谕中也开诚布公，讲得很清楚，很干脆，他只是要求曾国藩"帮同办理本省团练乡民，搜查土匪诸事务"④，并没有指望他统率千军万马，直接与太平军正面作战，挽大厦于将倾。其职责范围，仅仅就是为与太平军正面作战的地方长官练练民兵，打打土匪，帮着维护维护后方的稳定，仅此而已。

曾国藩倒也不是计较官职大小，但这却是一个让曾国藩非常头大的委任。尽管咸丰帝相信"伊必尽力，不负委任"⑤，但问题是曾国藩实在是不知道该如何"尽力"。因为"帮办"的位置没有任何实际权力，是一个地地道道的被动性的虚职。

释其原意，"帮办"有两个涵义，一个是动词，一个是名词。所谓动词，指的是帮助主要领导办理公务；所谓名词，是指主要领导的参谋和助手。说白了，就是为主要领导服务，在主要领导需要你帮办的时候你就帮办，不需要你帮办的时候就不用你帮办。而问题的真正要害还不在这儿。本来是"不在其位则不谋其政"，而曾国藩的问题偏偏就是"不在其位"而非要他去谋其政。熟读圣贤书的曾国藩焉能不知"名正则治，名丧则乱"⑥的道理？不在其位就没有权力，就没有威仪，也就说话腰杆子不硬。

没有这些前提条件，曾国藩如何去谋其政呢？尤其是如何与那些眼皮朝上、牛皮哄哄的地方大员相处呢？以湖南巡抚张亮基为例，论品级，身为内阁学士兼五部侍郎的曾国藩为正二品，品秩与湖广总督相匹敌，而且是位高权重、威风八面的京官。作为湖南的最高行政长官，张亮基的品级为从二品，是一名地方大员，仅就品级、地位而言，两个人就不在一个层次上，但在具体的环境中，张亮基却是一省之最高行政首脑，掌管着湖南全省的工农商学兵。曾国藩尽管级别高却两手空空，光有一顶在籍侍郎、没有顶戴花翎的虚帽子。级别高的人给级别低的人当副手，这也不算是什么稀罕事儿，这在曾国藩的身上就曾发生过。比如清道光二十三年（1843年）主持四川乡试，作为主考官的曾国藩，仅仅是一个从五品的翰林院侍讲，而作为副主考官的则是从四品的翰林院侍讲学士赵楫。这件事成为当年大清官场上的一个特例，让许多人摸不着头脑。现在正好相反，曾国藩给张亮基当帮办，其心情大概与当年的赵楫一般无二。

第二是组织团练问题。太平军来势凶猛，而且攻无不取战无不胜，弄得本来就兵力空虚的湖南捉襟见肘，不得不拆了东墙补西墙，应付一阵儿是一阵儿。在民间，一些有识之士如江忠源、罗泽南等率先走了一步，依靠组织湘勇团练保护乡梓，效果不错。而在朝廷上，第一个想到用湘勇团练补充兵力不足，维护地方稳定的是咸丰帝。咸丰帝的想法固然不错，但也只是一个思路、一个"指示"而已，至于如何组织、如何训练，他并没有说，全凭曾国藩去领会、去创造性地执行落实。

帮办团练是曾国藩的职责所在，所以他很卖力气，提建议、招湘勇、拟章程，忙得不亦乐乎。究其原因，不在于曾国藩有多么强的责任心、责任感，而是不得已而为之。

在当时，曾经以骁勇善战名扬天下的八旗兵，根本就不是太平军的对手，往往还没交手就已先酥了骨，只恨爹妈少给自己生了两条腿，除了跑，根本就不敢与之正面接触。对此，曾国藩在给咸丰帝的奏折上说得很具体、生动："自军兴以来，二年有余，时日不为不久，糜饷不为不多，调集大兵不为不众，而往往见贼逃溃，未闻有与之鏖战一场者。"[7]正规部队尚且如此，那么临时组织起来的农民能拿得出手吗？那不是以卵击石、自取灭亡吗？那么如何改变这种必死无疑的境况呢？曾国藩从两个方面入手解决这个问题。

首先是解决选才问题。兵丁将官的素质决定着部队的整体战斗力。在这方面，曾国藩的指导思想是很明确的，那就是"但求其精，不求其多"⑧，坚决杜绝滥竽充数。在选兵方面，曾国藩没有随便地招募普通老百姓入伍，而是在那些经过训练的湘勇里，选择"壮健而朴实者"重新组建团练，力求从一开始就保证兵源质量。在选将方面，曾国藩眼光独具，几近苛刻。曾国藩认为"无兵不足深忧，无饷不足痛苦"⑨，唯独选取那些不贪财、不怕死，忠心耿耿的带兵人却是至关重要的。胡林翼说得更直接，"天下强兵在将"⑩，"兵易募而将难求"⑪。曾国藩确定了三条选将的标准，即智略深远，号令严明，能耐劳苦，"三者兼全，乃为上选"。后来又具体为选将"四科"，即"一曰才堪治民，二曰不畏死，三曰不急名利，四曰耐辛苦"⑫。有这样的思想做指导，有这样的选材标准，曾国藩的湘军后来士卒善战，良将多谋，从而人才频出就不足为奇了。

其次是训练问题。曾国藩没有权力指挥正规部队，他的身家性命和希望全寄托在那些临时招募来的这些湘勇身上。如果这些湘勇不顶硬的话，曾国藩墨经出山就是一条不归之路，就是一局永不会做活的死棋。而事实上，那些湘勇真就不顶硬。

时逢乱世，难免世风日下，人心无不私藏苟且，除了为保全自己的私利，没有人关心国家社稷何去何从。不要说一般的士农工商有这样的想法，那些王公大臣、大清的顶梁柱八旗兵也莫不如此。清咸丰三年（1853年）初，就出现过八旗兵以剿匪为由，十人一帮百人一伙，出没于湖南的各个乡村和湘江之上，经常以抓兵差的名义封船封路，敲诈勒索，弄得老百姓不敢出门，商人不敢做买卖，几乎完全阻断了物品的流通的恶性事件。曾国藩曾将捕获的三个兵丁就地处斩，以正法纪。有这样的部队，就不难理解为什么八旗兵一遇到太平军往往一触即溃、不堪一击了。

明察秋毫的曾国藩对八旗兵的无能有着充分的认识。从政治层面上来说，在于这些八旗子弟本身懒散成性，腐败堕落，而具体原因则在于太平日子过久了，马放南山，刀枪入库，耽于享乐，疏于训练。正是因为"未经练习，无胆无艺"⑬，没有正常的训练做保证，所以根本就不可能有什么战斗力，"故所向退怯也"。这是一种必然的结果。

要解决部队战斗力问题，曾国藩认为必须"以练兵为要务"⑭，除了"精兵"这一条道外别无他途。不谙军事的曾国藩临时抱佛脚，如饥似渴地从前人的兵法战策中汲取智慧，寻求灵感。他参照明朝戚继光等先人的练兵之法，亲自拟定训练管理的各种章程，强化训练。曾国藩告诉兵丁们：你们如果平时不练好武艺，将来一旦打起仗来，你不能把敌人杀死，敌人就要把你杀死。如果临阵脱逃，又难逃国法的处罚。可见你们学好武艺首先是保护你们自己的性命，如果武艺学得精熟的话，大胆上前，未必就是一个死。如果退后，就一定不能生。只有练好武艺，遇到敌人，勇猛直前，"哪怕他千军万马，不难一战成功"⑮。这样的话，"你们得官的得官，得赏的得赏，上不负皇上深仁厚泽；下即可慰本部堂一片苦心。本部堂于尔等有厚望焉!"⑯

曾国藩不仅把道理讲得深入浅出，明白无虞，而且对如何操练也提出具体要求。如：每逢三六九日前，本部堂下校场，看试技艺，演阵法；每逢一四七日午前，著本管官下校场演阵，并看抬枪、鸟枪、打靶；每逢二、八日午前，著本管官带领赴城外近处，跑坡、抢旗、跳坑；每逢五、逢十午前，即在营中演连环枪法；每日午后，即在本营演习拳、棒、刀、矛、钯、叉，一日不可间断。同时对赏罚做出明文规定。曾国藩"但求有济，不求速效"⑰，脚踏实地、一步一个脚印慢慢来的做法，并非源于远见卓识和耐性，根本的原因是被残酷的现实所迫，完全是不得已而为之。

经过上述努力，效果渐显。曾国藩所训练的湘勇"胆技精强，遂成劲旅"，也为日后建立所向披靡的湘军奠定了坚实的基础。这让曾国藩那颗冰凉的心温热了不少。

第三是军费问题。这是最让曾国藩头痛的一件事儿。正规军的军费由朝廷负责，有正常的财政保障，而民兵就不行了，压根就没有军费来源，全靠来自民间的捐赠解决。

钱不是万能的，但没钱是万万不能的。长期受经济困扰的曾国藩感同身受。还在帮办团练伊始，曾国藩就首先注意到了军费问题是当务之急，具有紧迫性，复杂性。曾国藩上奏咸丰帝说"团练之难，不难于操习武艺，而难于捐集费赀"⑱。因为湘勇不是正规军，所以曾国藩不可能从官方获得军费，而官方从来也没有过这个想法。

为了解决军费问题，曾国藩绞尽了脑汁。一方面，曾国藩亲自出面，靠着老面子给那些有影响的"绅者"写信，希望他们明白捐赠的重要意义，奉劝他们带头捐助。但现实情况并不乐观，原因在于"民力艰难"，虽经曾国藩"再三劝谕，终不踊跃"。另一方面，积极向朝廷争取政策，寻求支援。自清咸丰二年（1852年）年底出山至清咸丰四年（1854年），曾国藩多次上奏咸丰帝，从各种可能的方面寻找出路。比如，请求从广东解往江南大营的十万两饷银中，截留四万两，用以"筹备炮船"；把湖南的漕粮征为军用，"使兵勇无乏食之患"；将"捐输"归入筹饷之列等。到了清咸丰四年初，曾国藩更是请求咸丰帝直接派大员具体"办捐济饷"。这种完全依靠别人施舍过的日子，让曾国藩既无奈又无法。对于曾国藩在这个时期所处的困境，江苏巡抚何璟说得最直接最透彻。他说："咸丰之初，曾国藩以在籍侍郎练团杀敌。无尺寸之土地，无涓滴之饷。源饷之巨者丁漕关税，而职在军旅，不敢越俎以代谋；饷之细者，劝捐抽厘，而身为客官，州县既不肯奉行，百姓亦终难见信。"⑲

第四个问题是军事斗争的经验问题。曾国藩认为"军事是极致之事"。军事斗争的实质不是单纯的理论问题，而是实践问题。搞军事不能靠夸夸其谈、纸上谈兵，而需要的是一击毙命，战胜敌人，争取最大的胜利。军事斗争的经验除了向前人学习以外，主要靠在实战中日积月累。在这方面，尽管曾国藩曾兼任过兵部侍郎之职，但毕竟没有耍弄过真刀真枪，没有任何实战经验，是一个纯粹的"白帽子"。面对铺天盖地而来的太平军和泛滥成灾的土匪，身负圣命的曾国藩不得不临阵磨枪，仓促临阵，在无数的失败中积累起一点一滴的血的经验和教训。这种过于血腥和残酷的积累经验的方式，并不是曾国藩所愿意采纳的，但除此之外也别无良策。曾国藩只能咬紧牙关，硬着头皮去接受。

曾国藩就是凭着这些来之不易的经验和教训，拼杀于血雨腥风之中，最终立下了不世军功，成为一代军事大家。他的这些经验、教训、感受、见解，散见于各种奏稿、书信、日记之中，而集中于蔡锷所辑成的《曾胡治兵语录》一书。该书比较全面地反映了曾国藩等的军事思想，是我国近代军事史上一部宝贵的兵书。

不挺，还能怎么样

因筹饷违制而被降级，曾国藩自知：除了咬牙硬挺别无他途。

按市井的传说，曾国藩一生共有十八套学问，而《挺经》在其学问体系中占有非常重要的地位，也有人说这是他压箱底的绝学。

顾名思义，所谓挺者，其核心的含义就是坚硬、坚挺。这符合曾国藩一向倡导的"一味忍耐，徐图自强"的精神，也就是说不管遇到什么样的艰难困苦，都不要怨天尤人，"惟一字不说，咬定牙根，徐图自强而已"[20]。而最典型的最能代表曾国藩这个思想的就是他经常引用的那句"好汉打脱牙，和血吞"[21]的谚语，曾国藩自认为这是他平生咬牙立志的要诀，这既曾国藩对自己人生经验的高度概况，同时也是对《挺经》或"挺"字的最好注释和解读。

从表面上看，一个"挺"字很豪迈，很崇高，其实不然，"挺"是一种很被动很无奈的行为。大凡在顺利之时，根本无须什么"挺"。而一旦需要咬牙的时候，那一定是遭遇到了什么坎坷或不幸。曾国藩自然也不例外。比如，两次参加会试失利，曾国藩靠的是一个"挺"字走过来的；跻身官场后，一次又一次被诬陷、贬斥，曾国藩也是靠一个"挺"字走过来的。现在，激变的局势又把曾国藩推上了风口浪尖，作为一个无职无权而又身负圣命的"帮办"，他又该如何去面对呢？曾国藩的秘诀只能还是一个"挺"字。

还以军费为例。

曾国藩帮办团练，这是咸丰帝交给他的主要工作。办团练首先需要的是军费。而曾国藩恰恰缺的就是军费。俗话说无利不起早。没有军费自然就招募不来湘勇；没有湘勇就没有团练；没有团练，就不能完成保护乡梓的历史使命。曾国藩为军费所困，一时愁眉不展，绞尽脑汁。最后，被逼无奈的曾国藩竟然使出了一个"昏招"。

清咸丰四年（1854年）三月，咸丰帝"以剿贼重任付之于曾国藩"，把本来"帮同办理本省团练乡民，搜查土匪诸事务"的曾国藩，从湖南调至与太平军作战的第一线。由后方到前方，这不仅是作战方位发生了质的变化，而是曾国藩肩负的使命发生了重大转变。他的湘勇也由维护地方稳定，而一跃成为与太平军作战的主力。

责任更大了，所遇到的困难也就更多了。

自进入清咸丰四年（1854年）以来，在太平军的沉重打击下，湖广的军事形势日益恶化，一些地方大员纷纷战殁。正月初五，曾国藩的座师、湖广总督吴文镕战死于黄州城下；二十三日，湖北按察使唐树义殉难于湖北长江上游的鲇鱼套。随后几日，形势依然没有好转。湖北巡抚崇纶、湖南巡抚骆秉章纷纷告急，在太平军的凌厉攻势下，正规部队遭致惨败，"陆路官兵溃散极多，水路之师竟至全数溃散"[22]。面对危局，曾国藩不免叹曰："东南大局，真堪痛哭！"[23]至此，在湖广江皖四省的范围内，力量最大的就是手握万余兵马的曾国藩了。

尽管兵马最多，一枝独秀，但枪打出头鸟，很容易成为太平军的众矢之的。曾国藩很清醒，他上奏咸丰帝云："若臣再有挫失，则后此更不堪设想！"[24]

力量最大，自然就有了跟上下左右讨价还价的资本，但同时遇到的困难也就越多。其中最突出的仍然是粮饷问题。据曾国藩的奏折上说，他的兵马一个月就需要饷银八万两之巨。这样巨大的开支，不仅是湖南省承担不起，就是相邻的省份"亦难协济"。没有别的办法，只能靠"劝捐"一条道来解决。为此，曾国藩分别向湖南、江西、四川派出"在官素洽民心，居家则素孚乡望"[25]的官绅，如四川茶盐道夏廷樾、翰林院编修郭嵩焘、前任刑部侍郎黄赞汤、四川按察使胡兴仁、前翰林院编修李惺等开展劝捐工作，但成效并不显著。曾国藩认为"世小乱则督兵难于筹饷；世大乱，则筹饷更难以督兵"[26]。

为了促使咸丰帝下决心，"饬谕各该员办理捐输，济专臣军之用"[27]，曾国藩给咸丰帝出了一系列的主意后说："伏念臣此次成军以出，已属竭力经营。若因饷项不继，饥疲溃散，则后此更无望矣!"㉘为此，曾国藩恳请咸丰帝"特降谕旨，专饬诸臣认真督办"㉙，他自己则"不胜迫切待命之至"㉚。从这里完全可以看得出，曾国藩为军费的事日日寝食不安、殚精竭虑，距离疯癫也就一步之遥。

就在曾国藩为钱愁得茶不思饭不想的时候，突然有人找上门来，表示愿意捐献白银二万两作为饷银。数量虽然不大，但却是雪中送炭。这让曾国藩很是兴奋。

前来进献捐银的，是被罢免的前湖北巡抚杨健的孙子。他希望以捐献二万两饷银为前提，想请曾国藩出面，跟咸丰帝通融通融，把早已过世的杨健灵牌迎入乡祠。

看似平常的一件事，却让曾国藩颇费踌躇。

曾国藩在詹事府当右春坊右庶子的时候，就知道杨健的事儿。

杨健是湖南衡阳人，嘉庆进士。从京官做起，直至湖北巡抚。杨健年轻为官时尚可，但晚节不保。在巡抚任上时，因贪污受贿而恶名远播，死后受到道光帝的严斥，不准入祀乡贤祠，相当于现在有政治问题的人，死后绝对不能把骨灰安放在革命公墓一样。遍兼五部侍郎的曾国藩，当然知道这些圣谕、祖制。尽管现在道光已经过世，清主已换成了咸丰，可是祖制未改，案牍仍在，着实难掩人的耳目。

一边是祖制，一边是急需的白银。曾国藩反复掂量，踌躇难决。最后，曾国藩还是一咬牙一跺脚，来一个近视眼配眼镜——先解决目前问题。决定为了那白花花的二万两救急饷银冒一次险，替杨健上奏请准。

尽管缺钱，但曾国藩为此违制，替一个臭名昭著的贪官奏请入祠，绝对是鬼迷心窍、不知深浅之举。果不其然，此事惹怒了咸丰帝。盛怒之下的咸丰帝，将曾国藩交吏部严加议处。吏部认为曾国藩此奏利令智昏，荒唐至极，建议当即罢免，削职为民。最后还是咸丰帝念及曾国藩正在疆场效命，出此昏招也是出于无奈，属情有可原，给了曾国藩一个降二级调用的处分。升官不易，降职倒是痛快。刚刚还是二品大员，一眨眼的工夫就被贬了两级。

"名节重泰山，利欲轻鸿毛"㉛。

丢官事小，失节事大。

面对革耶、严议，曾国藩的懊恼自不必说，可除了打掉牙往肚子里咽，靠着"挺"字硬撑起并不伟岸的身躯外，还能怎么样呢？

皇上疯了，也要逼着曾国藩一起发疯

水师还没有模样，咸丰帝就要求出战，简直就是要把曾国藩逼疯。

常言道，心急吃不了热豆腐。尤其是兴兵作战，更不能凭一腔热血，感情用事。需要稳扎稳打，步步为营。可年轻的咸丰帝却没有这份耐心，他恨不能一个早晨就灭了洪秀全这个孽畜，扫荡出一个清平世界来。所以，远在京师的咸丰帝，常常不太考虑战场的实际情况，往往下达一些很幼稚很唐突的旨意，逼迫曾国藩一会儿这样，一会儿那样，弄得曾国藩无所适从，左右为难。

太平军杀出广西，一路过关斩将，所向披靡，直杀得清军屁滚尿流，溃不成军。太平军之所以能够连战连捷，战无不胜，除了万众一心，兵将用命外，所采用的战略战术是获胜的关键。比如，太平军很重视运用水师，充分利用长江这条天然的大动脉，与陆军相互配合、策应，纵横驰骋，灵活机动地打击清军，使清军应接不暇，穷于应付。清咸丰三年（1853 年）初，太平军相继攻陷武昌、汉阳，掌握了军事上的主动权。而后，太平军马不停蹄，立即征集了数千艘民船，趁势顺江而下，势不可挡，又接连攻克了九江府、安庆和江宁等政治、经济和军事要地，把大清的东南半壁玩弄于股掌之中。

太平军的水师机动性好，攻击能力强，给清军以沉重打击。而水师不治恰恰是清军的软肋。当时，奉旨授湖北桌司，正在扬州江南大营帮办军务的江忠源最先发现了这个问题。

江忠源赶紧上书曾国藩说，现在要想战胜太平军，必须整合江西、湖南、安徽各省的力量，制造出几百艘战船，再调集几千名福建、广东的水师，先肃清长江江面，而后收复所失城池。江忠源预言，如不治水师的话，沿江各省将"后患方长"。

实事求是地说，在江忠源上书之前，曾国藩的确没有办水师的想法，正是江忠源的这个建议，触动了曾国藩的神经。《曾国藩年谱》记述曰："公治水师之议，萌芽于是矣。"

江忠源的预言不幸言中了。同年四月初七，太平军数百艘战船，从金陵出发，逆流而上，攻陷安庆，直抵湖口，然后回攻长沙，有直取南昌之意。清军顿时手忙脚乱，急忙调兵布防。七月二十四日，太平军包围南昌，利用地道轰城。在这种情况下，江忠源再次致书曾国藩说，现在，在长江上下，太平军的战船任意往来，我们的部队没有敢过问的。当务之急，只有先置办炮船，以打击水上的太平军。

这个时候，郭嵩焘也在江忠源的幕府中，他也同意创办水师。先有江忠源的两次上书，后有郭嵩焘积极附和，创办水师之事便顺理成章地被曾国藩提到了议事日程，同时也引起了咸丰帝的关注。他在给各督抚的寄谕中，屡次提及创办水师的事情。

为了扭转不利的战局，曾国藩与骆秉章商议后，奏请咸丰帝饬调广东琼州的红单船进入长江，以打击太平军的下游；调广东内江的快船由梧州府经漓江、顺湘江而下，进入长江，以期收到上下夹击之效。这一部署，不仅仅是第一次将水师纳入了清军的作战体系，而且对创办水师的重要性有了新的认识。据《曾国藩年谱》记载："长江水师之议，自此始。"

创办水师并不是一件容易的事，更不可能一朝一夕就能完成的，需要有一个筹措的复杂过程。

大计已定后，曾国藩便紧锣密鼓地开始水师的筹建工作。

然而，瞬息万变的战局并不顾忌曾国藩的感受，也不给他这个时间。太平军该攻城攻城，该掠地掠地，不给曾国藩以喘息的机会。咸丰帝接连两道圣旨饬令曾国藩迅速出师，驰援湖北。而当时曾国藩的水师还刚刚处于筹措阶段，"所造木簰，既不可用，水师舟舰，无人经见"②，拒绝出兵。而是集中精力造船，加快水师的筹建进度。曾国藩上奏咸丰帝云：太平军以战船为巢穴，在千里长江上任意横行。要想有效地打击太平军，"惟以战船为第一先务"。我现在已经开始在衡州"试行赶办"，一旦有些头绪，就亲自统领奔赴下游参战。

咸丰帝对曾国藩的态度和做法很欣赏，夸奖曾国藩考虑得很周到很正确，认为他如果能充分能斟酌轻重缓急的话，"堪属可嘉"。但咸丰帝是个急性子，他希望曾国藩能够尽快扭转东南的不利战局。所以，曾国藩那边的水师还没有模样，他就命令曾国藩"酌配炮船，筹雇船只"③，率军出洞庭湖，在长江上截杀太平军，消灭太平军的水上力量，肃清长江江面。

咸丰帝的上谕，令曾国藩哭笑不得。拿着还没有模样的水师去与太平军拼命，无疑就是自取灭亡。在曾国藩看来，咸丰帝不是傻了就是疯了，绝非一个正常人。

咸丰帝的圣旨，既违背客观规律，也不符合曾国藩"打仗不慌不忙，先求稳当，次求变化，办事无声无息，既要精到，又要简捷"的军事思想，所以曾国藩没有理会咸丰帝的圣谕，而是咬住牙硬是挺住没动。

没过几天，咸丰帝的上谕又到了。

这次的内容除了继续命令曾国藩顺流东下，救援安徽，与固守庐州的江忠源形成水陆夹击之势外，还增加了一些"忽悠"曾国藩的词句，称"该侍郎忠诚素著，兼有胆识，朕所素知，必能统筹全局，不负委任也"④。

尽管如此，曾国藩仍然不为所动。

那么，曾国藩究竟为什么左推由挡，迟迟不出兵呢？是故意推诿，还是另有隐情？事实上，曾国藩是真的没有出战的本钱，更没有决胜的把握。曾国藩上奏咸丰帝，解释不出兵的原因。他说，自己正在筹备水路部队，准备赴安徽参加"会剿"，只是船炮和水军还没有准备就绪，等购置的外国大炮和广东的大炮到位后就可以出发了。

曾国藩三番两次置上谕于不顾，迟迟不发救兵，眼看着失城陷地，江忠源、吴文镕两大地方主官双双战死疆场，这彻底激怒了咸丰帝。

咸丰帝拍案而起，严词斥责曾国藩："现在安省待援甚急，若必偏执已见，则太觉迟缓。朕知汝尚能激发天良，故特命汝赴援，以济燃眉。"⑤咸丰帝说，现在安徽非常急迫地等待救援，你如果一定固执己见，那么就太迟了。我知道你还能激发天地良心，所以才命你去救援以解燃眉之急。

咸丰帝又道：现在我看了你的奏折，我一直把几个省的军务交给你一个人承担，我想问问，凭你的才华和能力到底是胜任还是不能胜任？你平时自矜自诩，漫夸海口，以为没有能超过你的人。现在到了危急关头，你如果能话符前言固然很好；如果涉及盲目张狂，岂不是贻笑天下？现在命令你想方设法赶紧赴安徽救援，能早到一步，就能收到一步的实效……话既然出自你的口，你就必须言行一致，办给我看。

本来挚友江忠源战死，已令曾国藩痛彻心扉；老师吴文镕殉国，同样令曾国藩悲痛不已。曾国藩认为自己对这二人之死，不仅负有不可推卸的责任，更有道义上的亏欠。但悲痛归悲痛，不能贸然出击、以卵击石的原则是必须坚持的。现在皇上发怒了，上谕已经完全不是平时的语气，每句话每个字似乎都喷着不可遏制的怒气，迸发着火星子，完全可以用歇斯底里、气急败坏来形容。这已经不是单纯的语气问题，而是上纲上线的政治问题了。

事已至此，沉默已经没有任何意义了。曾国藩只能破釜沉舟，摆出不能贸然出战的五条原因据理力争。

一是启程可以，但前提是必须要等广东的装备到齐了才行。二是赴皖必先扫清黄州、巴河等前进道路上的障碍。三是欲救皖，必先力保位于金陵上游的武昌。四是兵力分散，所部正在地方剿匪，所以一下子不能马上撤回，要等到装备到齐后，一起出征。五是表达"不敢避死"之心。曾国藩说："饷乏兵单，成效不敢必，唯有愚诚，不敢避死而已。与其将来毫无功绩，受大言欺君之罪，不如此时据实陈明，受畏葸不前之罪"[注]。

后人在评价曾国藩时，总不会忘记提到他的"坚韧"，提到他"挺"的精神。事实上，曾国藩的"挺"是有许多苦衷的。所以说，曾国藩的坚挺，不过是无奈的代名词而已。

狗急了跳墙，曾国藩急了杀人

无论是土匪还是文臣武将，谁挡了路，都没有好下场。

曾国藩是读书人出身，从小熟读的是四书五经等儒家经典，接受的是仁义礼智信的儒家教育，恪守的是三纲五常和温良恭俭让的儒家规范，是那种地地道道的严于律己，宽以待人，就连走路都怕踩死蚂蚁的一介儒生。但在历史上，曾国藩却有过一个与其出身和行为极不相配的称呼——"曾剃头"。一个在世人眼中尽忠尽孝、厚友薄己、温文尔雅的曾国藩，怎么会获得这样一个充满邪恶、阴森和恐怖的不雅之名呢？

从公元1644年满人入关，建立起大一统的满清王朝起，满人就认为天下是满人的，满人是天经地义的主人。虽然后来沿袭汉制，任用汉官，宣传满汉平等，但从来就没有过真正的平等。在大清的历代当权者的心中，似乎只有满人是最可靠的，只有满人才能对自己的国家有责任心、责任感。所以，上至国家下至地方，所有的重要岗位、重要官职，均由满人担任，最被信寻过的汉官也只能担任副职。至于肩负守土卫国之责的精锐军队，更是由青一色的满人子弟组成，是为八旗兵。不能否认满人对大清的责任感，也不能对八旗兵的能征惯战视而不见。然而，随着时间的推移，太平日子过久了的满人，也不可避免地会腐败、贪婪、懒散、堕落，以至于一个在马背上诞生的民族、一个靠骁勇善战夺取天下的民族，面对由农民组成的太平军时，竟然丢盔卸甲，一败涂地。不能不令人错愕，不能不让人心悸于温床的可怕。

随着太平军的日益做大，大清国越来越暴露出外强中干的本质，不管派王爷、大学士，还是什么督抚大员；不管是派八旗兵，抑或绿营兵，都一律不顶事，均难逃一触即溃、狼奔豕突的下场。短短的几年光景，大清不仅丢失了广西、湖南、湖北、安徽、江西，乃至整个长江流域，最后竟险些把整个江山也丢了。这充分证明了满官和八旗军队的颓废与无能。在世人面前，大清国这张二百多年的老脸简直丢得拾不起来。到了清咸丰四年，湖广江皖四省，只剩下汉官曾国藩所统率的一支尚可战斗的"游击队"了。

曾国藩虽身份尴尬，但使命光荣，即便被处处掣肘，也不容他回避所面临的矛盾。

血的经验让曾国藩明白，无论是抵抗兵强马壮的太平军，还是清剿多如牛毛的土匪，仅仅依靠温良恭俭让那一套是玩不转的，不仅不能战胜太平军，剿灭土匪，就连那些地方官僚都对付不了。面对内忧外患，曾国藩不得不改弦更张，强硬起来，亮出了一副完全迥异于过去的狰狞面孔。

　　咸丰帝交给曾国藩的第一个任务就是帮办湖南团练，搜剿土匪。曾国藩奉旨行事，首先就拿土匪试手开杀戒，让世人见识见识，书生一旦丧心病狂地杀起人来也并不手软。

　　湖南峰高林密，山环水绕，自古以来就是土匪的"乐园"。湖南的土匪除了具有共性以外，还有自己的特点，那就是多以"会党"的名义出现，被官方称之为"会匪"。"会匪"的名目繁多，用曾国藩的话说"湖南会匪之多，人所共知"。如曾国藩在给咸丰帝的奏折中点到的天地会、串子会、红黑会、半边钱会、一股香会等，都是些势力很大的"会匪"。

　　曾国藩经过调查，掌握了第一手的材料，他向咸丰帝详细地报告了湖南"会匪"的特点、分布范围，以及给对方造成的混乱局面。

　　曾国藩说：这些不绝如缕的"会匪"，往往结群成党，啸聚山谷。尤其是湖南东南方向的衡阳、永州、郴州、桂阳，西南部的宝庆、靖州、万山丛薄等地，尤其是"会匪"繁衍孵化之地。这些"会匪"往往与太平军相互配合，给清军以沉重的打击，如"去年粤逆入楚凡入天地会者，大半附之而去。然尚有余孽未尽"⑧。

　　曾国藩不是那种看问题只看表面的莽夫，而是善于透过现象看本质。经过研究，他认为产生"会匪"、诱使"会匪"滋生的根本原因是："盖缘近年有司亦深知会匪之不可遏，特不欲其祸自我而起，相与掩饰弥缝，以苟且一日为安。"⑨——是因为当地的地方官深知"会匪"的发展势头不可遏制，非常不愿意在自己管辖的一亩三分地首先引发祸端，所以就装聋作哑，彼此掩盖弥缝，以求苟且一天是一天。累积了数十年该办理的案子也不办理，而任其拖延；累积数十年该杀的人也不杀，而任其横行，所以才酿成现在的巨匪。现在乡里的无赖乡民，嚣张而得不到平定，他们见往常的那些杀人案、盗窃案的首犯经常逍遥法外；又看见近年来的广东太平军和各路"土匪"肆意横行，表现得都很猖獗但并没有受到什么制裁。于是就都以为国家的法律没有什么了不起，地方的官员也不可怕。一些"无赖的贫民"造谣滋事，蛊惑人心，大白天就明目张胆地抢劫而毫无忌惮……

　　面对这样的局面，曾国藩阴险地说："若非严刑峻法，痛加诛戮，必无以折其不逞之志，而销其逆乱之萌。”[39]曾国藩咬牙切齿地提出，要实现上述目标，必“欲纯用重典，以除强暴”，只要老百姓能过上安生的日子，哪怕是牺牲了自己的名誉，“身得残忍严酷之名”也在所不惜。这样做，“但愿通省无不破之案，即剿办有棘手万难之处，亦不敢辞”[40]。寄希望于通过白色恐怖，“誓当尽除湖南大小各会匪，涤瑕去秽，扫荡廓清；不敢稍留余孽，以贻君父之忧”[41]。

曾国藩的态度很坚决，咸丰帝也感同身受。在给曾国藩的朱批中，咸丰帝杀气腾腾地说：“办理土匪，必须从严！务期根株净尽！”

曾国藩本就是一个言必行，行必果的人，历来说到做到。现在又得到了最高当局的首肯，曾国藩自然雷厉风行，对“会匪”痛下杀手。对于“会匪”比较集中的地方，曾国藩亲自带兵清剿，在地方团练和特务的配合下，“就近查办”。除了严厉全力剿杀“会匪”外，曾国藩还把教匪、盗匪、痞匪和游匪也纳入了打击范围，并且与“会匪”同等对待。

为了加大打击力度，提高打击效率，曾国藩特意在长沙城的鱼塘口行辕设立审案局．自己授予自己司法大权，对抓捕的各类“土匪”“立予严训”。只要背上“土匪”的罪名，基本上就是死路一条．不是“用巡抚令旗即行正法”，就地处决，就是直接“毙之杖下”，乱棍打死。曾国藩以在籍官员之身，大搞捕、审、决一条龙审判，行使司法权力，其行为是违反大清律例的。

曾国藩以剿匪为名，究竟杀了多少人，恐怕不会有一个准确的统计，这里仅举一个例子说明一下曾国藩的残暴。

据《曾国藩年谱》记载，自曾国藩摆出大开杀戒的架势后，各州县解往长沙的“土匪”日渐增多。曾国藩一律不留情面，“严刑鞫讯”，每天都有被乱棍打死的人。在审案局成立前后，被杀的就有二百多人。曾国藩的学生、时任湖南益阳知县的李翰章实在是看不下去了，上书曾国藩“劝以缓刑”。曾国藩非但置之不理，而且变本加厉，发展到最后，竟然连审都不审，对搜拿的“土匪”，“随时正法”。曾国藩“剃头”的本色，由此可见一斑。

曾国藩的强硬，不仅表现在对待“土匪”的态度上，还表现在对那些处处掣肘的所谓军方、地方的实力派上。

曾国藩尽管品级高但没有实职，仅仅就是一个帮办而已。给面子的，尊一声"曾大人"；不给面子的，连搭理都不愿意搭理。曾国藩出山伊始，像这样的气没少受，但这种情况大多还都是局限在背地里，当着曾国藩的面还没有太过分的。曾国藩也只好暗生闷气，无处发泄。曾国藩在家书中诉苦道："余在省日日恼郁，诸事皆不顺手，只得委屈徐图……"㊿曾国藩既恼怒又无奈地慨叹，"官场中多不以我为然。将来事无一成，孤负皇上委托之意，惟有自愧自恨而已，岂能怨人乎？怨人又岂有益乎？大抵世之乱也，必先由于是非不明、黑白不分"㊿。

终于有一天，一个冒失鬼撞到了曾国藩"枪口"上，彻底激怒了一向以"忍忍"为上的曾国藩，并成为曾国藩的杀一儆百的试刀者。这个人就是长沙绿营的协副将清德。

所谓协，是清陆军的一个编制单位，相当于现在的一个旅，下辖两个标（团），归提督辖制。

清德仗着自己的地位和与提督鲍起豹的密切关系，一向牛皮哄哄，对无职无权的团练大臣曾国藩很不待见，处处与曾国藩对着干。

清德要是真牛也就罢了，却偏偏有一屁股的屎没擦净，终于让曾国藩逮住了的机会，便毫不客气地同湖广总督张亮基一起，上奏咸丰帝将清德革职拿下。

曾国藩参奏清德的理由很具体。一是说清德从来不参加操练；二是不服从命令；三是敲诈勒索；四是耽于享乐，以养花种草为乐事，即使是在剿匪期间也命令署下"购买花盆，装载船头"；五是不理营务，对"营务武备，茫然不知，形同木偶"。

点完清德的罪状，曾国藩话锋一转道："现值粤贼窜逼江西，楚省防堵吃紧之际，该将疲玩如此，何以督率士卒？相应请旨将长沙协副将清德革职！以励将士，而振军威。"㊿

写到这里，曾国藩还觉得不够劲儿，又上了一个附片，把去年的一件事也搬了出来。

曾国藩说，去年九月十八日，太平军开挖地道，轰陷长沙南城。就在人心惶惶之际，清德却贪生怕死，摘下顶戴，藏在民房之中。上行下效。清德所带的兵丁也如法炮制，吩咐脱去军服，扔了满大街都是，成为流传至今的一大笑柄。

曾国藩强调道，在这样一个危急时刻，绿营将士畏缩不前，"疲玩"已成痼疾。劝也不听，威吓也不惧怕，没有任何可以激励的办法。所以，请求将清德革职，解交刑部从严治罪！以起到杀一儆百，整肃军威，鼓舞士气的作用。

最后，曾国藩咬牙切齿地说，我最痛恨文官取巧，武将退缩……要治清德的罪，我绝对不是出于私心，请皇上严查。一旦查实，可以治我欺君之罪！

话说到这个份儿，咸丰帝就是存有偏心也不好再讲什么。

就这样，一个堂堂的绿营兵旅长，为自己的牛皮哄哄付出了惨重代价，跌倒在曾国藩的强硬之下。

蹬鼻子上脸的"裸官"

正规军与民兵之间的矛盾难以调和，这让文韬武略的曾国藩头痛不已。

曾国藩这个帮办既无职更无权，是一个地地道道的"裸官"。以这样的身份督办军务，要是事事顺遂那才叫见了鬼。曾国藩自己就毫不讳言道，在当时湖南的官场上，"多不以我为然"。曾国藩被逼移师衡阳就是一个最典型的例子。

湖南的绿营兵与湘勇之间矛盾重重，不睦日久。说起来，绿营兵与湘勇交恶，应该属于"内耗"。为什么这么说呢？因为绿营兵并不是八旗兵，而是由汉人所组成的，与湘勇属于同根同种的一家人。可是，就是这一家人却偏偏不省心，常常闹得鸡飞狗跳墙，不亦乐乎。

照理说，绿营属于正规军，湘勇是杂货凑，无论是政治地位还是经济条件均不对等。所以，绿营兵根本就瞧不起杂七杂八、临时拼凑起来的湘勇，相互之间的嫌隙也越来越深，"断断不和"。仅仅言语相恶也就罢了，竟然还发展到动刀动枪，大打出手的地步，这让曾国藩很气愤很为难。

曾国藩自知自己的身板单薄，与蛮横的绿营辩不出个子午卯酉来，所以也就没有去跟绿营理论，而是责罚了湘勇，以求息事宁人。没想到，曾国藩的退让却助长了绿营的嚣张气焰，事态向不可遏制的方向发展。清咸丰三年（1853年）八月初四，湖南绿营永顺协兵与诸殿元的辰勇再次发生械斗。曾国藩这次没有严于律己宽以待人，直接要求提督鲍起豹按军法处理滋事的绿营兵。对参倒清德一事耿耿于怀的鲍起豹，始终就想找茬儿报复曾国藩，只是没有逮到机会，没想到曾国藩竟然自己找上了门。

鲍起豹了解了完事情的缘由后鼻孔朝天，表现出一副幸灾乐祸的样子，压根就没理曾国藩的那个茬儿。

鲍起豹的纵容，使绿营兵更加胆大妄为，有恃无恐。是月初六夜里，一名永顺协的小头目竟然"执仗"到参将府，欲对曾国藩颇为倚重的中军参将、兼管领辰勇的塔齐布下毒手。只是因为塔齐布藏身到菜园子里才算躲过了这一劫。

一见塔齐布跑了，绿营兵大发淫威，砸了塔齐布的参将府。随即，丧心病狂的绿营兵又蜂拥至曾国藩的抚署，向院子里射箭，引起一片混乱。骆秉章闻讯后赶紧出面"饬之"，才平息了这场风波。事后，有人劝曾国藩据实上奏。曾国藩慨叹一声道，作为臣子，不能为国家消除祸乱，反而因为一些琐事给圣上添乱，我于心不安啊！

通过这件事，曾国藩对自己的这种官不官绅不绅的地位失望至极。

惹不起躲得起。

曾国藩咬牙吞下了这枚苦果。他以"衡、永、郴、桂匪徒聚集之薮"为由，上奏咸丰帝移师衡州，以便"就近调遣"。

被逼移师的曾国藩对权力有了深刻的认识，尤其是时逢乱世，如果屁股底下没有督抚之位，手里不握有生杀大权，那么必将受制于人，最终也将一事无成，抱憾终生。自此，曾国藩为了争取权力不断努力，只是苦于一时没有合适的机会。这让曾国藩的心情很不爽。

清咸丰五年（1855年）九月，曾国藩因军功而被实授兵部右侍郎之职。对这个失而复得的官职，曾国藩不太感冒。因为身在与太平军作战的

第一线，兵部侍郎一职跟帮办没有多大区别，都一样没有实权。曾国藩想要的是权倾一方的督抚之位，而咸丰帝压根就没有把这样的重权交给他这个汉人的想法。即使他是一位能员也不例外。对此，曾国藩颇为愤懑，气得恨不得咬碎钢牙。可气归气，根本就不可能跟咸丰帝掰扯个里表，只能是自己跟自己纠结，自己跟自己怄气。

就在曾国藩抑郁不快之时，一个历史性的机遇终于出现了。

清咸丰七年（1857 年）的二月初四，曾国藩的父亲曾竹亭病逝于老家。七天后，讣讯传到正在江西瑞州的曾国藩手里。曾国藩闻讯大骇，"仆地欲绝"。五天后，曾国藩给咸丰帝上了一道请求回家丁忧的奏折。

作为长子　曾国藩必须回家为父亲披麻戴孝，以尽孝道。在奉行"父为子纲"的大青国，这是曾国藩请求丁忧的最充分的理由。接着，曾国藩又据实陈述，强调"丁忧"是自己的一贯思想。

曾国藩说，我回家奔母丧，未经百日就奉旨出山饬办团练。当时，恰逢武昌失守，震动数省乃至全国。我在墨经出山的奏折中就有言在先，等大局稍有好转就立刻回籍终制，这是记录在案，有据可查的。咸丰三年（1853 年）冬天，我连续奉旨救援湖北、安徽、江西。咸丰四年（1854年）八月，我再次声明，我是丁忧人员，如果稍立战功，无论有什么样的奖励，什么样的表彰，我一律不敢接受。只求形势稍有起色，当即回籍守制，这也是有据可查的。咸丰五年（1855 年）九月，蒙恩补授兵部右侍郎，当时虽然已经接受任命，但我私下里仍然常常未没能在家守制而感到遗憾。现在又需要丁父忧。自我入仕以来，二十年来没有亲自侍候爹娘一天。上一次我母亲逝世时，我就未能妥善地办理完丧事，现值我父亲逝世，又未能亲眼看到他入殓。而我在军营已经数年，一向是功劳少而过错多，对于国家来说，我是一个毫无作用的人，对于家庭来说，我有百身莫赎之罪。"椎胸自责，抱痛何极！"⑮况且，"惟臣猝遭父丧，苦块昏迷，不复能料理营务。合无吁请天恩准臣在籍守制，稍尽人子之心，而广教孝之典，全家感戴皇仁，实无既极"⑯。

在交代了手边的一些工作后，曾国藩不等咸丰帝的批准，就立刻踏上返乡之路。

作为一名统帅，不经朝廷批准而擅离职守，这是大忌、大过，而曾国藩根本就没理那个茬儿，来了一个边斩边奏，连声"拜拜"都没说，就拍拍屁股走人了。同月二十一日，曾国藩和三弟曾国华一起从瑞州返乡，四弟曾国荃从吉安返乡。

曾国藩未经批准就擅离职守，这让咸丰帝气冲斗牛，简直动了杀人之心。但咸丰帝并不是愚蠢之人，震怒过后，他从曾国藩的奏折中读出了一些东西，那就是既有丁父忧之需，更有不满之实，而一句"在国为一毫无补之人"就已经把满腹的牢骚暴露无遗了。

尽管曾国藩并没有把话说绝，表示满假之后，仍然愿意候旨回营效力，但咸丰帝明白，这不过仅仅就是一个姿态而已。曾国藩的心思已经不在那里，他到底还能不能重返前线已经很难说了。

事已至此，再指责曾国藩擅离职守已经没有任何意义。咸丰帝只好装聋作哑，采取了息事宁人的办法，安抚曾国藩那颗冰凉冰凉的心。咸丰帝于同月三十日下了一道谕旨，絮絮叨叨地说，现在江西军务吃紧，从古制上说，朝廷完全可以夺情，不批准曾国藩回家奔丧，而让他墨经从戎。考虑到已经有了一回夺情之举，再这样做就不近人情了。所以批准曾国藩三个月的假期，并发给四百两抚恤金以示关怀。

曾国藩冒险违制，擅离职守，咸丰帝非但没有怪罪，反而给予抚慰，曾国藩似乎一下子认识到了自己现在的分量，他把这归结为自己敢叫板敢强硬的成果。既然这样做效果不错，曾国藩决定要把强硬进行到底。

咸丰帝果然掐到了曾国藩的脉搏。"守制"的煽情剧还将继续上演。

曾国藩在三月二十六日的谢恩折里，再次贬斥自己"才识庸劣，军旅未娴。数载从戎，过多功少"，假惺惺地说，看到战火未消，对自己调度无方深感愧疚。现在又突遭丧父之重大变故，解职离开了军营。自己忧虑惊惧很深，想跟圣上陈述陈述可是又很紧张恐惧。临了又加上了一句"凡臣子难言之隐，早在圣明体谅之中。不匮之思，锡类罔遗于一物；非常之典，殊恩下贲于九泉。国藩惟有殚竭愚忱，勉图报称。战战兢兢，常怀屡薄临深之义；子子孙孙，永矢衔环结草之忱"⑰。

话虽不糙，理也通，甚至还挺感人，但曾国藩究竟有什么"难言之隐"却没有明说，让咸丰帝如坠雾中，丈二和尚摸不着头脑了。只好不断加以抚慰，仍然希望曾国藩"假满后，着仍遵前旨，即赴江西督办军务"。

咸丰帝的绥靖之策，进一步助长了曾国藩的矫情。

清咸丰七年（1857 年）五月二十二日，曾国藩再次上书咸丰帝，大倒苦水，大述苦衷。

曾国藩诉："臣通籍时，祖父母、父母皆无恙。在京十四年，在军五年，堂上四人，先后见背。生前未伸一日之养，没后又不克守三年之制，寸心愧负，实为难安！前代及我朝夺情之案被人弹劾者，层见叠出。而两次夺情，则从古所无。臣到籍以来，辗转思维，欲终制，则无以报吾君高厚生成之德；欲夺情，，则无以报吾亲恩勤鞠育之怀。欲再从军，则无以谢后世之清议；欲不出，则无以谢患难从之军士。进退狼狈，不知所裁。"⑱

在分析了当前局势，煽了一番情后，曾国藩酸溜溜地说："得将军、巡抚办理裕如，添臣一人，未必有益；少臣一人，不见其损。"⑲希望效仿先例，恳请咸丰帝延长他的假期，并强调"微臣报国心长，治军才短；守制之日有限，事君之日无穷"⑳，批准他"在籍终制"。

面对曾国藩的纠缠，咸丰帝只能继续无奈地好言相劝。表示理解他恳请终制"原属人子不得已之苦心"，只是现在江西军务没有办完，湘军又一向听从曾国藩的指挥。在"剿贼吃紧"的当口，曾国藩应该假满回营，尽力报效。

官迷心窍的曾国藩根本就理咸丰帝的那个茬儿，而是得寸进尺，欲蹬鼻子上脸。未出一个月，即在同年六月初六日，曾国藩又给咸丰帝上了一道《恭谢天恩并吁请开缺折》，继续矫情。

曾国藩说：我本来就是一个才华和智慧皆庸俗愚钝之人，办事又经常遇到很多不顺利的时候。我独自深思，自己福分浅薄，最终也不能立功报效圣上，为此经常暗自神伤。

接着，一句不迷信的曾国藩也搬出了迷信的那一套。

曾国藩说：我两次失去亲人，自度是一个不祥之人，"决非宏济时艰，挽回大局之象"㉑。所以，仍然恳请咸丰帝开除他兵部侍郎的缺。

曾国藩这一次上书，已经不单单是要求回家守制的事儿了，干脆连兵部侍郎的职位都不要了。这无疑就是破罐子破摔，跟咸丰帝直接抬杠、叫板了。与此同时，曾国藩在同一天又给咸丰帝上了一道《沥陈办事艰难仍恳终制折》，更是一改欲言又止，遮遮掩掩，玩文字游戏老做派，而是把多年的积怨、委屈、不解和愤懑一股脑地倒了出来，终于说出了郁积已久的心里话。

曾国藩开宗明义："奏为沥陈微臣办事艰难竭蹶，终恐贻误，吁请在籍守制……"㉒——因为事很难办，经济又很困难，恐贻误大事，所以恳请在籍守制。

理由很简单，话说得也很明白，很直接。

曾国藩接着说："遭逢圣明，得行其志，较之古来疆场之臣，掣肘万端者，何止霄壤之别。惟以臣之愚，处臣之位，历年所植之时势，亦殊有艰难情状无以自申者。不得不略陈于圣主之前。"㉓

曾国藩从三个方面，陈述了其所谓的"办事艰难竭蹶"。

第一是在用人方面。主要有三个问题。一是曾国藩要提拔的人提拔不了。虽然与巡抚、提督在一起带兵打仗，但曾国藩没有用人权，一旦有了实缺，只能先可着正规军挑补。因为曾国藩所部为"募勇"，不仅像参将、游击、都司、守备这样的较高职位"无缺可补"，就像千总、把总这样可以从外面委派的较低职位，也没有份儿。曾国藩的部下只能干着急"望官兴叹"。偶然有了一个实缺，必须要曾国藩亲自出面，与巡抚、提督、总兵反复"婉商"，说尽好话，请人家酌情考虑，甚是低三下四。二是"未奉统兵之旨"。因为咸丰帝只让曾国藩帮办本省团练，并没有授予他统兵之权，所以，曾国藩"不敢奏调满汉各营官兵"。而"实缺将领太少，大小不足以相维"，名不副实，"权位不足以相辖"。三是所保举的人员，不能实现品级与待遇同步。比如说，一个当哨长的，虽然被保举为二品、三品官，也仅仅就是一个虚衔，所享受到待遇仍然是哨长的待遇。用曾国藩的话说"徒有保举之名，永无履任之实"。综上所述，曾国藩虽然身为兵部侍郎（堂堂的国防部副部长），而处理具体事务的权力往往还不如提（一省的绿营兵长官）、镇（师一级军事长官）一级的官员，这怎能不让

107

曾国藩恼火？

第二是责权不统一。主要也是三个问题。一是"视臣为客"。按照国家的惯例，对干部实行程序化的管理，即一级管一级。如督抚为地方的最高决策者，手里握有决定各省文臣武将、州县各级官员的"黜陟之权"。他们的喜怒哀乐，关乎这些地方官员的"荣辱进退"。曾国藩以帮办身份出仕，手里无职无权，那些地方上的文臣武将自然把他看作是客人，这还是比较客气的，有的根本就不拿曾国藩当一回事，更没有人在乎他的意见，眼睛里只有督抚，只服从督抚的命，看督抚的眼色行事。二是"呼应断难灵通"。无论是征战还是筹饷，出于私利，那些地方州、县往往故意阻挠掣肘。如果任凭地方势力猖獗，又怕形成习惯，以后事情更不好办；如果严惩地方势力，又怕与督抚大吏激化矛盾。在这种处处受制于人的情况下，曾国藩左右为难，实在是无法与地方沟通。三是无权难以行事。以筹措饷银为例，曾国藩既希望能顺利筹到饷银，而又不希望给民间带来痛苦。如何合理地"劝谕捐输"，曾国藩的确有一整套使民间"屡捐而不怨，竭脂膏奉公上，而不以为苦"的想法。但想法只能是想法，而不能去实施。因为这些事儿，属于巡抚的职责范畴。曾国藩"身为客官，职在军旅"，没有权力来"越俎代庖"。即使曾国藩想发布一个告示，纠正地方势力的胡作非为，以安抚老百姓也办不到。因为他不是督抚大吏，那些地方州县没有谁会执行，老百姓也不会相信。

第三是名不正言不顺。出山伊始，曾国藩所使用的关防（印鉴）是"钦命帮办团防，查匪事务，前任礼部右侍郎之关防"。这代表了曾国藩的身份，也就是告诉世人他是干什么的。清咸丰四年八月，曾国藩奉命出湖南"剿匪"。河南巡抚送给曾国藩一颗木质的印鉴，上刻"钦命办理军务，前任礼部侍郎关防"。此后，关防几经变化，主要是"钦命"换成了"钦差"。如"钦差兵部侍郎衔前礼部侍郎关防""钦差兵部右侍郎之关防"。就因为关防更换频繁，被人认为是"伪造"的。因此还闹出过许多的不愉快。比如，曾国藩的手下被地方拘押、捐生被多次勒索时，拿出盖有曾国藩关防的证明都不被相信。还有细心人专门给曾国藩来信，以求证关防的真伪。曾国藩无奈地说"今若再赴军营，又须另刻关防，歧舛愈，凭信愈难"⑬。此外，曾国藩奉援湖北、安徽，筹备炮船，肃清长江江面等上谕，都不是咸丰帝经内阁直接给曾国藩下的圣旨，而一律经由军机处交由兵部寄来的。这在程度上就有了很大的差别，也给专门喜好挑刺的小人留下了诟病之口实。比如，就有人讥讽道，这些都是曾国藩"自请出征"，不应该领取官饷。又如，说曾国藩"未奉明诏"，不应该自称"钦差"，甚至有人更加直白地说，曾国藩是一个被革职的官员，不应该也没有资格向皇上"专折奏事"。另外，朝廷的官僚主义也很严重。曾国藩于清咸丰四年、六年分别申请的"部照""实官执照"始终没有音讯，该收到的文件收不到，所有的上谕、咨文都是由地方督抚转交，非常耽误事。

总之，上述三个方面的问题很具体，很扰人，很影响情绪。

理由陈述完了，到了该揭示主题的收官时候了。

曾国藩说，我仔细地思考了现在的局势，不就任巡抚一职，拥有"察吏"之权，绝对不能治理军队！即使能治理，决不能兼及筹饷。

在大清国，买官的有，跑官的也有，要官的也不在少数。但明目张胆地伸手直接向最高当局要官的，曾国藩绝对是开天辟地的第一人。然而，曾国藩的能达到自己的目的吗？

别以为死猪就不怕开水烫

> 曾国藩明白了一个道理——只有不离开，才能有机会。

俗话说，再一再二，不能再三再四。无论是谁、做什么事，都不能蹬鼻子上脸，得寸进尺，贪得无厌。曾国藩恰恰就犯了这个大忌。

五年的军旅煎熬，让曾国藩看得很明白，没有督抚实职，根本就玩不转。即使是当今圣上，也不能光让干活而不给草料。而实际上，咸丰帝就是这样做的。

在曾国藩看来，咸丰帝对自己玩的是一套敷衍、忽悠的庸俗哲学，既要你担当，又不给予必要的支持，一切都靠你自己维持。特别是在曾国藩与地方势力发生激烈的冲突时，咸丰帝基本上都是装聋作哑，环顾左右而言他，从来就没有站在曾国藩一边，为其撑腰打气，除了忽悠几句"战功卓著，忠诚耿耿"，糊弄三岁小孩子外，没有任何实际行动。说到底，咸丰帝还是对曾国藩这位汉官能员心有余悸，放心不下。

既然已经这样了，好也好不到哪去，坏也没有什么可坏的地方，死猪不怕开水烫，曾国藩索性破釜沉舟，实话实说，来一个干脆利落的。

曾国藩直言，我这个兵部侍郎，现在所处的是"虚悬"之位，而我又没有"圆通济变"的才能。从这个角度说，恐怕最终难免贻误大局。自古以来，责权必须是统一的。如军队的统帅，必须与军队共存亡；守城的将领，必须与城池共存亡。这是天经地义，古今共同的法则。

最后，曾国藩不无威胁地说，如果做不到责权相统一，那么我仍然恳请在籍终制。多守几个月，就多尽几个月的孝心，多守一年，就多尽一年的孝心。

应该承认的是，曾国藩最后向咸丰帝摊牌要官，绝不是一时的鬼迷心窍、出于私心 其理由是很充分的，也是经过深思熟虑的。那么咸丰帝会如何对待曾国藩的伸手要官之举呢？

清咸丰七年（1857年）七月初一，也就是曾国藩上书"沥陈办事艰难"不足一个月，他就接到了兵部火票，咸丰帝对他的一再陈情终于做出了最后的答复。

咸丰帝说，本来江西吃紧，曾国藩不应该申请"息肩"。只因为曾国藩一再陈情，情词恳切，我一向知道曾国藩并非是一个畏难苟安之人，所以按照他的申请，批准曾国藩先开兵部侍郎缺，暂行在籍守制。

就像登山，一旦登上了顶峰就失去了进取的目标。又如过河，一旦到达了彼岸，也就失去了涉水的兴致。

曾国藩一再陈情，又是请假又是开缺，这些不过都是手段而非目的。他想的是通过不断地给咸丰帝施加压力，以争取到督抚高位，拥有生杀予夺的实权而已。想不到，咸丰帝没有顺着曾国藩的思路行事，反而借坡下驴，批准他开缺。

曾国藩的愿望落空了，竹篮子打水一场空。

这一下，曾国藩彻底傻眼了。

只有失去了，才懂得失去的可贵。

回到家乡的曾国藩，整天夜不安寝，食不甘味。每每回忆从前，尤其是这回草率地辞职，"无一不惭愧，无一不褊浅"，"心中纠缠，愧悔憧憧，不能摆脱"，因而郁郁寡欢，把肠子都悔青了。

曾国藩生活在"忧居猛省"之中。

经过深刻的反思、反省，曾国藩渐渐平静了下来，对自己这次走麦城的原因也渐渐地理出了一些头绪。他认为自己这些年命运多舛，原因固然有很多，但主要还是由自己的性格所致。其表现有四点。一是长傲。行为过于执拗，这是德行上的傲。二是多言。虽然平时说得不多，但文字上表达出来的东西不近人情，近乎狡诈争辩。曾国藩认为自己"处处获戾"，其根源就在这两个方面。而在军队这些年，就是因为一个"傲"字而百无一成。三是不敬。曾国藩认为自己在这个方面毫"无工夫"，即使五十岁了也没有什么长进。四是不恕。曾国藩自认为在做京官时，还比较注意这方面的修养。近几年在外做事，屡屡遭到一些势力小人的白眼、蔑视，再加上自己本性倔强，结果物极必反，使自己为人做事几乎接近刚愎，在不知不觉之中做出了许多不恕的事，说出许多不恕的话，至今感到"愧耻无己"。

曾国藩告诉弟弟曾国荃，"治军之道，总以能战为第一义"，"能爱民为第二义"，"能和协上下官绅为第三义"。尤其是第三义，这在从前的曾国藩是绝对不会说出来的。

曾国藩匆匆去职，未经批准就置危局和二万将士于不顾而擅离前线，这既让咸丰帝恼怒异常，也同时引起了朝野上下的一片哗然，几乎所有的人都对曾国藩无视王法、公然违制的行为口诛笔伐，大加鞭挞。就连曾国藩的老友左宗棠也大骂曾国藩违背了自己躬身临事、挺膺负责的信条，危难之际临阵脱逃，愧对家国。更有大臣直接上奏咸丰帝弹劾曾国藩。

事已至此，再后悔也没有什么意义了。尽管曾国藩身居湘乡，但心思一天也没有离开过前线，时刻关注着局势的发展，在胶着之中，等待东山再起的早日到来。

自曾国藩去职后，前线的战局时好时坏，甚是胶着，始终未见根本好转。

清咸丰七年（1857 年）四月，太平军名将陈玉成由安徽进攻湖北北部，屡获战绩。翼王石达开对江西、湖南发动进攻，策应陈玉成。在太平军的打击下，八旗兵、绿营兵疲于奔命，接连受挫，根本发挥不了作用，仅靠曾国藩的湘军苦撑危局。为此，湘军损兵折将，付出了惨重的代价。周凤山、王鑫妾连遭重创，王国才、刘腾鸿等悍将先后阵亡。一时间，江西、湖北、湖南均告急。在这个时候，一筹莫展的咸丰帝终于又想起了那个蹬鼻子上脸、赋闲在家的曾国藩。他给曾国藩下了一道谕旨。

咸丰帝说，昨天，给事中李鹤年奏报说，曾国藩自从丁父忧以后，屡次受到皇上的"赐金给假"，"褒奖慰留"。此后，曾国藩墨经从容，应当得到了世人的谅解，怎么能够容忍他仍以终制为目的，轻慢地再三恳请，请求立刻命令也仍然赶赴江西，及时图报皇恩。由于军情紧迫而夺情，原来就属于不得已而为之。我并不想让你立即就回前线，然而李鹤年所奏，也可以认为是把尽孝转化成为国尽忠，将遵守纲常与报效国家结合起来，必然会有公论。现在江西的军务……虽无须你亲自料理，但湖南比邻贵州、广东，太平军的影响还没有完全消除，组织团练运筹防御，均事关紧要。你身负湖南乡梓的众望，自当极力想方设法维持……

清咸丰七年（1857 年）八月十四日，经湖南巡抚骆秉章之手，曾国藩接到了咸丰帝的这道上谕。曾国藩读后感到哭笑不得。因为此时的湖南，已经没有太平军和"土匪"的踪影，这与咸丰帝所说的"贼氛未息"大相径庭，心里不由暗骂这个死要面子的咸丰帝真不是个好东西。

曾国藩也没客气，直接给咸丰帝上了一道折子，说江西的事儿现在办得很顺利，自然不用我去了。湖南全境眼下也很安全，我仍然应该在家守制。如果再有事，我一定会和骆秉章一起商量，然后奏报。最后，曾国藩又在附片中补充说，以后自己不再轻易地给皇上上折奏事了……

曾国藩接连拒绝圣谕的行为，可以说是胆大包天，好像要与咸丰帝抬杠抬到底。对曾国藩的忤逆之举，咸丰帝还真就没有什么好办法。你再是金口玉牙，总不能剥夺人家为父亲尽孝的权力吧？

在曾国藩的"不识时务"面前，咸丰帝又一次妥协了。他说，江西的军务已经逐渐有了起色，即使是湖南也将肃清；你可以暂时在家守制，但仍应该等候圣旨。临了，咸丰帝教训曾国藩道，大臣行事，应该以国事为重。尽忠报国就是"全孝"，你所说惧怕清流派说长道短，我觉得你过于"拘执"了。

时间进入到清咸丰八年（1858年）。在太平军的大举进攻下，八旗兵仍然疲软，整个大清唯靠湘军独撑东南危局的局面依然没有改观。年初以来，湘军接连获得胜利，军中大将屡获超擢。

消息传到湘乡，已在家赋闲一年多的曾国藩有些坐不住了，他非但没有因湘军的胜利而欢欣鼓舞，反倒增添了心思。面对自己亲手创办的湘军，在别人的指挥下流血牺牲，自己却成了局外人的现实，曾国藩心里很不是滋味。如果长此以往，自己这位湘军统帅就将被彻底边缘化，成为局外人。曾国藩越想越闹心，越想越郁闷。"精力日减""肺气日弱"、夜不酣眠，各种毛病都找上门来。曾国藩写信告诉曾国荃，"余心绪尤劣，愧恨交集"。从自己的经历出发，曾国藩告诫曾国荃千万要珍惜"上下交誉，军民咸服"的大好局面，"不可错过时会，当尽心竭力，做成一个局面"。这既是曾国藩对弟弟的厚望，同时也是他总结自己教训的经验之谈。

曾国藩急欲复出，他的朋友们也在积极地想办法，为曾国藩东山再起创造条件。最先奏请咸丰帝启用曾国藩的是湖北巡抚胡林翼。

胡林翼在清咸丰七年（1857年）九月二十四日，就上奏咸丰帝说，水师是曾国藩一手创立的，水师的统帅杨载福、彭玉麟更是曾国藩亲手选拔培养出来的，水师的所有将士都是曾国藩的旧部。意欲请曾国藩出山，统一指挥水师。咸丰帝以曾国藩"恳请终制，情词恳切，且江西军务渐有起色"为由，让曾国藩继续"暂守礼庐"，从而拒绝了胡林翼的建议。

为解安徽危局，湖广总督官文、湖北巡抚胡林翼会奏东征大局。拟调驻扎在江西东路的湘军入浙驰援。考虑到负责浙江"防剿"事宜的浙江总兵周天受资历声望都比较浅，不能统率全军，奏请监督江浙军务的钦差大臣和春前往浙江督办。恰巧和春大病未愈，到不了任。曾国藩复出的时机就出现在这个时刻。

首先是"东南大局攸关"，所以必须要有一员"声威素著之大员督率各军，方能措置裕如"。其次，派往浙江的萧启江、张运兰、王开化等均为曾国藩的老部下。与此同时，湖南巡抚骆秉章也上奏咸丰帝，指出现在驰援浙江的各军将领，都是曾国藩非常了解的，不是同乡就是老部下，如果能命他统领赴浙江，一定能将士一心，对挽救大局有很大的作用。另外，江、浙都是泽国，利于发挥水师的作用。而杨载福、彭玉麟两支水师，都是曾国藩的旧部。如果能得到水师的支援，不仅江南的大军可以免除后顾之忧，就是驰援浙江的陆军也可以得到有力的支援。骆秉章的这个意见与咸丰帝的想法完全吻合。所以，咸丰帝终于同意曾国藩出山，派他"迅赴江西，督率萧启江等星驰赴援浙境"。

清咸丰八年（1858年）六月初三，曾国藩接到咸丰帝的谕旨。这一次，曾国藩没有再跟咸丰帝讨价还价，而是痛快麻溜地遵旨照办。初七，曾国藩就急不可耐地从老家启程了。咸丰帝及时给予嘉勉，认为曾国藩此举"足证关心大局，忠勇可尚"。

从清咸丰七年二月二十一日去职，到清咸丰八年六月初七复出，历时一年零三个月。曾国藩总算结束了这段令他"胸多抑郁""无一不惭愧，无一不褊浅"的日子。

破茧重生的曾国藩，已经在苦苦的反躬自省中大彻大悟。面对来之不易的机遇，曾国藩要求自己"约旨卑思，脚踏实地，但求精而不求阔"⑤。但他最终将以何种面貌示人还不得而知。

曾国藩自六月初七离家，至八月初八初八抵达江西河口军营，先后整整两个月的时间。在两个月的时间里，曾国藩用实际行动，展现给世人一个迥异于从前的曾国藩。

重出江湖的曾国藩，与从前的刚愎、偏犟相比，秉性大变，表现出前所未有的谦恭、随性、低调。用曾国藩自己的话说"应酬周到，有信必复"，"无不批之禀，无不复之信。往年之嫌隙尤悔，业已消去十分之七八"⑥。出山后的头一件事就是放低身段，以谦谦君子之风，到处拜山门、拜码头，对于过去的和现在的同僚、朋友，曾国藩均亲自登门拜访，态度极其谦卑，极其冲融。这在从前是绝无仅有的。以会见左宗棠为例，从是月十二日到长沙起，曾国藩一连五天，几乎天天与这位老友晤谈，消除误解，沟通感情，共谋大业。其谦恭的表现与从前大相径庭。

眼望"曾"字帅旗，沐浴着猎猎雄风，曾国藩总是出了一口长气。经历了一年多的蛰伏，曾国藩认清了一个道理，自己过去倡导的"不问收获，只问耕耘"的理念过于幼稚。在严酷的现实面前，光知道低头耕耘是行不通的。至于那些个性、脾气也都没有什么意思。要想在尔虞我诈、风云变幻的官场上存有一席之地，就必须学会"低头下气"，"委屈徐图"，遇事"千万忍耐，忍耐千万"。此外，曾国藩还有一个收获，那就是无论干什么，都不能一个心眼地讲实在，必须借助以必要的形式，曾国藩认为自己生平只讲"真意"不讲文饰，结果"真意"往往没有什么用，有时就根本"行不动"。作为一个聪明人，要想达到自己的目的，就必须讲求方式方法，也就是必要的形式，而不能由着性子来。

曾国藩完全迥异于以往的表现，令包括咸丰帝在内的所有人感到惊艳。孰不知，曾国藩的脱胎换骨既出于大彻大悟，更是出于无奈。还是曾国藩自己说的最清楚，概括得最精到："米已成饭，木已成舟，只好听之任之。"[57]

注释：

　①《曾国藩全集·首卷》：《谕赐祭文》。

　②《论语·子路》语句。

　③《论语·泰伯》语句。

　④⑤⑦⑧⑩⑪⑫⑬⑭⑰⑱《曾国藩全集·奏稿》：清咸丰二年十二月二十二日之《敬陈团练查匪大概规模折》。

　⑥《吕氏春秋·正名》语句。

　⑨《曾胡治兵语录》。

　⑮⑯《曾国藩全集·杂著》：《晓谕新募湘勇》。

　⑲《曾国藩全集·首卷》：《江苏巡抚何璟》。

　⑳㉑《曾国藩全集·家书》：清同治五年十二月十八日谕沅弟。

　㉒㉓㉔㉕㉖㉗㉘㉙㉚《曾国藩全集·奏稿》：清咸丰四年二月十五日之《请派大员办捐济饷折》。

　㉛《无题》：明·于谦。

　㉜㉝㉞㉟《曾国藩全集·年谱》。

㊱《曾国藩全集·奏稿》：清咸丰三年（1853年）二月十二日之《严办土匪以靖地方折》。

㊲㊳㊴㊵㊶《曾国藩全集·奏稿》：清咸丰三年二月十二日之《严办土匪以靖地方折》。

㊷㊸《曾国藩全集·家书》：清咸丰四年四月二十日谕诸弟。

㊹《曾国藩全集·奏稿》：清咸丰三年六月十二日之《特参副将清德折》。

㊺㊻《曾国藩全集·奏稿》：清咸丰四年二月二十六日之《报丁父忧折》。

㊼《曾国藩全集·奏稿》：清咸丰七年三月二十六日之《呈请代奏谢恩折》。

㊽㊾㊿《曾国藩全集·奏稿》：清咸丰七年五月二十二日之《沥陈下情恳请终制折》。

51《曾国藩全集·奏稿》：清咸丰七年六月初六日之《恭谢天恩并吁请开缺折》。

52 53 54《曾国藩全集·奏稿》：清咸丰七年六月初六日之《沥陈办事艰难仍恳终制折》。

55《曾国藩全集·家书》：清咸丰八年六月初四日之谕沅甫。

56《曾国藩全集·家书》：清咸丰九年五月初六日谕澄侯。

57《曾国藩全集·家书》：清同治六年正月初四日谕国潢。

6
战争就是一场赌局

　　曾国藩投笔从戎，由文官而入军行，在危难之时大显身手，绞杀了如火如荼的太平天国运动，为病入膏肓的大清国打了一针强心剂，赢得了些许残喘之机。

　　如果说是曾国藩挽救了大清国的话，不如说太平天国运动成就了曾国藩。正是由于绞杀太平天国运动有功，从而使曾国藩登上了封侯拜相的人生巅峰。也正是有与太平军作战的那段经历，曾国藩才有机会挖掘和展示出自己的军事才能，成为被公认的军事大家。曾国藩指挥的战役，被后世奉为战争的范例；他治军的言论，被誉为军事理论的经典；他创办水师、办洋务，在战争中首次使用洋枪洋炮，被誉为大清睁眼看世界的第一人。

　　然而，就是这样一位被后人认为"武功之隆，近古罕觏"①、声名赫赫的军事统帅，却曾有过频处危局，甚至数次与死神擦肩而过的不堪经历。

　　检看曾国藩的军事生涯，应该说他的最终成功，除了上天的眷顾外，还应该归功于他那虽屡战屡败却屡败屡战的不认输的精神。

当头一棒

首次出征，太平军就没给曾国藩留面子，而是给湘军狠狠上了一课。

开始时，咸丰帝对曾国藩没有寄予什么厚望。所以曾国藩出山的使命很简单，那就是"帮同办理本省团练乡民，搜查土匪诸事宜"。这是咸丰帝下了明旨的。

曾国藩出山团练乡民、"剿匪"，进展比较顺利，同时也借助这个机会，发现、培养、锻炼了一批干才，为未来创建湘军奠定了雄厚的基础。

湖南匪祸猖獗，天下闻名，但曾国藩依靠手下江忠济、刘长佑、李辅朝、王鑫等一干能员的骁勇善战，收到了显著效果。比如，清咸丰三年（1853年）正月二十二日，曾国藩接到耒阳、常宁的报告，说有大股"土匪"啸聚白沙堡，扰及嘉禾境。曾国藩自不怠慢，马上命令刘长佑、李辅朝带领楚勇五百，王鑫带领湘勇三百追剿。大军还没到达，啸聚在耒阳、常宁的"土匪"便"闻风先溃"了。恰巧赶上衡山县境内的草市偷偷地兴起一股"二匪"，大军便开进衡山进剿，"一战平之"。肃清衡山后，残余分子流窜到攸县界内，刘长佑等遂督师追剿。与此同时，安仁县的"土匪"又掀起波澜，不仅劫了大狱，而且还烧了县衙。刘长佑等，与在籍候选知州张荣组所带领的镇筸勇会剿，终于平定了局势。

一波刚平一波又起。湖北崇阳、通城两县"匪徒大起"，聚集了数千人，曾国藩命令江忠济、刘长佑等率所部驰援，配合江忠源会剿。经过三次大战，一举全歼。曾国藩从长沙招募的千名湘勇中，抽调了三百人，交由王鑫率领，赴衡阳、永州一带继续剿匪。曾国藩则带领剩下湘勇日夜操练，以求提高湘勇的战斗力。在这个时候，曾国藩发现了一个人才。他就是满人塔齐布。

塔齐布，字智亭。满族镶黄旗人，姓托尔佳氏。初由火器营护军擢三等侍卫，时任湖南长沙营都司。"忠勇冠时，人鲜知者"[2]的塔齐布，给曾国藩留下了深刻而良好的印象，认为他"忠勇奋发，习劳耐苦"[3]，前途无量，一见面便"大奇之"。他命令塔齐布兼属辰勇，与湘勇一起操练，便不久"胆技精强，遂成劲旅"④。另外，率领辰勇的千总诸殿元也是被曾国藩看好的一个人。曾国藩称赞他"精明廉谨，胆勇过人"⑤。曾国藩没有看错，这两个人日后均成为湘军战功卓著的干才。

好钢要使在刀刃儿上。曾国藩把一项秘密使命交给信得过的塔齐布，命他密捕数名"巨盗"。塔齐布也不含糊，没有辜负曾国藩的厚望，手到擒来，"皆克获"。不久，塔齐布就因军功而擢升为抚标中军参将。

尽管曾国藩大施淫威，高举屠刀，实行白色恐怖，但湖南各地的"匪情"仍然不断。先有安化县属下的兰田市的串子会"聚众谋乱"。曾国藩命令湘乡县知县朱孙诒"以练勇往捕"，一下子就抓了一百多人。接着，桂东县又有来自江西、广东边界的匪徒窜入，并且攻陷了桂东县城。曾国藩与骆秉章命令张荣组带领三百兵勇进剿，又调候补道夏廷樾率七百名湘勇随后跟进，总算平定了桂东县的局势。

形势的不稳定，让曾国藩不敢大意。他利用一切可能招兵买马，壮大实力。桂东一战后，骆秉章增募湘勇一营，曾国葆募湘勇一营，江忠源奏请招练楚勇三千人。曾国藩致函江忠源，以及江忠源的弟弟江忠濬、江忠淑，宝庆府知府魁联招募宝勇，湘乡县知县朱孙诒招募湘勇，统一到长沙操练，然后与江忠源的老部队会成一军，"以壮其势"。

随着太平军攻势加剧，兵马渐壮的曾国藩已不可能永远偏安一隅。不管曾国藩愿意还是不愿意，与太平军刀兵相见已成必然，无非就是时间早或晚的问题。

清咸丰三年（1853年）四月，太平军以数百条战船组成的庞大船队，从金陵出发，逆长江而上，迅速攻陷安庆，直抵湖口，威胁南昌。驻扎在江西九江的江忠源，急忙回师南昌以强化防御。谁知刚刚部署完毕，太平军就已经兵临城下了。江忠源害怕有失，连忙向湖南求援。湖南接到江西的警报后，没来得及考虑如何驰援，先人心浮动，惊慌失措，自乱了阵脚。

转眼间，曾国藩已经离开家有半年的时间了，眼看就到母亲的"小祥之祭"，曾国藩打算于六月初返乡祭母。但由于太平军将大兵压境，情形危急，曾国藩不得已取消了返乡计划。

与太平军作战，这可迥异于以往剿匪，是完完全全截然不同的两码事。尽管曾国藩还没有与太平军直接交过手，但太平军攻无不取，战无不胜的事儿早就塞满了他的耳朵。因此，曾国藩不敢有一丝一毫的疏忽、怠慢，而是积极筹划，多方运筹，调兵遣将。首先，曾国藩命令张荣组进驻永州，王鑫进驻郴州，以防御南路的土匪趁机起事。其次，调夏廷樾、罗泽南的湘勇回援长沙。

曾国藩刚刚部署完毕，咸丰帝的上谕就到了。

咸丰帝告诫湖南方面，太平军的船队逆流而上，有回攻长沙，兼有骚扰南昌的企图，饬令各有关督抚要严加防范，并命令曾国藩与骆秉章会筹整个防御大计。

鉴于形势危急，骆秉章要湖南巡抚鲍起豹调绿营兵来长沙，同时"札饬"江忠濬等所招募的宝勇、曾国葆所招募的湘勇共三千余人驻留在长沙随时听候调遣。

是年六月十二日，曾国藩与骆秉章会奏咸丰帝有关防堵事宜的准备情况，曾国藩又专折向咸丰帝奏请关于继续严办土匪的想法，同时顺便向咸丰帝报告了一下私事。

曾国藩说，我母亲逝世已经到了"初周"，我原本打算回家"修小祥之礼"。恰逢太平军"回窜"江西，而"湖南与之壤地相接唇齿相依，人心惊惶，纷纷迁徙"⑥，我立当责无旁贷地留在长沙"会筹防堵"，"不敢以事权不属，军旅未娴，稍存推诿；又何敢以军旅未娴，阴怀畏葸之心。惟有殚竭愚忱，昼夜不懈"⑦。也就是在同一天，曾国藩与骆秉章会折参奏清德，"请旨革职，以儆疲玩而肃军政"。同时又专折保奏塔齐布、诸殿元，"恳恩破格超擢"，并撂下狠话说，日后，如果在这两个人身上发生临阵退缩的事，就把我和他们一并治罪。这个话说得很实在，很坚决，而且很庄重。不仅充分体现了曾国藩治军该罚则罚、该奖则奖的基本理念，同时也表现出曾国藩对塔齐布、诸殿元二人的真正信任和倚重。

江西危局未解，湖南又风声鹤唳。曾国藩继续调动兵马，完善驰援与防御大计。适时，江忠淑、朱孙诒的部队抵达长沙。曾国藩命令江忠淑由浏阳、朱孙诒由醴陵共率二千二百人驰援江西，调夏廷樾、郭嵩焘、罗泽南率一千四百人，由醴陵继进。这支由三千六百人组成的大军，浩浩荡荡地奔赴江西南昌。这是自曾国藩团练湘勇以来首次出省作战，《曾国藩年谱》记曰，这次行动"是为湘勇出境剿贼之始"，不仅打破了咸丰帝给曾国藩的关于"帮同办理本省团练，乡民，搜查土匪诸事务"的谕令，而且拉开了曾国藩军事生涯的真正序幕。

曾国藩一面派出大军驰援江西，一面命令塔齐布负责，加紧操练留守长沙的数千兵勇。塔齐布尽心尽责，"逐日抽调操阅，暑雨不辍"⑧，得到曾国藩的赞许。可就在曾国藩厉兵秣马、大练兵勇，准备与太平军一战时，清军内部却出现了不和谐音，一场内讧不期而至，而挑起事端的竟然是湖南军事的最高长官、提督鲍起豹。

绿营兵平日里散漫惯了，经不起塔齐布这样没白天没黑夜的苦练。没多久，就叫苦不迭，怨声载道，私下里大骂塔齐布和曾国藩，只是不敢明说罢了。就在这时，提督鲍起豹来到了长沙，这些绿营兵就好像盼来了救星，纷纷跑到鲍起豹那里添油加醋地诉苦诉冤。

因为弹劾清德的事儿，鲍起豹早就对曾国藩大为不满。一听说曾国藩又"暑雨不辍"苦练兵勇，一向骄横的鲍起豹就火了。心说：你个名不正言不顺的团练大臣，练一练你的湘勇也就罢了，还敢连我的绿营兵一块指挥，这不是没了王法了吗？你要是能指挥绿营，那还要我这个堂堂的绿营最高长官干什么？

鲍起豹当众怒吼天尊一般地骄横道：自古以来，哪有三伏天练兵的？这不是在练兵而是在虐兵，是纯粹祸害人。

由于鲍起豹这一番不负责任的言论，犹如火上浇油，彻底激化了湘勇与绿营之间矛盾，从此两军争讧不断，终于同年七月十三日爆发了械斗，为后来绿营兵欲加害塔齐布、逼曾国藩出走衡州埋下了伏笔。

既然是首次出省援江，曾国藩给予了足够的重视，除了尽遣精锐外，还把手下最有作战经验的江忠淑、朱孙诒、夏廷樾、郭嵩焘、罗泽南等大将悉数派往江西，希望与太平军的首战能够旗开得胜，马到成功，打出湘勇的威风，竖起湘勇的威望。

见长沙的防务基本就绪，援江的大军业已成行，曾国藩才得空喘了一口气，并趁隙于同年七月十四日回家省亲。想不到，曾国藩前脚刚刚到家，后脚就接到了噩耗，曾国藩的脑袋一下子就大了。

原来，由江忠淑所率领的新宁勇行进至瑞州时，接到警报，还没见到太平军的面，心怀恐惧的湘勇便不战自溃，逃之夭夭，一路溃散到义宁才重新收拢住部队。而由朱孙诒率领的湘勇倒是顺利抵达南昌，于二十四日与太平军开战。结果，缺乏实战经验的湘勇根本就不是太平军的对手，一战即溃，大损兵将，遭致惨败。阵亡了谢邦翰、易良干、罗信东、罗镇南等四名营官及八十名湘勇。此役，致使朱孙诒部损失了四分之一的力量。

本想旗开得胜，打出个局面，来一个开门红，想不到首战即败，狼狈不堪，令曾国藩异常窝心和惊骇。他急急忙忙结束了省亲之旅，匆匆赶往衡州。

曾国藩分析了眼下的局势后认为，从现在起，自己的主要任务恐怕要从后方完全转移到前方，直接面对太平军应是家常便饭，在所难免。太平军之众志成城、英勇善战，绝非一般土匪能比，而无论是湘勇的数量、其军事素质，或是军事装备，都不足以与太平军相抗衡。尤其是光有陆军没有水师，这就犹如折断了一只臂膀，根本无法应对太平军水陆并进的联合作战。要想在与太平军的对话中获得话语权，不仅要大力提升兵勇的战斗力，还要创办水师，加强装备。而这已是迫在眉睫，刻不容缓。

山雨未来，却已风满湘楼。

一想到今后要经常与太平军刀兵相见，曾国藩除了"悚惕"之外，不得不打起十二分的精神，加起十二分的小心来。

押上身家性命

水师能否成为救星，太平军的克星？

太平军依仗着强大的水师，在长江流域纵横驰骋，锐不可当，配合陆军给清军以沉重的打击。相比之下，清军则靠陆军单兵种作战，加上战斗力差，对太平军又深怀恐惧，所以往往未战自悚，闻风而溃。这是一个难堪而极其危险的局面。曾国藩看得明白，如果长此以往，不要说长江流域不保，东南半壁有虞，就连大清的江山也恐易主。

认识到这个问题严重性的，除了曾国藩以外，还有诸如江忠源、郭嵩焘等人。

清咸丰三年（1853 年）七月二十四日，当湘勇与太平军首战失利后，曾国藩就与骆秉章联署上书咸丰帝，请求敕调广东琼州的红单船⑨参与作战。远在京师的咸丰帝似乎也认识到水师在与太平军作战中的这种特殊作用。他在给相关督抚的寄谕中屡次谈到这个问题。同年九月，太平军大举来犯，相继攻陷了湖北的黄州、汉阳，同时北部威胁德安，南部威胁兴国、湖南。咸丰帝命令曾国藩派出兵勇，并"酌拨炮船"驰援湖北。没过几天，咸丰帝的又一道上谕来催，"着曾国藩遵照前旨，赶紧督带兵勇船炮"驰赴湖北。

一道接一道上谕让曾国藩颇费踌躇，派陆勇容易，可派炮船就难办了。因田家镇一仗战败，业已筹备的"一切战船、炮位尽为贼有。水勇溃散，收合为难"⑩。曾国藩是要船没船，要人没人，根本无法遵命行事。

为船所困的曾国藩被迫土法上马，仿效江忠源的办法，制造数十具木簰，上面安装大炮暂时充用。

木簰虽然造好了，可新问题又出现了。由于湖南当地的木料比较薄脆，又很沉重，在水上一试验，"钝滞难用"，不得已只好放弃，改用民船改造。

由于各路大军陆续驰援，武昌之围得以解除。曾国藩立即给咸丰帝上了一道《暂缓赴鄂并请筹备战船折》。曾国藩在奏折中指出，太平军以千舸百艘为"剿穴"，在千里长江上游弋往来，任意横行，而清军只能眼睁睁地看着沿江地区的城池、口岸一一失陷，大小船只被掳掠，却因"舟师未备"而无能为力。曾国藩强调，如果单纯地要保护省会的话，有数千兵勇就可以保证"坚守无虞"，但要想保护全湖南，就必须多置办炮船，才能"堵剿兼施"。而具体情况又如何呢？曾国藩无奈地说："现在两湖地方无一舟可为战舰，无一卒习于水师。"所以，曾国藩强调，现在"总以办船为第一先务"。咸丰帝认为曾国藩"所虑俱是"。自此，曾国藩把创办水师正式摆上了议事日程，同时也把身家性命押在了水师上，数步并行，全力以赴地投入到水师的创办工作之中。

第一是做出规划。按照曾国藩的设想，他的舰队计划包括炮船二百艘，这是作战的主要力量。同时雇用民船二百艘，作为补充。曾国藩在衡州、湘潭设立船厂，委派专人督造战船。造的战船包括大船（快蟹）和长龙，把从民间购买的钓钩船改造成炮船。此外，又添置了数十号的舢板、小艇。

第二是解决相关经费。在这个方面，曾国藩采取了三个途径。一是节省。由于武昌之围已解，曾国藩上奏咸丰帝，建议原来准备驰援湖北的三千湘勇暂缓出发，省下军费。因为三千大军出动，仅一个月就要耗费白银二万两。二是截留。因为湖北道路不畅，由广东解往江南大营的十万两饷银留驻长沙。曾国藩上奏咸丰帝恳请截留四万两，以作为筹办船炮、招募水勇的费用。三是劝捐。筹备船炮、招募水勇，仅这几万两银子显然是不够的。不足部分，曾国藩决定以"设法劝捐添凑"。

第三是招募水勇。按照湘勇的建制，每一营为三百六十人，加上夫役一百四十人，共计五百人。曾国藩准备招募十二个营，计六千人。加上江忠源的旧部四千人，组成了一万人的水师规模。

第四是选将。俗话说，兵熊熊一个，将熊熊一窝。将官对部队战斗力的影响可见一斑。关于选将，曾国藩有自己的一套标准，即一是才干足以治民，二是不怕死，三是不急功近利，四是能够吃苦耐劳。

第五是改善装备。派专人赴广东，购买了千余门外国及广东生产的大炮。同时，为了解决维修等事宜，把工匠一并从广东带回湖南备用。

就在曾国藩一心一意筹备水师之际，太平军又杀将而来，湖北再度告急。咸丰帝马上命令江忠源暂留湖北，同时命令曾国藩的水师迅速出洞庭湖，在长江上游迎头截击太平军，与江忠源形成水陆夹击之势，以挽湖北危局。

曾国藩还没成行，咸丰帝的第二道圣谕又到了。

原来，太平军又向安徽发起了大举进攻。接连攻陷桐城、舒城，逼近卢郡，工部左侍郎兼刑部左侍郎、帮办安徽团练大臣吕贤基殉难，安徽巡抚江忠源病重，安徽局势十分危急。因为长江之上没有清军水师拦截追剿，太平军的战船往来自如，打得清军既无招架之功，更无还手之力，败得是一片狼藉，不可收拾。

尽管咸丰帝急得火上房，但还是虚情假意地先夸曾国藩"乡望素孚，人乐为用"，然后才直截了当地命令曾国藩"着即赶办炮位，并前募勇六千"，与江忠源水陆夹击，赶紧驰援安徽。末了，咸丰帝仍然没忘忽悠曾国藩几句，称赞他"忠诚素著，兼有胆识"，且"必能统筹全局，不负委任也"。

咸丰帝说什么都没用，尽管一再催逼，曾国藩也急得直冒汗，但就是无法出征。原因是"所造木簰既不可用，水师舟舰，无人经见"⑪，也就是说，曾国藩现在徒有水师之名而尚无水师之实。

曾国藩着急上火，殚精竭虑地日夜操持。一方面，曾国藩不遗余力地加快筹备进度。首先是把相关人员调到行辕，了解拖罟、长龙、快蟹、舢板各种船只的样式，召集工匠照葫芦画瓢仿制，可见外行要领导内行的确不是一件容易的事儿。当年奉旨修缮文庙，曾国藩就被迫干了一回这样的事儿，现在又是鸳梦重温，逼得曾国藩不得不"研精覃思，不遗馀力"⑫。其次是提拔曾国葆力荐的彭玉麟、杨载福等为其所用，加强水师领导层的建设。再次是截留广西原本要解往湖北的二百尊大炮和护解水手，用来训练水师。另一方面，曾国藩赶紧上奏咸丰帝，说明了迟迟没有动身的原因，以消除咸丰帝的误解。

同年十二月，太平军杀了一个回马枪，转回湖北，攻克了黄州。曾国藩致书湖广总督吴文镕指出，当下的湖南、湖北两省，皆以坚守省会为主，一定要等待水师办成以后"乃可以言剿"。

吴文镕同意曾国藩的意见，但湖北巡抚崇纶却大唱反调。他以"闭城株守"为由，参了吴文镕一本。吴文镕无奈，只好亲自出马，督战黄州。临行前，吴文镕给曾国藩写了一封遗书。吴文镕在遗书中说，我的意见是坚守，等你东下，这是正路。现在为人所逼，只能以死报国，没有别的指望了。你所操练的水、陆各军，一定要等到稍有把握的时候才可以出而应战。你现在不要因为我的缘故东下。东南的大局，现在就靠你一个人了，"务以持重为意"，在你之后恐怕再没有继任者了。

读到吴文镕的遗书，曾国藩辛酸不已，对座师的安危更是"深忧之"，希望吴文镕设想的"以死报国"的那一幕悲剧不要发生。

咸丰帝因曾国藩按兵不动而大发雷霆，把他骂得狗血喷头。任凭咸丰帝大发虎狼之威，曾国藩牢记吴文镕的话，没有把握决不出兵。他一面上奏咸丰帝说明缘由，一面加紧练兵，准备出征。

一般的湖南人没有见过水师，也不知道水师是干什么的，所以应募的人很少。没有办法，曾国藩只好招募那些不怕风浪的船户水手，然而船户水手毕竟有限，所需的人数迟迟凑不齐，真真是急死了曾国藩。

清咸丰四年（1854年）正月，噩耗接二连三地传来。先是在太平军重兵围困之下，吴文镕不幸战死黄州，以身殉国。再有庐州失陷，悍将江忠源遇难。连失座师、好友，令曾国藩痛彻心扉，"心逾迫矣"。

是月十三日，曾国藩接到上谕，仍然是催促曾国藩出兵安徽。军情似火，咸丰帝也来不及考虑曾国藩的实际情况，只是一个劲儿地下旨催逼发兵。

曾国藩尽管头冒烟火上房，仍然是干着急使不上劲，迟迟发不出兵来。原来，水师的筹办又陷入了窘境。

第一是保障方面出现了问题。一个是筹办水师耗费巨大，不是几个小钱就能办妥的事儿。尽管曾国藩想方设法地筹措，但总是难以为继。另一个是吃饭问题。无论是筹办水勇还是陆勇，无论是训练还是打仗，都需要大量的米、油、柴，而连年的战乱，严重破坏了地方经济，用曾国藩的话说："自湖北以下，沿江市镇逃徙一空；千里萧条，百货俱无可买。"情急之下，曾国藩只好动"漕米"的脑筋，弥补不足。

第二是炮船建造颇为不顺。一方面是因为工匠数量比较少，技术也不是很熟练，对造船的进度影响很大。另一方面是因为造的船吨位太小，不够规模，既压不住风浪，更经不起大炮的震动。曾国藩找来一名有造船经验的守备，依据广东的拖罟、快蟹样式进行仿造。按照曾国藩的想法，每艘船的中心位置必须要能装载千余斤的大炮，船的两侧应该装载数百斤的大炮。只有达到这个水平才像战船的样子。

第三是时间问题。造船是一个很费时日的工程。比如说，"上油未干，如水既虞其重涩；捻灰未固，放炮又患其酥松"。按照技术要求，一艘船从建造到下水，必须要一个月以上的时间。改造旧船虽然比较节省时间，但因为有二三百艘之多，数量比较大，也需要一个多月的时间，而负责仿造拖罟船只的武昌、衡州等地的进展很不平衡。由于"匠少技拙"，衡州甚至没有开工。从广东找来的工匠也迟迟到不了岗，严重影响了整个造船的进度。

第四是装备不到位。虽然现在手里有四百五十尊大炮，但主要都调往湖北和作为城防使用了，剩下装备战船的已寥寥无几。此外，还有募勇、管理等问题。总之，依眼下的情况，断不能发兵，如果就这样盲目参战，其结果无非就是以卵击石，自取灭亡。

曾国藩在奏折上把情况说得很清楚了，所以，不能说他是抗旨不遵，故意拖延。然而咸丰帝不买账，尽管曾国藩有充足的不能发兵的理由，所谈的问题也是客观存在的，但咸丰帝还是很恼怒，认为曾国藩太固执己见，而且进展太慢。

是月二十六日，曾国藩所需的战船总算建造完毕了，即共建成快蟹四十艘，长龙五十艘，舢板一百五十艘，拖罟一艘。改造炮船数十艘，还雇用了一百多艘民船，用来装载辎重。招募水勇的工作也完成了，共招募了十个营，共计五千余人。其中，湘潭水勇四个营，以褚汝航、夏銮、胡嘉垣、胡作霖为营官；衡州水勇六个营，以成名标、诸殿元、杨载福、彭玉麟、邹汉章、龙献琛为营官。

是月二十八日，水师自衡州起锚，与陆军会师于湘潭。与此同时，共计五千余人的陆军也调配完毕，其首领分别是塔齐布、周凤山、朱孙诒、储玫躬、林源恩、邹吉琦、扬名声、曾国葆。曾国藩命令褚汝航为水路各营总头领，塔齐布为陆军先锋。

功夫不负有心人。经过近一年的紧张筹备，曾国藩的水陆大军已颇具规模，共有官员、兵勇、夫役一万七千余人，配有大炮五百尊，军械数千件，子药二十余万斤。其他煤、油、盐应有尽有。可谓战将如云，军卒如潮，旌旗漫卷，军容甚盛。

在筹建水师的这一年的时间里，曾国藩事必躬亲，不分巨细，累得够呛。"每事必躬自考察，材木之坚脆，纵广之架度，帆樯楼橹之位，火器之用，营阵之式，下至米盐细事，皆经于目而成于心"⑬。

曾国藩豪情勃发，亲自作了一篇《讨粤匪檄文》，"布告远近"，传檄天下，为自己师出有名大造舆论。曾国藩在檄文中列举了洪秀全、杨秀清种种大逆不道的恶行后，信誓旦旦地道："本部堂奉天子之命，统帅二万，水陆并进。誓将卧薪尝胆，歼此凶逆!"⑭

曾国藩即将踏上征程。他上奏咸丰帝表白道："臣才智浅薄，素乏阅历，本不足统此大众。然当此时事艰难，人心涣散之秋，若非广为号召，大振声威，则未与贼遇之先，而士卒已消沮不前矣……竭力经营，图此一举。事之成败，不暇深思；饷之有无，亦不暇熟计。但期稍振人心而作士气，即臣区区效命之微诚也。"⑮

斗大的"曾"字帅旗迎风飘扬。曾国藩伫立船头，沐浴着猎猎江风，胸中鼓胀着一股英雄气。然而，在曾国藩平静的背后也深藏着不为人知的隐忧。虽然檄文发了，"水陆兼进"的架势也摆开了，那么真正与太平军交上手其结果会如何？就凭着刚刚创办的这支队伍，能否达到咸丰帝所希望的"速殄贼氛"的目的？创办水师这个宝究竟押得对不对？

曾国藩一遍又一遍地自问，因为他的心里实在是没有多少底数。

出师未捷

出师遇挫，让曾国藩很没面子。

就在曾国藩发布了《讨粤匪檄》后，正踌躇满志、跃跃欲试的之时，西征的太平军卷土重来，势如破竹。遮天蔽日的战船逆流而上，接连攻陷了湖北的汉阳、湖南的岳州等军事重镇。接着，太平军的船队由汉阳而攻击金口、新堤，转而由岳州攻取湘阴，"上踞"靖港，"扰陷宁乡"。

东南危机的奏折一道接一道地呈到咸丰帝的龙书案上，弄得他整天"宵旰东南"，寝食难安。

咸丰帝看得很明白，那些驻守东南的督抚大员们和曾经骁勇善战的八旗兵是毫无指望了，唯一能够挽救危机的只有曾国藩一人。咸丰帝一遍又一遍地给曾国藩发谕旨，无奈地说："此时惟曾国藩统带炮船兵勇，迅速顺流而下，直抵武汉，可以扼贼之吭。此举关系南北大局，甚为紧要。此时水陆进剿，专恃此军。该侍郎必能深悉紧急情形，兼程赴援"⑯。

清军的无能让曾国藩震惊，他哀叹道："陆路官兵溃散极多，水陆之师竟至全数溃散。唐树义⑰业已殉难，船只、炮械尽为贼有。东南大局，真堪痛哭！"⑱

曾国藩兵抵长沙，调集部队抗拒太平军。先是王鑫乔口获胜，接着储玫躬破敌于宁乡。太平军败退，曾国藩命令水陆大军乘胜追击。

胡林翼原本是奉吴文镕之命由贵州前来增援湖北的，听说吴文镕战殁，水路又被太平军阻断，进退难矩，被曾国藩留在了湖南。曾国藩把这件事与近日的胜利消息一起上奏给了咸丰帝。没想到，咸丰帝对区区小胜非但不感冒，而且很不满，仍然要求曾国藩"驰赴下游，迎头截剿"。

前有咸丰帝一道道"务须赶紧前进，勿稍延误""何以退守""迅速前进，无稍迟延"的谕令，后有烽烟四起的匪情，弄得曾国藩疲于奔命，穷于应付。最后，太平军退出岳州，曾国藩水陆大军随即开进。咸丰帝对曾国藩退守岳州更是火冒三丈，质问曾国藩为什么反退不攻。

曾国藩向咸丰帝解释了近况，言称现驻扎在岳州，"搜查湖汊余匪，就近剿办崇（阳）、通（城）股匪"，待上游肃清以后，即赴下游。这样做，"庶无彼此牵掣之患"⑲。

理由倒是入情入理，冠冕堂皇，而实际上，曾国藩是想把自己的防御重点放在湖南，并借此休养生息，减少损失。

曾国藩的想法的确不错，但是老天爷不帮忙。

是月初五，曾国藩派战船搜查西湖馀匪，卫千总邹国彪遇到火袭，因烧伤而亡。初七，北风大作，停靠在岳州湖畔的战船、辎重船被漂沉了二十四艘，撞损数十艘，淹死的水勇和夫役不计其数。还未正式开战，一阵大风就差不多摧毁了刚刚有了点模样的水师。曾国藩欲哭无泪，痛心疾首。

曾国藩这边正为水师的损失直拍大腿，那边咸丰帝的上谕又到了，而且口气森严，好像给曾国藩上课一般。

原来，湖南巡抚骆秉章屡次接到咸丰帝命他筹兵援鄂的圣旨。骆秉章在一份内奏中说，湖南现在没有多少部队了……现在太平军窜犯湖南，因而湖北的形势比较和缓，准备等湖南进剿的事儿办完，我即刻向湖北派兵跟踪追击太平军。

咸丰帝显然对骆秉章的本位主义不满。朱批道：……湖北现在尚有很多太平军。曾国藩的炮船原来就是为了肃清江面的，现在道路不通，可以暂时留在湖南剿匪，但也不能专门等着湖南的事情完了再缓慢地北上。湖南的事情一旦稍有头绪，仍然应该迅速赶赴湖北才是。曾国藩一向深明大义，谅他不敢只顾桑梓，而置全局于不问。北重于南，安徽、湖北重于湖南，这是不能改变的格局。

曾国藩无故遭到咸丰帝一顿教训，只能暗中憋气又窝火，心里的苦闷自然无处诉说。

太平军对湖北大举进攻，武昌城岌岌可危。咸丰帝屡屡饬令曾国藩"驰赴下游"，救援武昌。咸丰帝近乎哀求般地说："此时得力舟师，专恃曾国藩水上一军。倘涉迟滞，致令汉阳大股窜踞武昌，则江路更形阻隔。朕既以剿贼重任付之曾国藩，一切军情，不为遥制。"[20]

咸丰帝虽然这么说，其实一天也没忘"遥制"曾国藩。但皇上是金口玉言，说什么是什么，作为臣子只有遵命的份儿，哪有拒绝"遥制"的胆量？

奉旨后，曾国藩忙命令水陆各营汇集岳州，待聚齐后东进。无奈天公不作美。竟然有四千水陆兵勇因大风而被阻滞在洞庭湖，无法按时赶到岳州。由于曾国藩已经派出一千八百人作为先头部队开赴平通，身边只剩下一千六百人，因突然遭到数万太平军的攻击而一败涂地。

同年三月初八，陆营王鑫部推进至蒲交界的羊楼司，与太平军遭遇，其前锋受挫。心高气傲的王鑫率大队随后赶到。太平军使出诈败之计，王鑫不知其中有诈，在后穷追不舍。突然，太平军从四面杀来，令王鑫难以抵挡，被打得溃不成军，狼狈地败退岳州城。初十一大早，太平军数千人马乘胜追来，直扑岳州城。此时，王鑫所部已成惊弓之鸟，丧失了战斗力。驻扎在岳州城外的曾国葆、邹寿璋、扬名声等部皆因寡不敌众，纷纷败退城中。太平军趁势发起强大攻势，从三面把岳州城围得水泄不通。

初十日，得到信报的曾国藩，急忙调炮船奔赴岳州救援，救出城内的残兵败将后，败回长沙。

岳州兵败让曾国藩很上火，也很丢脸。想不到东征第一次大战就被太平军追着屁股打，弄得惨不忍睹。幸亏有了水师，否则的话不要说岳州城不保，就连败退至城里的湘勇主力也恐怕早就被连锅端了。

作为湘勇统帅，曾国藩不得不上奏咸丰帝陈诉岳州之战的过程，称遭此挫败后，"陆路既已失利，水军亦无固志。初七大风以后，各船损坏，力难应敌。诚恐轻于一掷，或将战船洋炮尽以资敌，则臣之罪戾尤重"[20]，并道："尚未出境，即有此挫，皆由臣调度乖方所致，深负鸿慈委任！惭憾忧郁莫可名言！"[22]请旨交部治罪，甘愿承担兵败的全部责任。

曾国藩的主动退却，并没有赢得充分的喘息之机。尽管胡林翼、塔齐布打了几个胜仗，但总的危局并没有根本扭转，武昌以南的州县全部被太平军占领。随后，太平军直逼长沙。曾国藩急忙调集人马，拱卫长沙城。大战一触即发。

活不起就死

被太平军团团包围之际，曾国藩能想到的最好结局就是杀身成仁。

靖港市位于湖南省的东部，坐落在湘江下游西岸，距省城长沙约为三十公里的路程。因水运优势而闻名的靖港市，为三湘物资集散地，也是湖南最重要的米盐经销口岸之一，自古以来就是商贾云集，富庶繁华之所，素有"小汉口"之誉。

靖港市古名沩江。唐朝大将李靖平定江南后曾驻军于此，镇守湘江。因李靖战功卓著，治军严谨，很受百姓拥戴。李靖离开后，当地百姓为了纪念他，而将沩江更名为靖港。时隔二百多年后，又一位大将兵临此地。不过，他没有像李靖那样因治军严谨、战功卓著而被百姓广为传颂，却因深陷绝境、一败涂地而留名。这位大将，就是湘军统帅曾国藩。

在太平军众将中，有一个让曾国藩部恨得咬牙切齿的人物。正是这位，自清咸丰三年（1853年）起，围南昌，取九江，克广济，大败清军于田家镇，进而攻占蕲州、黄州，接连攻陷汉阳、汉口。清咸丰四年（1854年）二月，大败湖广总督吴文镕于黄州，连克汉阳、汉口。旋入湖南，接连夺取岳州、湘阴，打得曾国藩很没面子，使湘军威风扫地，没脸见人。这个人就是石祥祯。

石祥祯生于约公元1815年。广西贵县人，太平天国翼王石达开的从兄，较早参加太平军。石祥祯从参加太平军直到攻取天京为止，始终没有参与具体的军事活动。他的军事活动起始于清咸丰三年（1853年）。这一年，石祥祯奉命与太平天国北王韦昌辉的弟弟韦志俊一道领兵助攻江西南昌，从此开始其短暂而辉煌的军事生涯。

兵败岳州后，曾国藩退踞长沙，太平军随即跟进，继续采取攻势，给予长沙巨大的军事压力。曾国藩调整部署，力保长沙，使太平军一时难以攻取。于是，太平军也重新调整部署，决定由石祥祯扼守靖港，派太平天国春官又副丞相林绍章率主力袭扰宁乡，直取湘潭，截断湘军后路，以达到全歼长沙守敌之目的。林绍章部与湘军在宁乡展开激战，大败湘军，并于是月二十七日攻陷湘潭。为防止湘军来犯，太平军在湘潭城外"筑垒自固，于湘水上游掠民船数百号，竖立木城，以阻援师"㉓。

危急关头，曾国藩急令塔齐布由陆路督军驰至湘潭，以减轻长沙的压力。

凭着以往与太平军作战的经验，塔齐布认为太平军惯用"以守为战，反客为主"的战法，如果不及时进剿，一旦太平军站稳脚跟，要想取胜就难了。于是，塔齐布于是月二十八日下午一时，突然向湘潭城发起攻击。与此同时，曾国藩派出二千六百多名援兵驰援湘潭。随后，曾国藩又派褚汝航率五个营的水师支援塔齐布。水陆并进，互相支援，形成了比较有利的态势。是月二十九日早晨五点钟，塔齐布等再次向湘潭城发动攻击。经过四昼夜激战，太平军渐渐失势，不得不乘船顺流而下，进行战略转移。

不料，在转移途中，太平军遭到湘军水师追击，损失较大，而在由陆路返回湘潭时又遇伏兵，损失数千人马，数百只战船，太平军最后败走湘潭。此役，太平军损失惨重。据《曾国藩年谱》载："官军力战杀贼之多，实自此役始。"

接连兵败岳州、宁乡，使曾国藩抑郁于胸，不能释怀。现在湘潭的太平军遭受重创，曾国藩以为靖港的太平军一定会前来救援，正好可以"乘机攻剿"，直取太平军老巢。

曾国藩为自己"意欲同时并举"的想法而激动。冥冥之中，曾国藩似乎看到了复仇的希望并为此窃喜。而此时，曾国藩手里兵力并不足，外派的外派，阵亡的阵亡，遣散的遣散，有战斗力的只有陆勇两个营共千余人而已，曾国藩自知"难以得力"，但"事机所在，又不敢不急切图之"[24]，曾国藩认为机不可失，时不再来，决定抓住这个机会冒险出击，夺回靖港市，使太平军首尾不能相顾。

清咸丰四年（1854年）四月初二，曾国藩亲率五个营的水师，计战船四十艘，陆勇八百人，杀气腾腾地直扑靖港市，扎营在靖港市上游二十里地白沙洲，"相机进剿"。至此，进军顺利，畅行无阻，曾国藩认为机遇难得，把握满满。

就在曾国藩为自己的英明决策沾沾自喜的时候，老天爷却给他戴一个眼罩。这一天的中午十一点，江面上突然西南风大作，水流迅急，战船顺风行驶到靖港却无论如何也停不下来，而且"更番迭击"，拥挤到一起。用曾国藩的话说"是日风太顺，水太溜；进战则疾驶如飞；退回则寸步难挽"[25]。这一下，原来的优势转眼间就变成了劣势。

林绍章因奇袭宁乡、湘潭，带走了太平军的主力，只留下少量部队给石祯祥扼守靖港。因此，石祯祥不敢贸然出击，只能凭借城防阻击湘军。

见湘军扑来，石祯祥命令太平军居高临下，猛烈开炮，只打得湘军鬼哭狼嚎，抱头鼠窜。水勇们慌忙退守靖港市对岸的铜官渚。

石祯祥乘胜追击，指挥太平军乘坐二百多艘小划船，顺西风扑向湘军水师大营。湘军水勇慌忙开炮。可是由于炮位高而船位低，炮弹浪费不少却根本击不中。而炮船又因为"牵挽维艰"，当太平军杀进水师大营时，想跑都来不及，不是纵火自焚，就是被缴获。顷刻间，水师就损失了三分之一的战船和四分之一的炮械。

坐镇白沙洲的曾国藩闻讯，马上命令陆勇分三路扑向靖港市太平军大营，希望以围魏救赵之计，分散铜官渚太平军的注意力，以此减轻水师的压力。然而，陆勇一见水师失利，未战先怯，"虽小有斩获，旋即却退"[20]。

兵败如山倒。尽管曾国藩等以杀人的办法督战，却无法遏止兵勇的溃逃。曾国藩在家书中痛心疾首地说：仅半顿饭的工夫，"陆勇奔溃，水勇亦纷纷奔窜。二千余人，竟至全数溃散，弃船炮而不顾，深可痛恨！"[22]只有未出战的几艘战船略剩下一些火药、大炮，但水手全跑光了。"红船之水手仅存三人，馀船竟无一水手，实为第一可怪之事"[23]。

难道这就是自己一手创建的湘军吗？难道这就是寄予了自己全部希望的湘军吗？

失魂落魄的曾国藩，不敢相信已经发生的这一切，他无法面对眼前的惨败。

从出山至今，究竟受过上自咸丰帝，下至地方官绅以及民间的多少欺辱、讥讽、鄙夷、诟骂，连曾国藩自己都说不清楚，但曾国藩都咬牙挺过来了。究其原因，不就是因为他手里尚有一支可恃的湘军吗？可就是这支素负厚望的湘军，在小小的靖港市竟然被太平军打得七零八落，溃不成军，数千人马瞬间作鸟兽散，使他这个统帅几乎成了光杆司令。

曾国藩痛定思痛，他实在是无法面对阴阳怪气、只知道催命的咸丰帝，无法面对家乡的父老，更无法面对跟着他出生入死，血染沙场的湘乡子弟。

曾国藩觉得自己无论如何也不能够活于世上。与其让人耻笑诟骂，倒不如一死了之。

后，既然活不起，那么死还死不起吗？

已经钻到牛角尖里的曾国藩无法排解心中的抑郁，他趁人不备，一头扎进了被鲜血染成了红色的滚滚湘江。

也是曾国藩命不该绝。

曾国藩的异常举动为属下所洞悉。就在曾国藩投水的一刹那，就被属下救起。曾国藩就此逃过一劫。

在曾国藩生前，他兵败自杀一事密不可闻。不仅他自己讳莫如深，他的那些部属也是绝口不提。

　　曾国藩倒是没有隐瞒自杀以赎的想法，只不过说的角度与实情存在差异。曾国藩在给咸丰帝的奏折上说："清夜以思，负罪甚大！愧愤之余，但思以一死塞责。"㉘这的确是曾国藩当时真实的心理写照。在奏折的后面，曾国藩没有提自己投水一节，而是笔锋一转说："然使想效匹夫之小谅，置大局于不顾！又恐此军立归无有。我皇上所倚以为肃清江面之具者，一旦绝望。则臣身虽死，臣罪更大！是以忍耻偷生，一面俯首待罪；一面急图补救。"㉙就这么一转，曾国藩提高了自己的思想境界——我死事小，影响皇上的战略决策、影响到国家的安危事大，所以还不能一死了之。既然不能一死了之，那就得承担战败之责。曾国藩从来就不吝啬承担责任。他上奏咸丰帝道："孤愤有余，智略不足，仰累圣主知人之明！请旨将臣交部从重治罪，以示大公。并吁恳皇上天恩，特派大臣总统此军。臣非敢因时事万难，遂推诿而不复自任。未经赴部之先，仍当竭尽血诚，一力经理。"㉚

　　靖港之败，使曾国藩苦心经营的湘军损失十分之七八，只剩下水师五个营计两千人，陆路两千人，实在是"太觉孤单"。面对惨败，苟且偷生的曾国藩心如死灰，落寞到了极点，慨叹自己"虚有讨贼之志，毫无用兵之才"，只能寄希望于尽快恢复元气，重整旗鼓。

　　曾国藩率领残兵败将退回长沙，因无颜进城，暂时驻扎在南城外高峰寺。曾国藩深陷苦痛之中，仍然不能自拔。

　　接连的惨败使湘军名誉尽失，威风扫地，成为市井之中被经常"诟辱"的对象，就是在那些不明真相的官绅之中也不乏"讥弹"之人，甚至有湖南的地方高官直接要上奏咸丰帝弹劾曾国藩，裁撤湘军。这些屈辱敌视和不公平，越发地加重了曾国藩本就抑郁不开的心思。赏罚不明，是非不分，只是一味地讥诮、诋毁，使曾国藩不胜悲叹，于是"公愤欲自裁者屡矣"㉛——悲愤之下，曾国藩屡次想自杀。

　　就在曾国藩厌世之意决然之时，塔齐布所部传来捷报，不仅大破太平军，而且收复了湘潭，使濒死的曾国藩看到了一线生机。

　　看到湘军总算没有把脸全部丢尽，自己付出的心血没有白费，曾国藩这才多了几许活下去的勇气。

一无所有

皇上虽然恼怒，但草民一个的曾国藩实在是没有什么官职可撤了。

兵败靖港成为曾国藩人生的一个重大转折点。不仅湘军损兵折将，损失大半，而且曾国藩本人也遭到朝野诟辱，十几年京官所积累起来的良好形象荡然无存，尤其是咸丰帝对曾国藩的看法和印象更是一落千丈，对曾国藩自请治罪的折子竟然给了"此奏太不明白，岂已昏聩耶？"的朱批，局面到了几乎无法收拾的地步。对曾国藩的最终处理意见也拿出来了，"著加恩免其治罪，即行革职"。历经十四年苦熬甘休才得来的"卿二"之位，转眼间便烟消云散，没了踪迹，曾国藩变成了一个老百姓。但是，此次兵败并不都是坏事，也有意外的斩获。首先是咸丰帝革了那个"从未带兵出省，迭次奏报军务，仅止列衔会奏""似守株无能，实属大负委任"的湖南提督鲍起豹。其次，咸丰帝给予湘军一个最大也是最重要的赏赐，那就是把鲍起豹所留下的提督之位，交给了由曾国藩力荐的那个骁勇善战的塔齐布暂行署理。塔齐布一跃而成为统辖湖南水陆各营的最高军事长官。

治罪也好，免职也罢，这些对胸怀大志的曾国藩都无所谓，他没有闲工夫去计较这些小事、俗事，他说："吾惟尽一分心作一日事，至于成败，则不能复计较矣。"③他更看重的是在这次兵败中暴露出来的问题，要积极分析、总结、汲取惨败的经验教训。

首先，湘军纪律废弛，形同虚设。主要表现：一是战败脱逃，把开小差当成家常便饭。团练湘勇的最早组织者之一朱孙诒，在岳州战败后就逃了回来，在宁乡战败时，更是"逃奔数次"。当官的尚且如此，兵勇们便自然效仿，都把保命当做第一要务。有时一个营就有几十个人开小差，最多时竟达上百人之众。清咸丰四年（1854 年）三月二十八日，湘军各营逃跑者共计三四百人。曾国藩无奈地说"不待初二靖江战败，而后有其一溃也"③。二是掠夺成性，甚至抢劫军用物资。如果要是打了胜仗，那么劫掠就越加疯狂。劫掠者一旦得手便"登岸逃归"，"听战船漂流河中，丢失货物"⑤。三是弄虚作假。彭玉麟给水手发放功牌。为了得到功牌，"水手见忽有顶戴，遂自言并册上姓名全是假的"⑥。而更可恨的是，在应招之时就胡乱捏造姓名，开空头支票，为的就是将来开小差后，官方"不能执册以相索"⑤。曾国藩怒骂："湘勇之丧心昧良，已可概见。"⑧就是把这样的散兵游勇重新招回来，"则断难得力"。不仅兵勇作假，就连王鑫这样的湘军头领也难免俗。比如把"杀残贼三十人，遂报假胜仗，言杀贼数百人"⑨，此种行径，不能不令曾国藩"深恶之"。

其次是水勇的质量不高。前文说过，湘人没有见过水师，甚至不知水师为何物，所以应募者寥寥。被逼无奈，曾国藩只好把那些水手船工招募至麾下，匆匆编成一军。正所谓物以稀为贵。能招来就不错了，根本没有考虑质量的余地。以这样的水勇应战，其结果是可想而知的。

再次是训练严重不足。水师从组建到出征，训练时间不到一个月。陆勇虽然接受过一定的训练，但却没有任何实战经验。一遇到挫折便惊慌失措，没有应对之策，甚至未战先溃。曾国藩没有埋怨兵勇不用命，而是说这些兵勇"亦须随同久战之兵接仗一二乃可期得力"——跟随那些有经验的士兵一起，参加一二回实战才可能有效果。

兵败使曾国藩猛醒。他体会到，作为一名统帅，除了打仗勇猛外，天文地理、治军练兵、战略机谋缺一不可。这些血的教训和经验是曾国藩用生命换取的，极其宝贵。在曾国藩日后的军事生涯中，这次经验教训发挥了不可或缺的作用，对培养造就一支战无不胜的、名满天下的湘军更是产生了重要的影响。

东南的危局并未扭转，曾国藩虽然被革了职，可咸丰帝要他"仍赶紧督勇剿贼，带罪自效"，其军事生涯并没有就此完结的迹象。要想继续走下去，不把湘军练好是断无出路的。

摸了一回阎王爷鼻子的曾国藩痛定思痛，下决心要好好整治让人失望至极的湘军。

曾国藩从兵勇的招募、完善指挥系统、加强装备、建立和完善赏罚机制等方面入手，展开大规模的整军活动。

经过为期两个多月的长沙整军，湘军不仅渐渐地恢复了元气，同时还壮大了不少实力。

曾国藩对整军的效果还是满意的。他心里头始终憋着一股劲，无时无刻不在等待复仇时机的到来，他不仅要让咸丰帝，让那些站着说话不腰痛的朝野官绅，见识见识曾国藩到底是何许人也，更要重创太平军，"以雪挫败之耻，而赎迟延之罪"[40]。

咸丰帝对曾国藩仍然是火火的，基本上不给他好脸色看。朱批上也尽是刻薄尖酸的语言。比如"此奏太不明白，岂以昏愦耶？""调度无方，实难辞咎""曾国藩以在籍绅士，若专顾湖南，不为通筹全局之计，平日所以自命者安在？"等。咸丰帝这些寡情薄义之语，等于在曾国藩那颗早已破碎的心上再撒上了一把盐。

既有皇上的悻怒，还有官绅的讥弹，又有市井小人的诟辱，作为败军之将，曾国藩自然无话可说无言以辩，只是感到"人心之坏，又处处使人寒心"，处境十分艰难，日子很不好过。曾国藩的二弟曾国潢见他"诸事不顺，为人欺侮，愈加愤激，肝火上炎，不免时时恼怒，盛气向人"[41]。而"事事被人欺侮，故人得而玩易之也"[42]。曾国藩此语中满是无奈与凄楚。

咸丰帝让失败搞怕了。他深知曾国藩手里剩下的这四千人马"兵力太单"，仅凭这点力量是不可能东进的。所以，咸丰帝一方面饬谕曾国藩添修战船，重新招募水勇，赶紧解决湖南问题，然后驰援武汉。另一方面破例准予曾国藩遇有军情时可以"单衔奏事"，同时没忘叮嘱曾国藩"尤应谋定后战，务期确有把握，万不可徒事孟浪，再致挫失"[43]。那么，咸丰帝如何变得体恤下属、充满了人情味呢？原因就在于能在长江上与太平军放手一搏的，只有曾国藩这一支水师。如果曾国藩一败再败，那么后果不堪设想。

就在曾国藩忙于操练水师、加强军备之时，已经退出湖南的太平军卷土重来，南路很快就先后"陷华容、踞岳州，分扰洞庭之西湖"，攻取龙阳、常德。接着，北路又以雷霆之势，溯汉水而上，占领德安、随州，致使"江汉城邑，大半残破"。太平军的攻势并没有到此结束，继续经过宜都、支江，由太平口南进入洞庭湖，与西湖的太平军会师，然后攻取澧州、安乡。

骤变的形势，让咸丰帝惊恐万状，恼怒异常。他一方面将丢了随州的"署总督事"的将军台涌革职查办，尤其是把败走武昌的湖北学政青麟就地正法。另一方面急令曾国藩发兵，以解武昌之围。

好在曾国藩已经准备得差不多了，船厂修造的战船已经完工；广东总兵陈辉龙也已经赶到了长沙，新添造了两艘浅水拖罟；李孟群所招募的千余名广西水勇也会聚长沙，与曾国藩的所招募的水勇共同操练，不分昼夜。

清咸丰四年（1854 年）六月十三日，曾国藩率二万水陆大军，再次踏上征程。水陆方面，曾国藩命褚汝航率四个营的水师顺流直下。陆路方面，以塔齐布为中路，驻营新墙；以胡林翼为西路，直取常德；以江忠淑、林恩源为东路，出平江，逼近崇阳、通州。

一是曾国藩整军见效在前，二有太平军给曾国藩面子在后。随着湘军迫近，太平军竟然主动放弃了常德、澧州，退守岳州，使曾国藩兵不血刃就获得了首胜，得以来了一个"不战而屈人之兵"的开门红。

是月二十二日，塔齐布攻占新墙，进逼岳州。同月底，褚汝航的水师夺取了南津港，太平军连夜撤退。

七月初一，塔齐布等攻占岳州。太平军虽一度反攻但未果。至此，湖南境内已经没有太平军的身影了。

接到曾国藩的奏报后，咸丰帝长出了一口气，朱批道："览奏稍慰朕怀。"⑭

仅仅解决了湖南的问题是满足不了咸丰帝的心愿的，他关心的重点是湖北是武汉。所以，他饬令曾国藩"乘此声威，迅速东下，力捣武汉贼巢，以冀荡平群丑"⑮。

湘军水师继续扩大战果。继攻破岳州后，又两败太平军于道林矶、城陵矶。是月十五日，湘军统帅曾国藩抵达岳州城。检看初战成果后，曾国藩深感欣慰。可就在曾国藩面露喜色、心怀愉悦的当口，老天爷却又给湘军下了一个绊子。

曾国藩抵达岳州的时候，遭受湘军打击的太平军并没有溃散，而是收缩据守在城陵矶下游一带。同时，屯聚在汉口的数千艘战船倾巢出动，逆流而上，浩浩荡荡的船队绵延数十里。得知太平军来犯，总兵陈辉龙马上请战，急欲亲率四百余名广东水师出战。这个建议没有得到曾国藩的批准，曾国藩劝他少安毋躁，"缓其行"。曾国藩的理由是：大军刚至岳州，一路鞍马劳顿，此刻不宜出战，"必须相机渐行"。塔齐布支持曾国藩的意见。不料求战心切的陈辉龙也自有一番道理。他说，自从四月下旬来到湖南，因为船、炮没有备齐无法出战，而白白耗费两三个月的饷银。出征以来，又因为风向的原因耽搁日久，心里"胶着难名，急思杀敌自效"⑯。眼下，我们的水陆大军应当先扼守城陵矶，以巩固湖南西川的门户。如果现在我们不赶紧乘胜进剿，让太平军占据了这个地方，那么对我们的进剿来说就会越来越困难。

陈辉龙的意见不无道理，而且得到了褚汝航、夏銮等人的支持，他们也纷纷请求与陈辉龙同时出战。这就让曾国藩难办了。若论水战，经营水师四十年的陈辉龙"老成练达"，是眼下这些人的先辈，拥有绝对的权威和地位。曾国藩在直觉上就相信他"必能相机而行"。而褚汝航等将领又均为"屡胜之将"，"每论战守皆合机宜"，曾国藩认为他们"当不至于贻误"，所以也就没有再阻止。

尽管陈辉龙、褚汝航等人言之凿凿，振振有词，曾国藩不能否认他们的建议，但还是心有余悸，函告他们："下游水急，进易退难。知遇南风，不必开仗。且沿江港汊虑有埋伏。获胜后，仍勿穷追。"⑰陈辉龙对曾国藩的提醒"深以为然"，并请塔齐布派陆勇策应。

是月十六日上午辰时，即七点钟至九点钟期间，"时风色尚平静"，陈辉龙亲率战船前行出征，褚汝航、夏銮随后跟进。彭玉麟、杨载福也拨出战船声援。行至城陵矶，陈辉龙正好与逆流而来的太平军遭遇，双方遂展开激战。陈辉龙首先得手，枪炮齐发，"轰毙贼匪数十名，烧毁贼船数只"，逼迫太平军后撤。见太平军不支，游击沙镇邦以为得计，便趁势急追。此时，陈辉龙见南风越来越大，便插旗收兵，但沙镇邦已经远离了主力，收撤不及。因怕沙镇邦有失，陈辉龙只好督船队继续前进，接应沙镇邦。由于拖罟的船身太沉太大，"胶浅于漩涡激流之中"，寸步难行，陷入一片混乱。见此状，早已埋伏于湖港之中的太平军立即蜂拥而出，两路包抄。这时，又有数百太平军在岸上"护纤夹攻"。方寸大乱的广东水师和广西的战船急忙"奔往救护"，但为时已晚。强劲的南风把这些前来救护的战船"横吹而下，互相拥挤，枪炮难施"。太平军的战船从四面包围上来，湘军陷入重围，不能进退，除了被杀死的以外，其余的都跳水逃生。而那位"急思杀贼自效"的陈辉龙和立功心切的沙镇邦均当即阵亡。随后跟进的褚汝航、夏銮等一看陈辉龙身陷重围，便"义不独生"，急忙前来救援，但终因数量上处于劣势而力不能支。最后，褚汝航、夏銮均因伤落水殉难。负责在陆路策应的陆勇却"因隔港不能飞跃"，干着急而使不上劲，无从救援，眼看水师惨败。是役，湘军损失惨重。陈辉龙一营船炮尽失；褚汝航、夏銮的两个营损失快蟹四艘，舢板六条；营官李孟群一营损失快蟹四艘，波山艇一条，长龙两艘，舢板四条。而只负声援之责的彭玉麟、杨载福部没有受到任何损失。

刚刚有些起色的湘军遭此大败，作为统帅的曾国藩自然难辞其咎。在"伤心陨涕"之时，不得不向咸丰帝请罪。

曾国藩虽为湘军统帅，但早已无官无职，身份就是一个普通老百姓，已经没有什么可撤可免的了。事已至此，咸丰帝又能如何？只是批评曾国藩"不能详细调度"而已，"仍责令督饬水师将弁奋力攻剿，断不可因一挫之后，遂观望不前。"[48]

注释：

① 王定安：《湘军记》。

②④⑧⑪⑫⑬⑯⑳㉓㉜㊸㊹㊺㊽《曾国藩全集·年谱》。

③⑤《曾国藩全集·奏稿》：清咸丰三年六月十二日之《保参将塔齐布千总诸殿元折》。

⑥⑦《曾国藩全集·奏稿》：清咸丰三年六月十二日之《拿匪正法并现在帮办防堵折》。

⑨ 广东商船，清代多用于作战。

⑩《曾国藩全集·奏稿》：清咸丰三年十月二十四日之《暂缓赴鄂并请筹备战船折》。

⑭《曾国藩全集·文集》：《讨粤匪檄》。

⑮《曾国藩全集·奏稿》：清咸丰四年二月初二日之《报东征启程日期折》。

⑰ 唐树义（1793～1855），字子方，江西遵义人。时任湖北按察使。

⑱《曾国藩全集·奏稿》：清咸丰四年二月二十五日之《请派大员办捐济饷折》。

⑲《曾国藩全集·奏稿》：清咸丰四年三月初五日之《贼踪退出南省现驻岳州折》。

㉑㉒《曾国藩全集·奏稿》：清咸丰四年三月二十日之《岳州战败自请治罪折》。

㉔㉖《曾国藩全集·奏稿》：清咸丰四年四月十二日之《会奏湘潭靖港水陆胜负情形折》。

㉕㉙㉚㉛《曾国藩全集·奏稿》：清咸丰四年四月十二日之《靖港败溃自请治罪折》。

㉗㉘《曾国藩全集·家书》：清咸丰四年四月初四日之谕诸弟。

㉞㉟㊱㊲㊳㊴㊶《曾国藩全集·家书》：清咸丰四年四月二十日午刻之谕诸弟。

㊵《曾国藩全集·奏稿》：清咸丰四年五月初八日之《恭谢天恩折》。

㊷《曾国藩全集·家书》：清咸丰四年五月初一日之谕诸弟。

㊻㊼《曾国藩全集·奏稿》：清咸丰四年七月二十一日之《水师失利陆军获胜折》。

7

渗血的心

只剩下"较劲"一法

曾国藩自认无功而拒绝奖掖，皇上应该知道是怎么回事。

赌徒的一般心理是不认输、不服输、得寸进尺、贪得无厌。这次输了，就把翻本的希望寄托于下一次；这一次赢了，希望下一次赢得更多。与太平军作战，曾国藩所抱的完全就是这种赌徒心理。

总的来说，曾国藩此次出马倒也算顺遂。发兵伊始，水陆大军并举，接连摧营拔寨，攻城略地，直打得太平军节节败退，不仅令咸丰帝"稍慰"，也让曾国藩本人有些飘飘然。然而城陵矶一战，湘军损兵折将，遭受重创，使曾国藩顿时恼怒异常而又无话可说，刚刚放下的心又提溜了起来。看来，在瞬息万变的战场上是没有什么定数可言的，一切只能靠老天爷，靠运气，靠命。

城陵矶一战使湘军水师迭遭重创，曾国藩只能把赌注压在了陆营身上。好在塔齐布没有让曾国藩彻底失望。

继是月十六日水师失利后，塔齐布奉命亲率陆营于二十一日黎明出兵进剿。

有勇有谋的塔齐布没有像陈辉龙等人那样浮躁，而是精心部署，稳步推进。塔齐布首先命令诸殿元、刘士宜部从中路进攻，周凤山、彭三元等部分左右两路抄截，而命罗泽南部埋伏在要地，作为接应。

部署完毕，塔齐布率大军向城陵矶挺进。即将抵达城陵矶时，远远地就发现了太平军构筑的防御土城。诸殿元部率先发起突然袭击，向土城中投掷火罐引起大火，烧毁了太平军大量营垒帐篷，然后扑了进去。睡梦中的太平军猝不及防，不得已败退下去，诸殿元部随后紧追。就在诸殿元孤军追击之时，突然从湖汊中杀出二三千名太平军，一下子就包围了诸殿元部。兵勇一见被包围便慌忙退却，诸殿元、刘士宜拼死抵抗，无奈势单力孤，寡不敌众，双双战死。

塔齐布接到诸殿元等危急的讯息后，马上率部救援，与太平军短兵相接。随后，湘军"突出横截"，逐渐控制住了局面。中路败退的湘军反戈一击，重新杀了回来，终于击溃了太平军，反败为胜。

遭受挫折的太平军没有气馁，而是由湖北派出了一万九千余名的精锐部队，于是月二十五日下午三点多钟，向湘军陆营发起攻击，并很快占据高桥，距离罗泽南的大营仅十里，距凤凰山大营十四里。湘军不敢怠慢，"彻夜巡防"。二十六日早上五点多钟，太平军率先向湘军营盘发动进攻，占领了九塘岭，烧毁了了望楼。罗泽南率部反击，逼迫太平军退出阵地。罗泽南趁势追击，杀奔高桥。太平军驻扎在东岭的部队杀出接应，被李续宾部击溃，太平军"遂狂窜"。在杀向九塘岭的同时，太平军派出一万多精锐，兵分十路扑向湘军凤凰岭大营。塔齐布命令分兵迎击。塔齐布亲自督战，率部由中路发起猛烈地反击，遭到太平军"抵死抗拒"，直至旗手牺牲，"贼阵始乱"。此时，周凤山、彭三元部抄截成功，使太平军暂时处于劣势。这时，由九塘岭追击而来的罗泽南也赶到了，三军会合，终于击溃了太平军的第一次进攻。

九塘岭、凤凰山获得胜利后，曾国藩并没有高枕无忧，而是调集部队，充实力量，准备与太平军决战。

是月二十八日，塔齐布命令陆营向高桥的太平军营垒发起攻击，命罗泽南进攻左路，周凤山进攻右路，塔齐布自己则坐镇中路先行。在接近高桥时，遭到太平军猛烈的炮火袭击，而且大股太平军陆续杀来。奉命在南侧攻击的罗泽南部包抄了太平军的后路，奋力占领了高桥的制高点。见后路被截，太平军立即撤退。这时，在北侧攻击的周凤山也率部杀到。塔齐布恐中太平军埋伏，遂命令停止攻击，只让兵勇摇旗呐喊，引诱太平军出战。太平军不知是计，果然杀了回来，遭到湘军的前后夹击，再次溃败。这一仗，直杀得昏天黑地，血流成河。曾国藩事后上奏咸丰帝说："自辰至午，三扑三溃，力不能支，贼始全退归巢。"①

湘军与太平军的最后的决战，爆发在这个月的二十九日。

这一天，太平军兵分几路扑向湘军。塔齐布亲自督战中路，迎击太平军的正面进攻。周凤山部抵御太平军三千多人在右路发动的进攻。双方的战斗很快就进入胶着状态。湘军尽管有救兵驰援，但终难抵抗大批太平军的猛攻，周凤山只好与塔齐布合兵一处拼死抵抗。在左路进攻的太平军秘密潜至山顶，力图占据制高点，遭到事先潜伏在那里的罗泽南部突击。随着湘军各路兵马趱到，太平军被分割包围，在损失五百多人和大量装备后退却。

在陆营血拼太平军的同时，曾国藩密令水师分左右进击，并派一路为策应，突袭城陵矶太平军水师。太平军水师没有防备，只能被动挨打，遭受重创。此役，太平军共伤亡近千人，被烧毁战船二十余艘，被夺去大小船只六十余艘，以及大量武器装备。

对于水师的胜利，曾国藩不无得意地说："故水战仅三时，而毙贼近千。陆战血战六时之久，而毙贼不过五六百，然功则极大。"②

经数次大战，太平军锐气受到重挫。曾国藩认为"岳州应可保无虞"③了。

接到曾国藩《岳州水陆官军四获胜仗折》后，咸丰帝没有像曾国藩那样乐观，他被一次次的惨败早弄得没了信心，任凭曾国藩说得再天花乱坠也难遂其心愿。尽管咸丰帝表扬曾国藩"既未尝遇败而怯"，更要求他"定不致乘胜而骄"，提醒他"总宜于妥速之中，持以慎重，则楚省贼踪，渐可扫荡"④。还是要曾国藩稳稳当当地办事,别来个骄兵必败,无法收拾。

接到这样的上谕,曾国藩的郁闷是可想而知的,就是破口大骂咸丰帝一通也不为过。

好在湘军很给曾国藩增光,继续在军事上对太平军保持全胜的战绩。同年闰七月初二,塔齐布攻破太平军十三座营垒,残杀太平军将士二千余人;杨载福水师用火攻的方式尽毁太平军的战船,并乘胜追击,扫平了沿长江的太平军营垒,穷追二百余里至湖北境内的嘉鱼县。至此,曾国藩终于可以大出一口气了,因为湖南战局已稳,他终于可以督师杀出湖南了。

战功卓著的曾国藩很谦虚,在上奏了获胜的战况后,没有忘记忽悠咸丰帝几句,并给他戴上了一顶英明决策的高帽。曾国藩说:"然臣等仍当慎之又慎,步步为营。谨遵屡次训谕,谋安后战,不敢轻于一掷。"⑤

曾国藩的意思很明白,强调湘军虽然获得巨大的胜利,但却不敢得意忘形,而是牢记皇上的教训,谨慎从事,步步为营,从而把功劳记在了咸丰帝的头上。

有了功劳归领导,有了错误归自己——这既是客套,也是策略,更是经验。

湖南局势向好,咸丰帝必须认可曾国藩的努力。就连骆秉章都承认,因为有了曾国藩的水师才有了今天的湘潭、岳州大捷。在这种情况下,如果再对曾国藩的功绩熟视无睹的话,那就是没人味,更难服人了。所以,咸丰帝除了嘉许曾国藩"办理甚合机宜"外,还赏给曾国藩一个三品顶戴,令其继续统领水陆官军直捣武汉。

曾国藩第一次戴三品的顶戴花翎,还是清道光二十六年的事儿,那时曾国藩仅仅三十六岁,距今已经八年了。面对久违的配有蓝宝石和蓝色明玻璃的顶戴、九蟒五爪的蟒袍和孔雀补服,曾国藩的心情应该是很复杂很难言的。

难道这就是人生吗?从一个堂堂二品大员,到在籍侍郎;从团练大臣,到被革职严议的"裸官",在短短的不足一年的时间里,曾国藩经历了无法想象的大起大落,感受到了人间的冷暖,这其中的悲欢惆怅,苦辣酸甜，是用任何语言都无法描述的，而区区三品顶戴又怎么能偿付自己所付出的这一切呢？

曾国藩对此嗤之以鼻，他想要的远远不止是个三品而是更大，只是不好明言罢了。距离那一天，不过还需要等待一个恰当的时机，一个无法漠视的事实而已。

正在湘军肃清了湖南境内的太平军后准备驰援武汉之际，大批太平军已向武汉杀来，仅崇阳一处就聚集了二万多名太平军，从而崇阳成为蒲圻、咸宁等地依靠的大本营。

军情紧急，曾国藩率领湘军挥戈北进，杀进湖北境内。曾国藩与塔齐布分路进剿。曾国藩这一路，由他亲督水师搜缴濒江的太平军船只，进而扼守湖北军事要冲金口。太平军几欲夺取金口，但屡次发起攻击均未奏效。塔齐布这一路主攻崇阳，接连冲破太平军的防线，于是月二十六日，攻取羊楼司，太平军遭致溃败。塔齐布乘胜一直追到崇阳城下。八月初四，塔齐布收复崇阳。初九，塔齐布继续追击太平军至咸宁，并一举攻克之。与此同时，湖北将军官文所派遣的五千人马与曾国藩会师于金口。然后水陆并进，击败驻扎在沌口的太平军。至此，曾国藩出湖南不足一个月，湘军屡战屡胜，创下赫赫声威。但咸丰帝仍嫌不足，提醒曾国藩"由此声威，岂可自馁！惟利在速战，莫待两下相持"⑥。

接到咸丰帝这样的上谕，曾国藩真是气不打一处来。做事再一再二，不能再三再四，没完没了。打了胜仗不仅不嘉许，反而越加地催命，这简直就不拿他曾国藩和湘军当人待。

曾国藩的愤怒是可想而知的，但并没有什么反击的手段，想来想去只剩下"较劲"一法，便一怒之下，给咸丰帝上了一个折子，要和那个不顾人死活的咸丰帝掰扯掰扯，让他也闹闹心。

曾国藩说，我见识少而又才疏学浅，实在是过错多而功劳少。去年回家丁忧，奉旨帮办团练，本来就不应该出山。时值武昌失守，我不忍心置身事外，这才同意出山帮办团练……去年，我奉命救援湖北、安徽，肃清长江江面。我深知此事艰难责任重大，不是我所能胜任的，只是因为东南几个省大局"糜烂"，凡是作为臣子的无论有职无职，有才无才，都应该

"毕力竭诚，图补救于万一"⑦。所以，我"自忘其愚陋，日夜焦思"⑧，希望能收到哪怕是一尺一寸的成效。然而，我守制没有结束，我的内心常常对神明有负疚之感。虽然我治军几个月，但始终腰里系着孝带穿戴着素服素帽，一切都如同在家守制一般，对于"夺情视事，此心终难自安"⑨。月前岳州取得大捷，都是塔齐布和罗泽南、杨载福等人的功劳，我则毫无功劳胜绩可言。受到皇上的奖掖，只是增加了我的惭愧和惶恐。眼下崇阳已经克复，陆营由蒲圻、咸宁北趋，即日就可以两面夹击，"疾捣武汉"，仰仗着皇上的天威，嗣后湖南一军或者可以继续克复城池，再立功绩，但无论皇上再给予"何项褒荣，何项议叙"，我一律不敢接受。叩请皇上体谅我的"愚忱"，使我这个在家守制之人，与在任者有一个明显的区别，不能得到一样的"希荣"。这是朝廷教孝的传统，而在大的方面更是皇上成全了我。倘若得到皇上的训斥教诲，事情办理得有所起色，江面上逐渐廓清，我一定据实奏明，回籍继续守制，"补行心丧"，以达到作为人子的"至情"，实现我最初的志愿。出山而讨伐太平军，回籍则守制，"公私两尽，名义无亏"⑩。

对于曾国藩这道充满酸腐味道的奏折，咸丰帝想必是又好气又好笑，就因为自己是在籍守制人员，竟然连皇上的奖掖、朝廷的恩赏都不要了，而且还说这样做是为了维护朝纲的尊严，使在籍者与在任者有一个明显的区别，这个曾国藩究竟想干什么？这分明就是对三品顶戴的蔑视，是正话反说，是隐喻的反抗。

咸丰帝也没客气，抬笔就给曾国藩批了几行字，字里行间满是连讽刺带打击。

咸丰帝说，你断不必这样固执。你能为了国家而放弃小家，鞠躬尽瘁，正可以告慰你亡故亲人的志愿。尽孝之道，没有比这个更大的了。犒赏褒奖，这是国家的制度要求，绝对不能因为你的请求而稍有不同。你的隐情初衷我知道了，天下人也没有不知道的。

咸丰帝言外之意就是告诫曾国藩，你就消停点，别显摆了，是夺情还是批准你守制，这都得以国家的大局为重，不是由你说了算的。

曾国藩在心里继续与咸丰帝较劲，只不过这一回没有体现在笔墨上，而是在心里——他要在拿下武昌城后再看咸丰帝怎么说。

拿豆包不当干粮

想不到，堂堂的一国之君，竟然会拿巡抚一职"逗"曾国藩。

攻取武昌城的计划，终于摆上了曾国藩的议事日程。

继曾国藩率水师抵达金口后，湘军陆营也随后进驻札纸坊，这两处大营皆距武昌城仅六十里的路程，从客观上看业已形成对武昌的包围态势。清咸丰四年（1854 年）八月十七日，曾国藩在金口，与湘军大将塔齐布、罗泽南等会合，共同筹划攻取武昌的大计。

武昌，古称沙羡、江夏、郢城等。位于湖北省东南部，长江下游南岸。始建于公元 1800 多年前的战国时期。三国时的吴主孙权在此修建军事要塞，始现城市雏形。明洪武四年，即公元 1371 年，武昌城扩建并奠定城市规模。明嘉靖十四年，即公元 1535 年重修。古武昌县为现在的湖北省武汉市的江夏区。古武昌城为现在的湖北省鄂州市。现在的武昌地区，包括武汉市的武昌区和青山区、洪山区各一部分。

由于武昌地理位置险要，战略意义重大，湘军欲直捣金陵，必先夺取武昌。从太平军的角度而言也是如此，所以对双方来说都是势在必得。

据探查，固守在武汉的太平军约有二万之众。自沌口以下，沿江东西两岸布满了太平军的营垒，防御甚严。仅以花园的防御为例。花园外濒长江，内枕青林湖。太平军在这里建立了三座大营，挖掘了一条长约三里，宽二丈的防御深沟，把长江之水一直引到青林湖内。在防御沟内构建了防御用的木城，用砂土填实，中间设有炮眼。防御沟外密植二尺高的木桩子，相互用钉子链连接在一起。而在木桩子外面又密布竹签子，用荆棘伪装起来。在木城之内还设有砖城，内濠也层层相连，环环相扣，用曾国藩的话说"其坚固几与金川之石碉相等"①。内设百余尊大炮，面向长江可以阻止湘军水师的进攻，朝南可以阻止湘军陆营的进攻。而西岸的蛤蟆矶的坚固程度与花园一般无二。太平军的水师就停泊在东西两营之下，水陆互相支援。

根据这种情况，经过再三斟酌，曾国藩等初步拟定了进攻武昌的"沿江三路齐下之策"：一是走古驿路，即由油坊岭至洪山；二是走新驿路，即由湖堤至达板桥；三是走沿江路，即由金口至花园。同时，也拟定了攻取汉阳的进军路线。按照曾国藩的设想，"必以水师和无剿江面，使武汉之贼消息隔断，陆路则先攻武昌后攻汉阳"[12]。

大计已定后，曾国藩命塔齐布"暂住纸坊总要之区"，派罗泽南由金口向花园发起攻击，得手后由古驿路进攻洪山。命鄂军在长江西岸沿江发起攻击。商湖广总督杨霈攻击汉阳的后背，"以期诸军会合"，一举拿下武昌城。

根据与太平军频繁作战得来的经验，曾国藩对太平军的战法已经颇为熟络。太平军守城之法与众不同，他们不是据守在城垛子上而是守在险工要段；其精锐部队不是聚集在城里，而是驻扎在城外，往往是扼据险要筑起屏障堡垒，坚不可摧。为此，曾国藩采取对策，于八月二十一日，首先命令塔齐布所部从油坊岭出发，扼守住洪山"总汇之区"。命令罗泽南向虎踞在长江东岸花园的太平军发起攻击。命令以鄂军为主力的另一路向长江西岸的蛤蟆矶太平军发起攻击，而精锐的水师则顺长江中路直下，迫使太平军两岸不能相顾。

水师是此次战斗的主力，担负着截断太平军两岸联系的重任。然而，面对太平军严密的防御，曾国藩很为难，因为蛤蟆矶的防御能力很强，堪与花园相比肩，"贼船泊守两营之下，水陆依护"[13]易守难攻。然而，蛤蟆矶是一个拦路虎，"此关不破，则各路均无可施手也"[14]。经与李孟群等反复研究决定，把水师各营分成前后两个班，派前一个班从长江中流飞驰而下，冲过盐关，直抵鹦鹉洲，偷袭太平军背部。果然，太平军没有想到湘军会突然出现在自己的身后，便急忙掉转船头回师补救。湘军趁机分两翼自下抄绕而上。后一个班同时冲下，太平军独力难支纷纷跳水逃跑。以逸待劳的杨载福趁势放起了大火。顷刻间，驻扎在盐关的太平军二百多艘船只被"焚毁尽矣"。东岸花园的太平军水师见西岸已败便无心恋战，纷纷跳水逃命。湘军全力攻击仍然在顽强抵抗的太平军，把缴获的太平军战船全部烧毁。

罗泽南部兵分三路，向固守在花园的太平军陆营同时发动攻击，很快突破了太平军的防线，纵火烧毁了太平军的大营。与此同时，奉命进攻西岸蛤蟆矶的部队也得了手。此役，太平军损失惨重。湘军仅以伤亡十七人的代价，就摧毁了太平军沿江分布的九座大营，焚毁船只五百余艘，直接毙伤、生擒太平军两千多人，而被烧溺者尚不在此列。"贼众逾墙四窜，窜出江者，被炮轰击；窜入湖者，被……伏兵围剿，尸横遍野。两岸焚营之火，与江中三百余船之火，烟焰相合，天为之赤"⑮；"日已西坠……纵火大烧贼舟又数十号，叫杀之声，与该逆号哭之声相杂，江水为沸。忽延烧其火药大船，霹雳一声，众船皆飞，贼尸有自半空落下者……"⑯

从曾国藩的这些记述中，我们不难看出当时战场上的惨烈——在被烧红了天地之间，炮火声、哭嚎声、爆炸声、喊杀声相互交织，不绝于耳，恰似人间地狱。

是夜收兵后，曾国藩并没有就此罢手，而是派出小股水师骚扰太平军，使其彻夜不得休息。翌日再战，曾国藩仍然是三路进击。李孟群一路攻烧鲇鱼套太平军之余船，得手后迅速西渡，进攻汉阳朝宗门土城。杨载福一路直下塘角。第三路直攻汉口两城。此役，湘军又大获全胜。曾国藩不无得意地上奏咸丰帝："自有此两日大战，省河上下无一贼船；武汉城外无一贼营。"⑰

在这种情况下，曾国藩分析太平军绝对没有再困守孤城的道理了，用不了几天，太平军就会弃城而逃。果不其然，就在八月二十四日，湘军准备进攻武昌城之际，城内的太平军除留数百人"在西南城摇旗呐喊，故作坚守之状"外，其余人马则于四更从东北门弃城而去。汉阳的太平军也如法炮制。湘军按计划攻城。湘军水师及东路陆营炮击汉阳、望山等城门，同时派遣小部队从僻静处"攀堞而登"，打开城门，湘军冲进武昌城。围攻西岸汉阳的湘军，从南门"梯绳而入"，并在西门外湖堤设伏截剿大批溃逃的太平军。到中午时分，武昌、汉阳两座城池均被湘军克复。塔齐布一路在武昌东北洪山一带四处设伏，截断太平军陆路撤退的必经之路。太平军不知湘军会突然杀到，前临大敌，后濒危城，左边是梁子湖，右隔阳孙湖，完全陷入了绝境。太平军欲置死地而后生，拼死突围。无奈寡不敌众，遭遇灭顶之灾。但见"红巾浮波，须臾即没。湖汉浅处，贼尸塞满。后至者践尸而逃；行至中流，亦皆漂溺"[18]。

三天内三战三捷，湘军取得重大军事胜利，连克武昌、汉阳两座重镇。

"惟三日之内，焚舟千余，蹋尽坚垒；每次纵火，辄遇顺风。杀贼数千，而官军伤亡不满二百人"[19]。而水陆各营或弥补或策应，皆配合默契，"事机之顺，处处凑泊"。本来以为的恶战、大战，竟然如此迅速地获得了胜利。面对如此辉煌的战绩，就连曾国藩本人都不太敢相信，他只能说这是"仗我皇上威福，天心笃祐；不特非臣等筹谋所能到，亦并非臣等梦想所敢期也"[20]。

打仗并非人人用命，而请功者却大有人在，甚至是急不可耐。

就在曾国藩等浴血沙场之时，驻军在汉阳以北的湖广总督杨需急急忙忙地给咸丰帝上了一道奏折，想抢了克复武昌的第一功。但因为他不了解战局的实情，只能上奏个大概情形。这一次咸丰帝倒是明察秋毫，没理杨需那一套，而是专等曾国藩的奏报。

四天后，曾国藩《官军水陆大捷武汉两城同日克复折》终于传递到京师。读完曾国藩的奏报，咸丰帝终于露出了笑模样，表示"感慰实深！"，同时也承认"获此大胜，殊非意料所及"。一高兴，咸丰帝不仅夸奖曾国藩"运筹决策，甚合机宜"，而且赏给曾国藩二品顶戴，署理湖北巡抚，并加恩赏戴花翎。

咸丰帝的这次恩赏，甚合曾国藩脾益。督抚之职，正是曾国藩梦寐以求而又无法明说的。现在，咸丰帝终于睁开了眼，曾国藩美梦成真了。这距上一次升属广东督抚，已经过去了整整七年的时间。

面对巡抚一职，一向看重名节的曾国藩自然喜不自禁，但他已经屡次向咸丰帝表白过，作为在籍守制之人，概不接受任何褒荣、议叙，恐怕世人说他墨绖出山就是为了谋求高位。在同年九月十三日的家书中，曾国藩对弟弟们说得很直白。他说："兄意母丧未除，断不敢受官职。若一经受职，则二年来苦心孤诣，似全为博取高官美职，何以对吾母于地下？何以对宗族乡党？方寸之地，何以自安？是以决计具摺辞谢，想诸弟亦以为然也。"[21]

曾国藩在表白了一番后，给自己留了一个活口。那就是他要辞谢，"但未知圣意果能俯从否?"

"人之好名，谁不如我?"——一向把名节看得很重的曾国藩不想给世人留下一个"似专为一己希荣徼功之地"的话把。所以，曾国藩于写完家书的当日，给咸丰帝上了一道《谢恩仍辞属鄂抚折》，把跟弟弟们说过的话又向咸丰帝说了一遍。史上普遍认为，曾国藩此番辞谢，仅仅就是做一个姿态而已，并非真心。从曾国藩的心理分析看，他认为自己这一回的功劳要比收复岳州大得多，简直是不可同日而语。上一次非但辞谢未果，反而遭到咸丰帝一通训饬。那么这一回，曾国藩仍寄希望于咸丰帝能像上一次那样批评自己"殊不必如此固执"，"酬庸褒绩，国家政令所在，断不能因汝请，稍有参差"。但这一次曾国藩失算了，咸丰帝竟然真的收回了成命，说他未卜先知地料定曾国藩一定不肯受职，想到曾国藩还要整师东下，署理巡抚一职也就是一个空名，所以已经降旨，同意曾国藩不用署理湖北巡抚了，赏给了一个空头的兵部侍郎虚衔。

事情到此还没完。

因为曾国藩的辞谢折子上没有属上"巡抚"的官衔，所以又遭到咸丰帝一顿狗屁呲，说他："好名之过尚小，违旨之罪甚大! 着严行申饬!"[22]

这真是没有打着狐狸，却惹了一身的骚。

身上硝烟还未散尽的曾国藩拼死拼活，到头来刚刚到手的巡抚实职还没捂热就又飞了，充其量算混了个官复原职，而这一切竟然因"朕料汝必辞"，所以没等曾国藩辞谢的折子到达京师，咸丰帝就已经把巡抚一职给了别人。能证明这个说法的是《曾国藩年谱》中的记述："公前奉上谕'曾国藩虽系署任巡抚，而剿贼之事重于地方'等因。是摺未奏到时，奉上谕:'曾国藩着赏给兵部侍郎衔，办理军务，毋庸署理湖北巡抚。陶恩培着补授湖北巡抚。未到任以前，著杨霈兼属。'"

聪明反被聪明误。此次失算让曾国藩尴尬至极，忧愤至极。这一次，咸丰帝既没有了规劝，更没有强调"国家政令所在"，反倒理所当然地收回了成命，还逼得曾国藩不得不违心地感谢咸丰帝"圣慈垂念，体恤周详"，使自己得以"内不亏于名义，外得效乎驰驱"。但曾国藩也没忘了给咸丰帝扔下两句反话正说的硬词儿，比如"乃前折尚未赍到"就被"免其署理巡抚之任"[23]——说明你咸丰帝出尔反尔，言而无信；"凡私衷不敢上达之隐，无一念不在洞鉴之中，感激涕零！莫可言喻。"[24]——是我啥都没说，你就能知道我的心思，真让我无话可说。

咸丰帝此举，在曾国藩和一切人看来简直就是开涮，简直就是拿曾国藩当猴耍，简直就是拿豆包不当干粮。自此，曾国藩不仅对咸丰帝有了深刻的认识，更对清廷对汉官的猜忌和不信任有了切身的感受。

"吾惟忍辱包羞，屈心抑志，以求军事之万有一济……吾实不愿久居宦场，自取烦恼……"[25]。

到了这步田地，曾国藩还能说什么呢？

委屈徐图

曾国藩终于可以挺挺腰杆了，这份好心情可来之不易呀。

实事求是地说，曾国藩希图巡抚实职并非完全出于私心，在很大程度上是现实的需要。前文分析过，没有督抚实职，曾国藩手中也就没有调动其他部队、查问官员、协调部队与地方的权力和资格。既然无职无权，自然而然就没有人把曾国藩当作一回事儿，因此也就不能受到各方的尊重和配合。从帮办团练至今，曾国藩饱受掣肘之苦，很多时候只能是有苦难言，无处述说。但现在一切又都落空了，除了头顶一个兵部侍郎的虚衔和自己手里的湘军外，曾国藩仍然是两手攥空拳，该得到的利益没得到，该享有的权力没到手，而不该干的活儿却一样没少。

就在曾国藩忧愤难平之时，咸丰帝又开始催命了，在曾国藩尚未愈合的伤口上又撒上了一把盐。

咸丰帝说："曾国藩既无地方之责，即可专力进剿。但必须统筹全局，毋令逆贼南北纷窜，方为妥善。并随时知照江、皖各抚及托明阿、向荣等四路兜击，以期直捣金陵。固不可迁延观望，坐失事机；亦不可锐进贪功，致有贻误。谅曾国藩等必能兼权熟计，迅奏朕功也。"[26]

接到这样的上谕，曾国藩要是没有被气死的话，那就是因为他真的胸怀广大，修行到家了。

先说这个"既无地方之责"。怎么没有了"地方之责"？是曾国藩没有能力兼属地方吗？那还不是因为你咸丰帝出尔反尔、自食其言造成的吗？

再说那个"统筹全局"。在东南战场上，也不是只有曾国藩的团练湘勇在作战，各地督抚大员、钦差、八旗、绿营比比皆是，为什么不让那些被皇上重用而又信得过王公大臣去"统筹全局"，而偏偏让一个无职无权的曾国藩独挑大梁呢？最可气的就是那句"随时知照"。曾国藩以什么身份去"知照"各督抚、托明阿、向荣等？督抚是一省的最高行政长官，托明阿是堂堂的江宁将军，而向荣则是湖北提督，是受咸丰帝委派专办军务的钦差大臣。明眼人看得清楚，就凭曾国藩一个空头的兵部侍郎是根本"知照"不了这些地方官僚的。咸丰帝此举就是要把曾国藩放在火上烤，是典型的既让马儿跑又不让马吃草的欺侮行为。

事已至此，说什么也没多大意义。与其靠别人恩赏，不如靠自己去争取。

曾国藩忍气吞声，仍然按照既定战略，分中、南、北三路并举，实施东进计划。

在中路，曾国藩命杨载福统带水师顺流而下，仍然作为全军的先行，曾国藩自己则与李孟群随后跟进；南路，塔齐布的陆营于是月十三日拔营进剿大冶。罗泽南部进剿兴国州；北路，副都统魁玉、总兵杨昌泗于是月十七日拔营。

同月十九日，杨载福在蕲州城下大破太平军。二十一日，塔齐布克复大冶县城，罗泽南克复兴国州城。同日，曾国藩抵达黄州。

曾国藩到达黄州后办的第一件事，就是前往自己当年的座师、湖广总督吴文镕殉难地祭奠，并亲作祭文。史载"词甚哀厉"。同月二十七日，曾国藩进驻道士洑，上奏咸丰帝水师克复蕲州，陆营克复兴国、大冶获胜的情况，并报告自己下一步将攻打太平军"坚垒抗拒"、铁索横江的田家镇。同时更没忘记替吴文镕申冤，在盛赞吴文镕"忠勤忧国，殉难甚烈"[22]的同时，严参了那个欺上瞒下、挟私枉奏、见死不救、倾轧同属、贪生怕死的崇纶。曾国藩怒不可遏地大声疾呼："身为封疆大臣，无论在官去官，死难是其本分。即不死，亦不妨明言，何必倒填月日，讳其城破逃生之罪？劾人则虽死而犹诬之，处已则苟活而故讳之，岂非无耻之尤者哉？"㉘曾国藩最后下结论道："臣自入湖北境内以来，目击疮痍，博访舆论，莫不归罪于崇纶。"㉙

咸丰帝对东南的局势似乎看出了点门道，身在前线，事权不一，令出多门，很难整合有生力量以发挥最大功效，尤其是在攻取蕲州的战斗中，因北路陆营没能及时赶到而未能克复该城一事，使咸丰帝感到军事指挥问题是一件大事，为江山社稷计，事权专一的事不能再耽误下去了。

咸丰帝当机立断，饬谕："曾国藩经朕畀以剿贼重任，事权不可不专，自桂明（绿营提督）以下文武各员，均归节制，倘有不遵调遣，或迁延畏葸贻误时机者，即著该侍郎专衔参奏，以肃戎行。"㉚在赋予曾国藩指挥权的同时，对曾国藩奏保的人员也一律准保。其中，胡林翼调湖北按察使，杨载福补湖南常德协副将，罗泽南授浙江宁绍台道，从而为发挥湘的战斗力创造了比较好的客观环境。

该得到的得了，该保的也恩准了。咸丰帝的这个举动，着实让曾国藩心里幸福了不少。

什么叫幸福？幸福就是你的欲望能够及时得到满足。

得到幸福的曾国藩及其部属，就像被注射了兴奋剂，信心满满地把精力投入到一场即将到来的恶战之中。

湘军夺取兴国、大冶后，太平军被迫转移，从长江下游转进至长江北岸，在距蕲州四十里的田家镇挖濠埋栅，构筑防御工事；在长江上用木簰截断江面，并安装两道相距十余丈的粗大铁索，横亘南北。而在铁索之下，排列着数十条小船，配以枪炮掩护，以阻止湘军水师进犯；派数千太平军进驻蕲州城，据险固守；而在临江的一面，修筑堡垒安置大炮，威慑江面。

根据太平军的防御设置和去年田家镇失守的教训，曾国藩认为要破田家镇，一定要先夺取南岸这个必争之地。而南岸的半壁山和富池口两个要隘，为太平军重兵把守。曾国藩上奏咸丰帝，决定避开田家镇的正面，集中力量攻打其对岸的半壁山和富池口，夺取其险关要隘，斩断横江铁索，为水师突进创造条件，然后回过头来再打田家镇。

然而，半壁山并不好打，其防御能力比田家镇毫不逊色。曾国藩在给咸丰帝的奏折中曾这样描写半壁山的险峻："见该处孤峰峻峙，俯瞰大江，与田镇诸山相雄长。上札大营一座，小营四座；挖沟深丈余，阔三四丈不等；引内湖之水环灌之，沟内竖立炮台、木栅；沟外密钉竹签、木桩；其坚固与前次花园贼垒相埒，而地险过之。"③

清咸丰四年（1854年）九月二十八日，塔齐布所部自兴国开至富池口；罗泽南部进扎半壁山。同年十月初一一大早，罗泽南、普承尧、李续宾等率领二千七百兵勇，分成前后两个梯队扑向半壁山。抵近距半壁山二三里之遥的马岭坳，罗泽南等登高眺望，观察地形，不想被太平军发现。罗泽南等还没来得及扎下大营，数千太平军就掩杀过来。驻守在田家镇的太平军发现对岸有情况，忙派出数千人渡江助战，而藏匿在民房中的太平军也纷纷杀出。在半壁山至马岭坳之间，仅有两条勉强可以通行的窄窄堤坝，而堤坝下便是纷错的湖汊。双方就在这两条堤坝上展开了激战。任凭罗泽南所部拼死厮杀，但太平军上下配合，直杀得湘军只有招架之功而没有还手之力。太平军越杀越多，而且炮火猛烈，双方处于胶着状态，直到李续宾的后续部队赶到才扭转了战局，太平军被迫退却。见来了援兵，湘军将士士气大振，"乘胜直逼"，杀得太平军大败。

进逼蕲州的湘军水师本没有开战的想法，但因为一件偶然的事件却引发了一场大战。

本月二十九日早，营官白人虎等驾十余艘战船往下游巡哨。因为风平浪静，顺风顺水，战船很快抵近蕲州城。蕲州的太平军发现湘军来犯，遂派出一百多艘船只包围上来，湘军在损失了两艘战船后撤退。太平军乘胜追击，"遂乘东风大作，饱帆来追，凡尾追十余里，乘势上犯"②，直逼水师大营。

太平军来袭大出湘军意料。左营彭玉麟、右营杨载礼"亲往救应"。中营也马上派出快蟹、长龙等大船参加战斗，"逆风开枪，排轰而下"。哨官任星元、李升元、鲍超等则顺着江南岸偷偷潜行，冲到蕲州城下的钓鱼台，截住太平军的去路，"然后逆击而上"。太平军原本是乘风追击，进易退难，被湘军包围在中间水域。

见湘军上下包抄上来，太平军只好纷纷弃船登岸。从上游杀来的湘军水师开炮轰击登岸的太平军，而任星元、李升元、鲍超等则纵火焚烧停泊在钓鱼台的太平军战船。在太平军水师出动之际，另有千余人太平军沿岸逆上，与湘军陆勇杀得难解难分。后来，湘军在援兵和水师的援助下才勉强击溃太平军。

这一仗，湘军先挫后胜，共烧毁太平军战船八十余艘，俘获大小船只四十六艘，巨炮六十三尊，而湘军也受到一定的损失，营官白人虎、前任江西巡检石炽岩、浙江监生徐国本等战死，其他兵勇也有不同程度的伤亡。

水陆接战，湘军虽然均获得了胜利，但并不顺利，既没有取得战略上的主动权，更距实现夺取半壁山、田家镇的战略目标相去甚远。

曾国藩无奈地上奏咸丰帝道："伏查该逆自武汉败窜，即全数防守田家镇，盖以南岸之大冶兴国，北岸之蕲州广济，向为众贼之渊薮，而田镇与半壁山又实为天然之关隘。故上游之贼并萃于此。复自下游江皖纠集满发老贼，来此拚拒，阻我东下之师。现在铁索尚牢击江心，两岸众贼尚近四万；计日内必须大战数次。臣等谋定后发，断不敢稍涉疏虞。"㉝在随后给咸丰帝的谢恩折中，曾国藩"慷慨誓师，枕戈待旦，拯生民于水火，纾宵旰之忧勤……"㉞。面对曾国藩的信誓旦旦，咸丰帝只冷冰冰地赏了三个字：知道了。

尽管前有咸丰帝催命，后有太平军据守，但在曾国藩看来这些都是外部因素，要坚决打下半壁山、田家镇的内因是他自己需要这个战绩。他要用一场在别人看来不可能取得的胜利，来证明自己的存在与价值，让那些瞎了眼的朝野官绅，也包括咸丰帝在内，好好认识认识曾国藩到底是何许人也。

同年十月初八，曾国藩命水师攻打蕲州，逼迫太平军退守田家镇南岸，北岸的铁索被湘军砍断。杨载福、彭玉麟的水师攻断江中的铁索，乘东南风"舟师飞浆而下，至郋穴纵火焚贼舟"。太平军伤亡万人，四千五百多艘船只被焚毁殆尽，致使"田家镇北岸之贼大溃，毁营而遁"。曾国藩上奏咸丰帝报告战况，并第一次理直气壮地要求咸丰帝命令军械处把江南、江北两座大营现在的情况和红单船停泊在什么地方随时禀告，以便自己掌握全局。

十月十四日，据守蕲州的太平军弃城，湘军水师随后追击，直至九江城下。在水师频频得手之际，塔齐布的陆营也攻占了南岸的富池口，并与罗泽南部率师渡江北进。二十一日，曾国藩驾临田家镇。

湘军继续不断扩大战果，接连克复莲花桥、广济，大败太平军水师于九江城外。进入十一月，湘军又陆续大败太平军于双城驿、复新桥，克复黄梅县城。曾国藩一扫积郁，心情大好，一下子就奏保水陆两军员弁表演三百四十人，向咸丰帝"开单请奖"。

湘军这支民兵部队纵横长江上下，接连拔城摧寨，屡战屡胜，成为稳定东南、唯一可以与太平军相抗衡的官军，同时也彻底验证了平日里那些骄横跋扈的八旗兵、绿营兵的孱弱无能。这使咸丰帝不得不对曾国藩另眼相看，也不得不赋予曾国藩更多的权力。比如，咸丰帝饬谕，包括湖广总督杨霈、江西臬司恽光宸、总兵赵如胜等在内的一干地方大员，悉归曾国藩节制。而曾国藩奏保、调人、查办官员、添置装备等要求，无一例外地都能得到咸丰帝的批准。

清咸丰四年（1854 年）十一月二十五日，"览奏之馀，实堪嘉慰"的咸丰帝，"优奖"劳苦功高的曾国藩，不仅赏穿黄马褂，还颁赐狐皮黄马褂一件，四喜扳指一个，白玉巴图鲁翎管一个，小刀一把，火镰一个，福字一幅，大小荷包三对，以示恩宠。

皇上认可，将士用命，这让曾国藩很满意，心情很不错。从表面上看，曾国藩似乎已经一扫积久的愤懑，从此走出了人生的低谷，终于可以扬眉吐气了，恐怕就连曾国藩自己都不得不这样认为。

阴沟里也能翻大船

太平军齐声呼喊要捉拿"曾妖头"。为了保全名节，曾国藩只能选择投水。

湘军连战连捷，成了太平军的克星，俨然是一支攻无不克战无不胜的常胜之师。在眼下的大清国，能够血拼太平军、独撑危局的也只有曾国藩的这支湘军了。一旦曾国藩这副小身板挺不住了，那么大清的东南半壁也就塌了。作为湘军最高统帅的曾国藩看得明白，作为大清国最高统治者的咸丰帝更是心知肚明，一清二楚。如何能让曾国藩不遗余力地为维护大清出力，是现在最让咸丰帝动脑筋的事儿，也是当前确保大清东南半壁江山的第一要务。

要承认，咸丰帝的确为此没少费心思，这主要表现在和曾国藩说话、办事与从前迥异的姿态上。因为他深知，时逢国家危亡之际，乱世之秋，只要曾国藩能保住大清的江山，他就是活菩萨、亲祖宗。要达到这个目的，单靠皇权的淫威已经不管什么用了，必须放低身段，好话相送、好脸相迎，靠哄、靠怀柔来笼络人心。这是咸丰帝现在对曾国藩对湘军唯一能够采取的方式方法。

虽然军情险恶，责任重于泰山，但曾国藩却很享受这种沉甸甸的感觉。身负重任，肩担风雨，家国系于一身，这不就是古人倡导的"修身齐家治国平天下"的最高境界吗？在当今的大清国，什么王公大臣、文武百官，谁有资格、有能力敢站出来振臂一呼，说自己能够"治国平天下"，挽江山于既倒，扭转危急的乾坤？除了曾国藩一人之外，一个也没有！什么叫大丈夫？这就叫大丈夫！什么是大丈夫所为？这就是大丈夫所为！

时年四十五岁的曾国藩眯起三角眼，手捋长髯，踱着迟重的方步，感觉颇为良好，觉得自己并不壮硕的身体越来越厚重，并不挺拔的身躯越来越伟岸，原本不为皇上看好的模样也越发地俊朗起来，作为湘军的灵魂，也越来越像一个伟大的统帅。曾国藩突然有了一种类似神明般的感觉。

知足者常乐，这正是曾国藩异于他人的地方，也是他高于他人的地方。凡事不可太满、太过，"钱不可使尽，势不可用尽"是曾国藩一贯的信条。曾国藩对自己的弟弟们说："现在但愿官阶不再进，虚名不再张，常葆此以无咎，即是持身守家之道。"⑤然而，不管这是曾国藩的真心也好，假说也罢，他现在已经没有能力左右自己的人生轨迹了。激变的历史境遇，已经把曾国藩无可选择地推上了风口浪尖，使他失去了一切自我选择、决断的可能。他只能唯圣命是从，唯江山社稷是从，唯东南半壁的局势是从。比如，曾国藩并不想在克复武汉后立即东进，但咸丰帝天天催命，不允许他"迁延观望，坐失事机"；曾国藩认为湘军虽屡胜，但并没有伤及太平军的根本，尚不具备把太平军逐出长江、直捣金陵的把握。但任凭曾国藩这么说，咸丰帝就是固执己见，饬令曾国藩继续东进，早克金陵。如此等等，不一而足。

在与湘军的正面作战中，太平军屡遭挫败，几乎没有胜绩，但太平军并没有因此而退缩，而是千方百计寻找一切战机打击湘军。

清咸丰四年（1854 年）十一月二十日夜，就在湘军为自田家镇渡至江北后连续获得的五次胜仗而欢欣鼓舞之时，太平军从江西上游的湖口小河内放出一百多艘装满了干柴、桐油、松脂、火药的火船，顺风而下，直冲湘军水师大营。驻扎在两岸的湘军见状不妙，则赶紧边施放火箭、火球，边呐喊助威，但没有起到什么明显的作用，火船仍冲入湘军水师营中，颇扰乱湘军军心。尽管太平军的这次骚扰没有取得多大实效，但也让曾国藩和湘军大为惊悸，惊出了一身冷汗，好久才缓过神儿来。

湘军横扫湖南、湖北两省后，挥师杀进江西。在连续攻克田家镇、蕲州等军事要塞后，曾国藩以为，就凭这个势头，"满拟九江不日而下"，"不料逆贼坚守，屡攻不克"。原来，太平军自败走田家镇后，悉数退踞九江、湖口两座城池。为了抵抗湘军来袭，太平军"浚濠坚垒，结木簰于湖口城下，以阻官军入湖之路，而别筑石于梅家洲，水陆相倚"㉚。

湘军进攻心切，在屡攻九江城不克后，转而进攻梅家洲，结果也是无果而终。连续的失利对骄横的湘军产生了影响。曾国藩认为"士卒力战于枪炮雨下之中，死伤甚众。盖陆路锐师，倏变为钝兵矣"㉛。情况的确如此，不断地厮杀、鏖战，难免没有死伤，加之屡战不克，久而久之，什么样的部队都会被拖垮。

太平军"负固坚守，殊属凶悍"，湘军接连损兵折将，"屡攻不克"。被失败吓怕了的咸丰帝不觉有些心虚，他告诫曾国藩和塔齐布，要他们"相机筹画，不可稍有孟浪，致误事机"。然而，尽管曾国藩等很用心、很小心，但接连的胜绩已使湘军骄愎渐生，似乎没把太平军放在眼里。自此，曾国藩的又一个噩梦开始了。

为最终攻取湖口创造条件，清咸丰四年（1854 年）十一月二十六日、十二月初一日，曾国藩命塔齐布、胡林翼向浔城发起攻击。

浔城北枕大江，东北、西南、西面均为湖、塘，东南为连绵的大山，为易守难攻的天然要隘。加之防御严密，很难攻克。塔齐布、罗泽南等向设有木城的浔城西门发动首次攻击，就遭到太平军的顽强抵抗，杀了个三进三退，终为奏效。十二月初一，湘军改变策略，变一路主攻为四面合攻。塔齐布主攻西门，罗泽南主攻东门，胡林翼主攻南门，另派副将王国才率七百水勇从北侧登陆，攻击九华门。此役仍然不顺利。先是进攻西门的塔齐布部，因"地险而路曲"，以及太平军的顽强抵抗而严重受阻。不得已，在付出伤亡一百多人的代价后收兵。胡林翼、罗泽南等也"因城上枪炮、木石交施，屡次抢登，不能得手"，也伤亡了一百多人后罢兵。至此，两日浔城血战，以湘军损兵折将而告结束。

经过总结分析，曾国藩认为此役失败的根本原因主要是两个。一个是因为浔城的太平军"穷寇死守"，湘军尽管人人用命，前赴后继，但始终没有占据过上风。二是由于湘军"攻具未备"。打攻坚战，没有配套的足够的攻城装备简直是不可想象的。那么为什么在准备不充分的情况下就匆匆发动进攻呢？原因很简单，就是因为接连取得的胜利，使湘军将士的头脑发热，不自觉地飘飘然了，没有把太平军放在眼里，产生了轻敌、骄愎的思想。但眼下战事紧迫，没有时间来研究思想问题，当务之急是千方百计地尽快拿下湖口，扭转被动的局面。经过研究决定，湘军必须改变进攻的策略和主攻方向，绕开太平军固守的浔城，派胡林翼、罗泽南等先拿下湖口对岸的梅州太平军大营。调王国才及参将恒泰等由小池口渡江，与胡林翼的南军会合。

让曾国藩等没有料到的是太平军也及时地调整了战略战术，还没等湘军采取行动，太平军就来了一个先下手为强，主动向湘军发起进攻。

因没有及时跟进，恒泰部仍然驻扎在原处，形成了孤营。太平军在探得这个消息后，于初六日凌晨三点多钟，派出两千多人对恒泰所部发动了突然袭击。恒泰部拼死抵抗，才免遭灭顶之灾。初七日，四五千太平军又分兵几路扑向王国才大营。就在"贼势愈重"、王国才"势将难支"的危急时刻，塔齐布及时赶来驰援。同时，曾国藩命战船向岸上的太平军开炮，在水陆夹击之下，才使湘军没有受到更大的损失。

初六日，胡林翼、罗泽南等抵达距梅家州八里之遥的盔山，伺机发动攻击。

梅家洲具有重要的战略地位。其尾部为鄱阳湖的拦湖嘴，也是江西内河出口的西岸。其首部便深入到鄱阳湖内，是内、外湖的必经枢纽。鉴于梅家洲如此重要，太平军派名将、冬官正丞相罗大纲率重兵驻守在这里。而太平天国翼王石达开就驻扎在梅家洲东岸的湖口县，准备时刻驰援梅家洲。

为阻止湘军的进犯，太平军在此修筑了坚固的防御体系，"于口内札大木簰一座，小木簰一座；东岸县外，厚筑土城，多安炮位；两岸立木城二座，高与城等；炮眼三层，周围密排；营外木桩、竹签广布十余丈；掘濠数重，内安地雷；上用大木横斜搭架，钉铁蒺藜其上"⑧。梅家洲如此严密的防守，几乎就是一座无法摧毁的堡垒，就连曾国藩都认为，梅家洲的防御设置"较之武昌、田镇更为严密"。

太平军拼死也要守住梅家洲，而曾国藩必须要拿下梅家洲。同年十二月初六，刚刚在盔山扎下大营的胡林翼、罗泽南所部派兵出击。一场血拼在所难免。

胡林翼攻击梅家洲东路，罗泽南攻击梅家洲中路，李续宾等攻击梅家洲西路。湘军攻得猛，太平军守得牢，战斗从一开始就陷入了胶着。经过苦战，湘军终因太平军"负固不出，凭墙施放枪炮，子如骤雨"和梅家洲地势险要而功败垂成。

初七日，湘军准备再次对梅家洲发起攻击。不料，太平军主动出击，派出六七千人分三路来袭。两路隐蔽在梅家洲的柳树林里，一路从江边绕过盔山，进攻湘军的左腋。驻扎在大姑塘的太平军派出四千人攻击盔山的后背。这些部署的目的就是为了诱使湘军进攻梅家洲，而姑塘的太平军则乘机截断湘军的后路。

湘军采取了集中力量攻其一部的战略，首先击溃了后背的太平军。"洲上三路之贼，因见山后贼败，不敢前进"。湘军最终化解了这次危机。

在陆营血拼太平军之时，驻扎在湖口的水师正因无计可施而懊恼。原来，湖内道狭窄，太平军又扎了一道数十丈长木簰横亘在江心，木簰的旁边设置炮船，木簰外面设有铁索、篾缆、"层层固护"，彭玉麟等"百计攻之，终不能冲入牌内"。初六日，听说陆营发起了攻击，彭玉麟等"即出队夹攻"，配合陆营的行动。这一仗直打得昏天黑地，惊心动魄，尤其是太平军将士誓死不投降，与堡垒共存亡的精神，令湘军胆寒。是日，双方血拼四个小时，湘军水师终于攻破了太平军的防御木簰。

水师攻破太平军木簰卡、陆营在梅家洲获胜后，湘军士气高涨，骄愎膨胀，欲乘太平军新败，趁机攻下梅家洲太平军大营。胡林翼、罗泽南和彭玉麟等率水陆大军，于初十日，联合发起攻击未果。十二日，陆营继续发动攻击，但因太平军"炮多垒坚，卒不能破"而无功而返。而水师却似乎得手，不仅冲入卡内，而且还焚烧了太平军八十余艘战船、民船，"自湖口至姑塘四十里，贼船肃清矣"。

初战得手，湘军水师不禁忘形。营官萧捷三等急功近利，想一鼓作气肃清"鄱湖以内"，遂率领一百二十余艘长龙、舢板等"轻便之舟，勇锐之士"，"扬帆内驶，日暮不归"，深入内湖，一直追至大姑塘以上。见湘军水师杀进内湖，太平军遂于湖口重新"设卡筑垒增栅，以断其后"。等湘军水师想回撤时已经来不及了。

曾国藩闻讯后大惊。要知道，攻入内湖的那百十条舢板、两千多精锐兵勇，几乎是水师的全部机动部队。从现在的观点来看，如果说那些快蟹、长龙等大船是航空母舰、战略舰的话，那么舢板、小划就是其巡洋舰、驱逐舰、护卫舰、鱼雷艇。如果那些机动性差、掉转不灵，且自身的护卫能力又比较差的快蟹、长龙，一旦失去舢板等附属船只的护卫，就等于失去了脉络、血液和保护伞。曾国藩判断，太平军一旦获悉这个情报，一定会派船来袭。那样的话，水师危在旦夕。果不其然，太平军"以小艇乘夜来袭"。

是夜三更，太平军又派出三四十艘小划，冲入湘军水师老营。屯扎在两岸的太平军边施放火箭、喷筒，边"呼声震天"。而湘军水师皆因"小船未归"，那些快蟹、长龙只能挺着挨打，"无以御之"，结果被太平军一下子就烧毁了大小战船几十艘。突变之下，猝不及防的湘军水勇阵脚大乱，纷纷升帆驾船逃命，以求自保，就连彭玉麟、李孟群的命令也没人听了。等到天明时分，能逃出来的水师兵勇溃退回九江大营。曾国藩闻讯后"不胜愤懑"已极。因为尽管损失不算太大，但精锐的机动部队深陷内湖，"业被贼卡隔绝"，湖外所剩下的"多笨重船只，运棹不灵。如鸟去翼，如虫去足，实觉无以自立"。如果面对这样的情况都能做到安之若素的话，那曾国藩简直就不是人而是神了。

湘军被迫撤离湖口后，整个形势发生了逆转，变得不可收拾。聚集在九江城外湖口的太平军抓住战机，化被动为主动，分成若干股渡江作战。虎踞在小池口的安徽太平军则逆流而上，攻入湖北境内。主动与被动的转换，几乎就在一瞬间。方才还信心满满的曾国藩，现在则不得不改变部署，应对太平军的进攻。他急忙派周凤山的陆营渡江驰援，进攻小池口太平军营垒，企图以围魏救赵之计，减轻湖北的压力。结果是周凤山大败而归。

水师陷在内湖难以自保，陆营又受挫，曾国藩坐不住了。他急忙调胡林翼、罗泽南回剿九江，在确保大营无虞的同时，增强对九江城的军事压力。

一波未平，一波又起。

是月二十五日夜三更时分，太平军数十艘小船"乘月黑迷漫"，分别从浔城和小池口出发，突袭湘军水师大营。一时间，太平军"火弹、喷筒，百枝齐发"，湘军水师防备不及，顿时就乱成了一锅粥，"各哨慌乱，挂帆上驶"，曾国藩亲自督阵，下令不许开船。无奈"江阔船多"，说什么都没有用了。曾国藩一露面便暴露了身份，太平军闻讯迅速包围了曾国藩的坐船，齐声呼喊要捉拿"曾妖头"。情急之下，曾国藩选择了投水自杀，幸被部属救起，仓皇逃到罗泽南营中才算脱险。

太平军的这一次突袭，使骄惇的湘军损兵折将，遭致惨败，也令曾国藩的威风扫地，颜面尽失。他不仅将咸丰帝赏赐给他的那些扳指、翎管、小刀、火镰等物品，连同书籍、地图、上谕、奏章、家书、二年以来的信件、部照、实收、功牌、账目一起全都丢了，而且自己还险些命丧黄泉，狼狈至极。曾国藩越想越窝囊，越想越没脸，干脆"欲策马赴敌以死"，被罗泽南、刘公蓉等"力止之"。

曾国藩上奏咸丰帝："伏查水师，自岳州以来，屡获大捷。武汉田镇，声威尤震。自湖口，若战经月，破簰焚船，费尽气力，贼舟所存无几。讵意各营，长龙、三板过于勇鸷，冲入内河，竟夜不归。而外江老营，两次为该逆所偷袭，实堪愤恨！"㊴责备自己"调度无方"，请求咸丰帝将自己交部严议。

对于此时的曾国藩，咸丰帝想哄还来不及，哪还能斥责严议？他安慰曾国藩"偶有小挫，尚与大局无损"，对曾国藩"自请严议之处"，"著加恩宽勉"。

事情虽然过去了，但湖口兵败却成了曾国藩揪心之痛，抱惭之耻，终生难以忘怀。

内外交困

太平军大兵压境，而老同年又徇私掣肘，曾国藩的日子很难过。

曾国藩的噩梦，并没有因兵败湖口而宣告结束。

太平军不给曾国藩以喘息之机，从安徽调来的大股太平军如过江之鲤，纷至沓来。曾国藩忙命悍将塔齐布、罗泽南率部渡江截击，结果是寸功未立，"挫败而还"。

形势在进一步恶化。太平军兵分两路发起新一轮的攻势。一路沿长江北岸攻击蕲州，另一路攻击广济。驻守的官军一触即溃，湖广总督杨霈先退驻汉口，再退德安。太平军攻取汉口后，溯襄河募集大批民船，剑指武昌，逼得武昌全城不得不慌忙进入戒备状态。一时间，"江、汉之间纷扰矣"。

湖北危机，曾国藩不能见死不救。他急派胡林翼、王国才等带领六千兵勇先后回援武汉。命李孟群率领四十艘战船溯江而上，回援蕲州、黄梅。

前脚刚刚派出援兵，后脚就大难临头了。

清咸丰五年（1857 年）正月初四夜，突然东北风大作，掀起滔天巨浪。停泊在九江城外水师老营的战船遭到厄运。"漂沉二十二号，撞损数十号"。尚未开战便遭此重创，令曾国藩恼怒异常。

说起来也难怪曾国藩气冲斗牛。自创办水师至今，因天气的原因，漂沉、撞损战船的事儿已经发生过不止一次两次，而是多次。未战先自损，这是很伤士气、信心的事儿。既然老天爷不帮忙，曾国藩只好命令李孟群、彭玉麟，将所有外江的炮船，全部开赴湖北境内避风，"扼扎金口"。

面对天灾人祸，曾国藩实在是平息不了心头的怒火，更咽不下这口窝囊气，便亲自督战，怒不可遏地想一举拿下九江城，结果仍然是以失败而告终，令曾国藩沮丧到了极点。

湘军水师孱弱，陆营又分兵南北两岸，相互不能兼顾，加之太平军大兵压境，湘军"士卒久劳，隔江远战。主客势殊，众寡不敌"，故而造成水陆两军连吃败仗，弄得曾国藩一个劲儿地大叫"自愤！自恨！"

太平军趁湘军败退之际发起大举进攻，连战连捷。正月初一，太平军打到了武穴县。初二，打到蕲州，并声称要直取武汉。而驻防在广济的湖北防御的湖广总督杨霈，根本就不是太平军的对手，不仅连尝败绩，兵勇溃逃，最后就连他这个总督也没了音讯。曾国藩"屡次差探未确"，搞不清楚杨霈究竟跑到哪里去了。

连连得手的太平军，将沿江而上的三千部队与黄梅、广济的四五千部队汇聚于蕲州，准备一起西进。至此，曾国藩已感到独木难支，可虑者多端，光靠他的湘军"进止机宜，有万难者"。主要表现是：一，太平军进攻武汉，其意图是抄湘军后路，截断饷道，而湖北的部队又根本抵挡不住。假如太平军再"掳上游无数之民船，抢汉镇新造之战舟，梗塞江汉之间，则大江千里，上下皆贼"⑩。一旦出现这种局面，位于长江中的大部湘军就会被断绝钱粮、子药，"水勇之心断难自固"。如果太平军果然重新占据了武汉，就会"西窥荆襄南伺湘省，则防不胜防"。二，如果湘军回援武汉"则艰难百战，肃清江面，一旦委而弃之，实属可惜"。湘军水师一旦西行，驻扎在九江、湖口的太平军势必会攻犯江西，截断湘军饷道。失去外面的接应，陷于内湖的水师"从此断难冲出"。那样的话，这一年多积累起的这点精华就算全交代了，以后再"难以再振"。三，由于屡胜，陆军"士气极盛",在攻城略地的同时,自己的损失也不小,"锐气挫损"。如果就这样一直向前打下去的话,"尚不难振制精神"。而如果回援武汉则"兵勇之雄心先减"。"加以远道跋涉,消磨精气,虽认真振厉,亦难作其方心之气"。这样分析下来,令曾国藩"反复筹思,进退两难"。

虽然局势严峻,但曾国藩仍然保持着比较清醒的头脑,在客观地看待外部因素的同时,也能比较理智地分析湘军连受挫败的主要原因。

曾国藩认为造成这样局面的主要错误有两个:一是攻克武汉后,没有留下足够的部队,实施重兵防守。原本应该留下几十艘战船"以为后路声援"。但因为江汉没有战船可留,形不成战斗力,所以致使太平军"乘虚上窜";二是在没有攻克九江城的情况下,就匆忙地去打湖口,本希望打通"江西饷道",但由于急功近利,机动部队单兵冒进,使一百多艘战船深陷内湖之中,结果是一支完整的水师被一分为二,造成"外江无小舟,内湖无大船"的被动局面,"顿形薄弱"。实践证明这是一个非常不明智的决策。加上老天爷不帮忙,一阵大风毁坏了多艘战船,致使"事机不顺"。

要扭转眼下的危机,曾国藩考虑了以下四种应对策略:一是赶紧在湖北添置装备、修补损毁的战船,迅速恢复外江水师的战斗力,以巩固"荆湘门户";二是立刻命令湖北的兵勇及胡林翼所部先后回援武昌;三是准备亲自到南昌"修整内湖水师",恢复其战斗力;四是命令围攻九江的陆军"有进无退,攻克浔城",然后按原计划"仍当鼓行东下,直捣金陵"[41]。

其实,客观地看,曾国藩的这些策略只能算是权宜之计,并不能从根本上扭转眼下的被动。

面对如此复杂的局面,咸丰帝也拿不出什么好的办法来。他在给曾国藩的回复中,没有具体肯定他所提出的那些办法可行还是不可行,只有不得已的劝慰,并给他输血打气,说:"曾国藩既定直捣金陵之计,即著迅速设法攻克九江,合军东下,毋得再存顾虑。"[42]咸丰帝的意思很明白,既然你曾国藩已经拿定了主意,就别再磨叽了,赶紧去实施吧。

清咸丰五年(1857年)正月十二,曾国藩离开凶险万丈的九江老营,于十六日抵达江西省城南昌。此时的曾国藩,心情十分复杂。

曾几何时，横扫湖南、湖北的湘军，攻无不取，战无不胜，成为大清唯一能与太平军相抗衡的劲旅，屡屡蒙受隆恩，叙优奖掖，何等自是、何等惬意？而如今兵损将陨，樯摧楫折，连遭败绩，惶惶乎不知所踪；曾几何时，力挽狂澜、独撑半壁的曾国藩，运筹帷幄，决胜千里，被视为大清智勇双全的军事统帅，为圣上所独倚，为朝野所仰望，何等自豪、何等荣光？而如今却屡赴阴曹，死里逃生，凄凄然如丧家之犬。这真是命也时也运也。

曾国藩莅临南昌，没有见到欢迎的人群，没有迎接的官吏，更没有见到自己的同年、时任江西巡抚的陈启迈。曾国藩虽然一时无所适从，但自己心里还是很清楚的，身为败军之将，的确也没有什么脸面示人。曾国藩只能打肿了脸充胖子，把苦水往自己的肚子里咽。他在家书中违心地说，自到南昌后，"官绅相待甚好"，"一切尚为顺平"，但癣疾却大发。

曾国藩的神情很沮丧，很愁苦。纵横捭阖的日子结束了，现在不得不开始寄人篱下的新生活。

兵败如山倒。曾国藩败走九江，其颓势一发而不可收。驻扎在蕲州的太平军趁机渡江向南杀来，接连攻占兴国、通山、崇阳、通城、咸宁等城池，"扰陷殆遍"，其影响直至江西武宁县境，武昌危在旦夕，不得不再次戒严。驻守在武昌城的湖北巡抚陶恩培，心惊胆寒，束手无策，只能向曾国藩"飞书请援"，而曾国藩还没有来得及施以援手，湖北就失守了。

闻之湖北失守，湘军将士无不动容。想不到苦战经年才打下的湖北，说丢就丢了，曾国藩甚觉"可惜可恨"。现在，曾国藩想到的已不是如何去救援湖北，而首先想到的是老家湖南的安全。可是湘军现在远在江西，无论是主观还是客观，都没有条件"回救桑梓"。曾国藩把未能回救湖南的原因告诉了自己的弟弟们。曾国藩说，人数少回去无济于事，回去的人多了，则"口粮无出"；如果全军都回去，可是战船都陷在鄱阳湖内，"又富无人统领，殊不放心"。

没有办法保护桑梓，让曾国藩很是不安，而此时发生的一些事情，也让曾国藩烦心，弄得他一会儿是"癣疾大发"，一会儿是"火气甚旺"，一会儿又"用心尤甚，夜不能寐"，甚是郁闷。那么曾国藩到底为什么如此烦心而郁郁不得其乐呢？

总的来讲，自曾国藩到南昌后，无论是内部还是外部，就没有遇到过什么顺心的事儿，尤其是湘军内部本不该发生的几件事儿，让曾国藩很上火很纠结，叹曰："军事愈办愈难，有非一言所能尽者，诸为心照。"㊸

首先是一个叫万瑞书的水师哨官就把曾国藩气了个半死。

事情发生在去年腊月二十五那个惊心动魄之夜。太平军趁夜来袭，火烧湘军水师大营，各船纷纷开动逃命。而粮台所雇的那些民船更是"仓皇失措"，水手们"惊逃上岸"，有的全船竟然没有一个人看守。这个时候，水师右营哨官万瑞书趁火打劫，跑到空船上大肆盗抢。三十日，闻讯后的曾国藩饬令永州知府，一下子就从万瑞书的船上搜出盗抢的白银一千二百多两。让曾国藩怒不可遏的是，就在准备将万瑞书"严讯究办"之时，万瑞书却驾船逃跑了，至于是跑到了武汉，还是逃回了湖南老家，均未可知。这把曾国藩气得火冒三丈，当即向咸丰帝请旨，严饬湖南巡抚骆秉章，在水师营内及万瑞书的湘阴原籍进行缉拿，一旦到案，即行正法。而那个奉旨缉拿万瑞书的骆秉章，却不知是为了乡情还是为了与曾国藩作对，竟然"不欲杀之"——偏偏不想将万瑞书就地正法，还非常过分地要向咸丰帝求情，对万瑞书予以"开释"。闻之此事，曾国藩不胜悻然。自打曾国藩退守江西，与骆秉章之间的沟通就不太顺利，在一些问题上意见很难统一，曾国藩不得不承认世事维艰，很难处理。结果，这件事一直拖了六个月之久才办妥。

其次是为湘军将士保奏请功的事。

应该说，曾国藩是一个很会用人的统帅，尤其是在笼络人心、奖掖部属方面，从来没有吝啬过。自去年十月出征以来，曾国藩数次向咸丰帝奏保，经他保奏而屡屡迁升的将士无数，其中最大的已经官至巡抚，成为一方大员，简直跟曾国藩本人的肩膀头一般齐了。及时的"奖叙"，令"军士用命，无坚不摧"，赢得了"极顺"的局面。然而至湘军南下后，局势每况愈下。不仅北岸的黄梅、广济、蕲州等地全部失陷，"复为贼踪往来之地"，就连田家镇等地，也由于水师精锐深陷内湖、老营两次遭袭、湘军败退江西而重新成了太平军的势力范围。这样一来，一连串的失利湮没了从前的辉煌。这就是寻常人看问题的角度和思维定势，既能一俊遮百丑，也会一条鱼腥了一锅汤。曾国藩无奈地慨叹："前此战功竟成空虚，可愤！或恨！"㊹

内心的苦楚只能隐藏在心里。在失败面前，曾国藩还是表现出一个统帅应有的襟怀和气度——我可以承担全部责任，但将士们用生命与鲜血拼来的功劳不能抹杀。他上奏咸丰帝直言："事机之不顺，调度之失宜，咎在臣等"㊺，而湘军将士"血战十余次，伤亡千余人，其劳勋究不可没。"㊻

曾国藩分析后认为，假如咸丰帝因湘军作战失利而有功不赏的话，很可能造成消极的后果。比如，现在军营里"贤愚不一"，尤其是那些"诡滑者"，一看到情况不妙，就心怀"退志"；而那些"志朴"可以依靠的人，都是前几次在战斗中"力战受伤之人"。这些人旧伤未愈，一见战局不利就"愈愤极思战"。对于这些军卒，只有不辱没他们"既往之功，乃益作其将来之气"。曾国藩的这番话说得大义凛然，但也颇含蓄。事实上，由于战事紧张，曾国藩没有及时给那些立有战功的将士请功保奏，引起了他们的不满，甚至影响到了军心的稳定。在这种情况下，曾国藩不得不向咸丰帝"开单汇奏，吁恳天恩！俯如所请，以资激劝"㊼。

这事儿，说起来一点都不奇怪。没有好处谁会用命？利益是推动事物发展的原动力。古今一理，概莫能外。

注释：

①②③《曾国藩全集·奏稿》：清咸丰四年闰七月初三日之《岳州水陆官军四获胜仗折》。

④⑥㉒㉖㉚㊱㊷《曾国藩全集·年谱》。

⑤《曾国藩全集·奏稿》：清咸丰四年闰七月初九日之《岳州水陆大捷踏平贼营进扎螺山折》。

⑦⑧⑨⑩《曾国藩全集·奏稿》：清咸丰四年八月十九日之《谢三品顶戴恩折》。

⑪⑬⑭⑮⑯⑰⑱⑲⑳《曾国藩全集·奏稿》：清咸丰四年八月二十七日之《官军水陆大捷武汉两城同日克复折》。

⑫《曾国藩全集·奏稿》：清咸丰四年八月二十二日之《水陆续获胜仗现筹进兵折》。

㉑《曾国藩全集·家书》：清咸丰四年九月十三日谕诸弟。

㉓㉔《曾国藩全集·奏稿》：清咸丰四年十月初七日之《谢兵部侍郎衔恩折》。

㉕《曾国藩全集·家书》：清咸丰四年十一月二十七日之谕诸弟。

㉗㉘㉙《曾国藩全集·奏稿》：清咸丰四年九月二十七日之《缕陈鄂省前任督抚优劣折》。

㉛㉜㉝《曾国藩全集·奏稿》：清咸丰四年十月初七日之《陆军踏破半壁山贼营水师续获大胜折》。

㉞《曾国藩全集·奏稿》：清咸丰四年十月初七日之《谢兵部侍郎衔恩折》。

㉟《曾国藩全集·家书》：清咸丰四年十一月初七日之谕诸弟。

㊲《曾国藩全集·家书》：清咸丰五年正月初二日之谕诸弟。

㊳《曾国藩全集·奏稿》：清咸丰四年十二月十四日之《浔城逆党两次扑营均经击败折》。

㊴《曾国藩全集·奏稿》：清咸丰四年十二月三十日之《水师三次获胜两次败挫折》。

㊵《曾国藩全集·奏稿》：清咸丰五年正月初五日之《陆军剿小池口贼并陈近日军情折》。

㊶《曾国藩全集·奏稿》：清咸丰五年正月初八日之《大风击坏战船并陈近日剿办情形折》。

㊸《曾国藩全集·家书》：清咸丰五年四月二十四日之谕诸弟。

㊹㊺㊻㊼《曾国藩全集·奏稿》：清咸丰五年正月二十七日之《遵旨保奖折》。

8

死生由命

既然翻了脸，还管他是谁？

老同年既然不给面子，那就只能"重参"。

太平军起事，风起云涌，锐不可当，很快就横扫了大清东南半壁。就在大清国大厦将倾，危如累卵的紧要关口，在籍侍郎曾国藩横空出世，率领一干湘乡子弟异军突起，不但打破了太平军战无不胜的神话，而且收复了湖北、湖南，扭转了东南半壁的危局。这不仅让那些正规的八旗兵、绿营兵颜面无存，就连那些地方督抚大员也赧颜汗下，威风扫地。江西的最高行政长官、巡抚陈启迈就是这其中一员。

陈启迈与曾国藩既有同乡之亲，又有同年、同翰林之谊。可对这位与自己"三同"的地方大员，曾国藩心里却一点底都没有。因为陈启迈压根就不待见曾国藩，或者说根本就不买他的账。

曾国藩与陈启迈之间的嫌隙得从清咸丰四年（1854年）八月说起。

那时，曾国藩正率领湘军连克武昌、汉阳等重镇，向太平军发起大规模反攻。湘军的仗自然是越打越大，战线也越拉越长，因而在后勤保障方面就难免不出现问题，尤其是饷银供给严重不足，经常是朝不保夕，难以为继。为解饷银困局，曾国藩只好向咸丰帝求援。咸丰帝也不含糊，立即下旨，饬令江西、广东、四川三省"解饷协济"，三省倒是奉旨行事，但却屡出差错，落实不到实处。先是由江西、广东等地解来的饷银，让湖南巡抚骆秉章给"另款抵扣"了，而由四川解来到四万两银子，被荆州将军官文给截留了。九月的饷银迟迟不到，而十月份的饷银则"尚属无着"。在曾国藩"焦急难名"之时，只好再次上奏咸丰帝，向江西伸手。曾国藩也不是拣软柿子捏，从江西解饷还是有一定理由的。一来江西"物力较丰"，有一定的物质基础；二来相距较近，没有交通方面的困难；三来湘军一旦"下至九江、湖口一带"，则江西的防御问题"即可稍驰"，对江西大有裨益。曾国藩敦请咸丰帝"飞饬江西巡抚"，不管什么钱，先解来八万两"以济急用"再说。

看似急如星火的大事，江西巡抚陈启迈却压根就没理曾国藩的那个茬儿，而且连一点动静都没有，就像从来就没有这么一回事，弄得曾国藩只好直接找咸丰帝询问，江西那八万两饷银"未知能应时解到否"？

因为有了这样的经历，曾国藩对即将面临的环境并不乐观，在还没进南昌城之前，早就有了一定的思想准备。果然，陈启迈对这位来到自己这一亩三分地的老同乡、老同年没客气，基本没给什么情面。在他的影响下，江西官绅也上行下效，毫不客气地给曾国藩和他的湘军一个又一个的眼罩戴。身为败军之将，又"客寄虚悬"，寄人篱下，总不能啥事都由着自己的性子来。曾国藩咬咬牙忍了。所以，那一个时期，曾国藩在家书中提到比较多的就是"忍气"二字。

陈启迈不是一个心眼很宽敞的人，眼光比较短浅，很看重自己手里那点儿权力，对曾国藩这位"客寄"在自己屋檐下的兵部侍郎没有什么好看法，更心怀芥蒂。

在陈启迈看来，曾国藩这个名不正言不顺的所谓钦差水分很大，但他依仗着自己的军功，常常狗仗人势，超越权限，屡屡干涉内政、诟病江西。对曾国藩的一些做法，陈启迈很是悻悻。比如，曾国藩初到九江之时，两次血战太平军而"未能大挫其锋"，原因是太平军遍布两岸，而且水陆相互依偎策应，拼死进行抵抗。反观湘军一方，则水师与陆军隔离，"孤悬大江，介处贼营之中"，夜夜受到太平军的骚扰，不得安宁。加之连日雨雪交加，水师停泊在江中，"则为风波所撼；泊岸边，则为陆贼所扑"，因而弄得水师疲惫不堪，颇为劳苦。在这样的情况下，曾国藩不说太平军顽强和湘军无能，而是对江西颇有微词。曾国藩上奏咸丰帝，说江西水师"本可以藉以协助臣君"，但为什么没有"协助"呢？原因是在太平军水陆合击之下，江西四十多艘战船全部被掳，旗帜和炮械一样没剩。太平军有了从江西抢来的这些战船、装备和在安徽新打造的三十艘战船，进攻更加频繁，士气越发高涨。加之占据险关要隘，不仅可以"内窥江西"，而且"外拒我军"，湘军根本就没有取胜的可能。在这种情况下，湘军即使与江西相隔咫尺，也没有办法相通。江西的水师非但帮不上湘军，却使太平军如虎添翼，使太平军"愈剿愈多，愈击愈悍"。可见，身为江西最高行政主管的陈启迈其罪之大矣。

这是发生在清咸丰四年（1854年）十一月份的事儿。

接到曾国藩的奏折后，咸丰帝立即饬令湖北、江西两省派兵参加"会剿"。命令湖广总督杨霈派桂明留驻黄州，魁玉、杨昌泗随同"剿贼"；蕲州以下，命杨霈"自驻黄梅、广济之间"；调江西臬司恽宸光、总兵赵如胜"驻军九江境上"。上述这些地方大员、军队，统由曾国藩调度指挥。曾国藩节制了陈启迈、恽宸光、赵如胜还不算，对他们的表现还是很不满意，继续向咸丰帝告状。说塔齐布渡江北上以后，南岸官军即不能得手，原因"是江西陆路兵勇殊不足恃"，迫使塔齐布还得"渡回南岸"。咸丰帝一听就火了，质问："倘南北两岸专恃一塔齐布奔驰追剿，则湖北、江西两省官兵，岂不成虚设耶？"①直接就把板子打到了陈启迈的屁股上。

尤其令陈启迈怒不可遏的，是曾国藩一面在咸丰帝面前告陈启迈的刁状，另一方面还通过咸丰帝向江西要枪要炮要饷银。更可恨的就数咸丰帝，曾国藩说什么是什么，要什么给什么，对曾国藩简直就是有求必应，一一"允准"，这让陈启迈怒火中烧，而敢怒又不敢言。

有仇不报非君子。现在，曾国藩终因兵败而退守江西，进入了陈启迈的势力范围，使他终于等来了泄私愤的机会。由此，陈启迈心存得意，时不时地给曾国藩小鞋穿，迫使曾国藩在他的矮檐下低头。比如，在饷银的问题上，陈启迈就坚决地封住了曾国藩的嘴，即使是为了保卫江西也处处刁难，"饷尤掣肘"。再如，在奉旨为湘军筹备炮位的问题上也是故意为难曾国藩——炮是筹备好了，你自己出船来运吧。弄得咸丰帝都看不下眼去。

随着矛盾的不断加深，两位同乡、同年、同僚最终撕破了脸皮。积聚已久的火山终于爆发了。

清咸丰四年（1854年）四月发生了一起讼案。当时，塔齐布在湘潭大胜太平军，溃散的太平军残部退入江西境内。很快，萍乡、万载等县先后失守。万载县知县李峣贪生怕死，竟然不顾一城百姓的死活而独自弃城逃命。乡民彭才三害怕遭到太平军的劫掠，主动送粮送马以图自保。太平军过境后，当地的举人彭寿颐倡导组织团练，把六个区合为一个团，刊刻了条规呈报李峣批准。彭才三对彭寿颐倡办团练一事大唱反调，说什么"馈贼可以免祸，谓团练反以杵贼"，主张对太平军采取怀柔政策，放弃抵抗。而他自己不仅坚决不参加团练，而且拒绝捐赏。由于彭才三不起好作用，最后把团局给搅散了。搅散了团局还不算，彭才三还贿赂李峣，诬告彭寿颐"一家豺狼，恐酿逆案"。李峣拿人家手短，便袒护彭才三，"蒙混通禀"。血性的彭寿颐没有想到，自己因为刚正不阿而"遭诬"，因为倡办团练而"获咎"。于是，愤怒的彭寿颐便向各个衙门举报李峣弃城而逃和彭才三"馈贼阻团"等罪行。袁州知府绍德深同情彭寿颐，认为彭才三的所作所为是完全错误的，并严厉地申饬了李峣。案子最终上报到陈启迈的手里。陈启迈"批词含糊，不剖是非"，一拖就是半年，"案悬未结"。曾国藩到江西后，彭寿颐登门告状。开始的时候，曾国藩以"军务重大"，没有时间去管"词讼"为由，没有接见彭寿颐，但彭寿颐所刊的那些"条理精密，切实可行"的团练章程却引起了曾国藩的注意。传来彭寿颐一看，曾国藩大喜，认为此人"才识卓越，慷慨有杀贼之心"，便心生爱才之意，有意留用。为此，曾国藩先后两次亲自找到陈启迈商量，说彭寿颐是一个可用之才，他的案子无关紧要，自己想把他带到军营里效用。陈启迈"坚僻不悟",根本没理曾国藩的茬儿,不仅不为彭寿颐"伸理冤屈",反而固执地认为他办理团练是错误的。更有甚者,不仅认为彭寿颐办理团练是错误的,还要撤销李峢"弃城逃走之案",而治彭寿颐"以诬告之罪"。陈启迈大耍地方大员的权威,不仅固执己见,卷了曾国藩的面子,还将彭寿颐收监,让恽宸光严刑逼供。陈启迈"颠倒黑白,令人发指"的行径,令曾国藩"反复思之,而不能平也"。从此,曾国藩与陈启迈的沟通更加困难,两个人之间"尤多龃龉"。彭寿颐这件事,也成为曾国藩与陈启迈之间矛盾爆发的一个导火索。

陈启迈一桩桩一件件的恶行,终于让曾国藩忍无可忍。清咸丰五年(1855 年)六月十二日,曾国藩上奏咸丰帝,严参陈启迈。观曾国藩这道《奏参江西巡抚陈启迈折》,无一字不义愤,无一句不痛斥。开篇就直陈陈启迈"劣迹较多,恐误大局"②。

曾国藩道,现在江南数省,太平军的势力成蔓延之势,全依仗着那些督抚大员"庶几维持补救,转危为安"。然而到江西几个月以来,仔细观察陈启迈"居心行事",并"证以舆论,实恐其贻误江省,并误全局"③。

曾国藩列举了陈启迈种种劣迹。

一是庇佑逃将废员。赵如胜原是被发配新疆的革职总兵,被陈启迈留用后统带一支战船百艘、水勇四千、大小炮位七百余尊的部队。就是这个赵如胜,还没与太平军接仗,只是听说太平军要来,便"首先逃奔"。在赵如胜的率先垂范之下,该部顿作鸟兽散,战船、装备皆为太平军掳获。那么太平军一共来了多少人马呢?仅有区区九十人而已。"闻风先逃,殊可痛憾",而陈启迈则瞪着眼睛说瞎话,谎奏"赵如胜奋不顾身,力战终日","含糊欺饰,罔恤人言"。派赵如胜防堵饶州,一个月内就"败逃三次",对饶州失陷负有责任。但陈启迈皆"含混入奏",不仅没有治赵如胜的罪,就连原定发配新疆的罪名也不提了。陈启迈对赵如胜"始终怙非袒庇,置赏罚纲纪于不问",而袒护废员吴锡光的行为更是着人愤恨。

吴锡光是一名被革职的守备,原本被弹劾后应"奉旨正法之员"。吴锡光拜到陈启迈门下"吁求救全"。陈启迈便演了一出狸猫换太子,故意颠倒留用与正法的时间,不仅保全了吴锡光的性命,而且"多方徇庇,虚报虞功。既请开脱罪名，又奏保屡次超生，又奏请赏给勇号"。要说起来，吴锡光并非一无是处，曾国藩承认此人"气质强悍，驾驭而用之，尚不失为偏裨能战之才"。但他"贪婪好淫，纵兵扰民，在南康时，军中妇女至百余之多；过舍时，将市肆抢掠一空，实为远近绅民所共恶"。吴锡光残忍成性，不惜唆使部下残杀其他兵勇，用其他犯案兵勇替代手下的犯罪兵勇，"缚而杀之"。就是对这样一个人，这样的恶行，陈启迈"一力袒庇，颠倒是非"，"既不奏闻，又不惩办"。更可恨的是，在饶州之战中吴锡光仅"杀贼数十人"且"此绅庶所共见、共闻"。而陈启迈则替吴锡光虚报战功，谎称"克复饶州，杀贼三千，焚船百余"，使吴锡光等得以超生。义宁州失陷，主要系当地土匪所为，而吴锡光"骄矜散漫，仓促败亡"。陈启迈则谎奏其"鏖战竟日，杀贼千余"等。曾国藩说："自军兴以来，各路奏报，饰胜讳败，多有不实不尽之处……然未有如陈启迈之奏报军情，几无一字之不虚者。"曾国藩惊呼："兹风不改，则九重之上，竟不得知外间之虚实安危，此尤可虑之大者也。"

二是处处给湘军找麻烦。湘军败退江西以后，对从根本上扭转战局的确发挥不了什么作用了，这让曾国藩感到"惭愧无补"，但对江西而言就不是这样，用曾国藩的话说是"于江西则不为无功"。为保江西无虞，曾国藩命塔齐布所部扎营在九江，堵防着太平军在陆路上的主力；曾国藩自己驻扎在南康，堵防来自长江上的太平军水师；罗泽南则驻防饶州，确保东路安全。曾国藩不禁发问："此军何负于江西？"可即便这样，从陈启迈的嘴里仍旧难说出一个"好"字，仍旧不买曾国藩的账，照样"多方掣肘，动以不肯给饷为词"。那么，是不是曾国藩所部支出太多，江西藩库没有能力承担了呢？曾国藩算了一笔账，并上奏咸丰帝道："臣军前后所支者，用侍郎黄赞汤炮船捐输银四十万两，奏准漕折银数数万，皆臣军本分应得之饷，并非多支藩库银两。"可话说回来了，就是把江西的钱都花了，那也是国家的钱、皇上的钱，也绝对不是你陈启迈私有财产啊？有什么理由"迭次信函，皆云不肯给饷"？曾国藩向咸丰帝诉苦道："臣既恐无饷而兵溃，又恐不和而误事，不得不委屈顺众。"

三是朝令夕改，反复无常。清咸丰五年（1855 年）四月二十七日，罗泽南部攻克广信府，实现了曾国藩"扼浙之吭嗌"的计划，在长江南岸东路争取了先手。按照曾国藩的设想，准备调罗泽南乘胜折回饶州都昌，与水师会合，联手攻取湖口。而陈启迈则没有曾国藩"三省全局"的大局观念，往往置全局于不顾，仅仅就考虑自己那一亩三分地的利益，处处跟曾国藩唱反调。一会儿调罗泽南去守景德镇，一会儿又调罗泽南回防南昌。出于维护团结的目的，对陈启迈的抽风行为，曾国藩"均已曲从之矣"。可陈启迈并没有感觉，仍然恣意妄为。就在罗泽南刚刚回防南昌之际，陈启迈马上调罗泽南去助剿义宁，曾国藩回函表示同意。罗泽南刚刚起身，陈启迈突然致函曾国藩，要调罗泽南前往湖口，曾国藩又复函答应了。可陈启迈再次致函曾国藩"忽有仍调义宁之信"。这一下，始终也没有个准主意的陈启迈，把曾国藩的全盘计划彻底打乱了。曾国藩气愤地上奏道："朝令夕改，反复无常，虽欲迁就曲从而有所不能。"

这还没完。陈启迈不仅在调兵方面反复无常，在重建水师问题上同样说了不算，算了不说。

清咸丰五年（1855 年）二月，曾国藩与陈启迈商量江西重建水师的问题，计划改造十余艘旧船，招募千名水勇，目的是"以固本省鄱湖之门户，以作楚军后路之声援"。这个想法，与陈启迈正月间给皇上的上奏内容基本上是一致的，陈启迈对与曾国藩共同商议的结果也"深以为然"，并同曾国藩一起会衔"札委"南河候补知府刘于淳"董理其事"。接到札委后，刘于淳便立即行动。就在刘于淳"业已兴工造办"之时，突然接到陈启迈的命令，说什么江西本省没有必要设立水师，马上停止造船。面对陈启迈的这一决定，曾国藩没有说什么，而是"顺而从之矣"，乃令札刘于淳另设船厂，供己之用。就在这时，刘于淳忽然接到陈启迈命令，要取走厂内的船只交给吴锡光新募的水军使用，同时命令刘于淳再建造十五艘船，刘于淳一一照办。等船造好了，陈启迈却批饬："不复需用。"陈启迈的出尔反尔，把刘于淳彻底弄傻了。曾国藩怒奏曰："倏要船，倏不要船；倏立水军，倏不立水军。无三日不改之号令，无前后相符之咨札。不特臣办军务，难与共事；即为属员者，亦纷然无所适从。"

四是是非不分。湖南的平江、江西的义宁州是两个办团练较有成效的州县，不仅在抵抗太平军方面甚是得力，而且在捐资纳款方面也从不含糊。清咸丰四年，义宁州在与太平军的激战中屡获胜仗，且"捐款甚钜"。可是在事后陈启迈的保奏中却出现了咄咄怪事：出力的人没有得到奏保，捐资的人也没有得到奏保，所保的都是"各署官亲幕友"。陈启迈的不公激起了民愤，义宁州的绅民怨声载道，在南昌城的街头巷尾贴满的大字报，言称因为保举不公，所以要解散团练。如果太平军再来，断不会捐钱、堵防。面对民怨，陈启迈"不知悛悔，悍然罔顾"。不久，太平军再取义宁，守军抵挡不住，请求陈启迈派兵增援，陈启迈没有理那个茬儿。结果，在困守二十天后，义宁州失陷。因为宿仇，太平军一次就杀了义宁练勇数万人。面对惨状，"百姓皆齿于巡抚保举不公，致团练散而罹此惨祸也"。

此外，曾国藩还列举了陈启迈颠倒黑白、包庇恶人、陷害无辜等劣迹。

曾国藩在奏折的最后说："臣与陈启迈同乡、同年、同翰林，向无嫌隙。在京师时，见共供职勤慎；自共事数月，观其颠倒错谬，迥改平日之常度。以致军务纷乱，物论沸腾，实非微臣意料之所及。"[④]

咸丰帝读完曾国藩的奏折后吃惊非浅。让他没有想到的是，在国家岌岌可危之际，身为地方大员的陈启迈竟然如此昏聩，劣迹斑斑，拿大清的江山当儿戏，这还了得？当即下旨，将陈启迈革职查办。可怜年近知天命的陈启迈，用大半生的心血好不容易才熬来的巡抚高位，就这样被曾国藩一纸奏折给断送了。现在，陈启迈是欲说无门，欲哭无泪，想买后悔药都没地方去买了。

孤家寡人

得力大将死的死、走的走，只剩下一个仰天长叹的曾国藩。

曾国藩及其湘军退守江西后，虽咬牙坚持，困兽犹斗，但胜败参差，始终也不能从根本上扭转军事上的被动局面。清咸丰五年（1855年）四月初八日，太平军分成几股打进江西境内，攻陷了义州，南昌城闻讯赶紧戒严。义州失守，受到关联的不仅仅是一个南昌，就连湖南"亦有东顾之忧"。因为义州与湖南平江、浏阳近在咫尺，太平军有从"此路窥伺长沙"之想。

曾国藩对局势看得很清楚，如果不能迅速消除义州这个心腹之患，那么三面受敌的湖南就"万难支持"了。虽然调罗泽南急赴义州进剿，但能不能"急急克复"，"以绝两省腹心之患"，曾国藩的心里也没有什么底。只能慨叹："大乱之弭，岂尽由人力，亦苍苍者有以主之耳！"⑤

形势不容乐观，曾国藩不能不有所作为。清咸丰五年（1855年）六月十三日，曾国藩派水师出击徐家埠，并委派知县李锟带领陆勇协同作战，烧毁太平军战船八十余艘，获得小胜。水师本欲乘胜拿下卡壩、梅家洲，却出师不利，以伤亡数十人的代价黯然收场。与此同时，塔齐布的陆营倒是比较顺利，在新坝击溃太平军，获得胜利。

就在曾国藩于江西苦苦挣扎之时，湖北局势骤然恶化。湖广总督杨霈兵败德安府，逃奔襄阳。咸丰帝一怒之下，将杨霈革了职。

对于杨霈的结局，曾国藩颇不以为然，因为他早就看出杨霈难得善终。不用说别的，就看杨霈手下的那些鄂勇一触即溃、趁乱抢劫粮台的恶行，就知道他必败无疑。《曾国藩年谱》就记曰："鄂军在德安者屡败不振。"曾国藩甚至曾直接上奏咸丰帝说："湖北兵勇不可复用。"

罗泽南没有辜负曾国藩的期望，先后击败梁口、乾坑、鳌岭、鸡鸣山等地的太平军，于同月十六日收复义州；萧捷三率水师击败太平军于鞋山；李元度破太平军于徐家埠，形势出现转机。

六月二十七日，湖南提督塔齐布赶到青山大营，与曾国藩会晤，共商"破贼"大计。两个人已经有半年多的时间未谋面了。生逢乱世，凶险难测，好友之间更多的只能是彼此的惦念，能够见上一面实属不易，不免感慨良多，有许多心里话要说。但身为将帅，曾国藩与塔齐布没有多余的时间可供两个人感叹叙情，而是把注意力专注于眼下的战事。可一谈到战事不顺，就不能不使两个人感到窝心，曾国藩曾言："言及顿兵江境，劳师靡饷，上负主恩，下失民望，两人惭愤交集，哽咽难言。"⑥

对湘军来说，眼下最大的一个障碍就是浔城。因为太平军飘忽不定，驻守浔城的太平军忽多忽少，如果让塔齐布"分剿他处，则恐大营单薄，反为逆贼所乘；若令聚一处，则五千之众，久无成功，日对坚城，徒深胶着"⑦。而问题是，如果湖口的水师没有陆军的掩护，彼此"俱不可能得手"。奉命出击义宁的罗泽南能不能及时返回湖口还是一个未知数，这迫使曾国藩和塔齐布"不得不思所变计，以求有济于大局"⑧。

在纠结于浔城未破，而"顿兵已久，愤恨同深"的时候，曾国藩提出自己的想法，认为现在"宜移师东渡，会剿湖口，扫荡东流建德一带，长驱直下，期与下游芜湖之师会合"⑨。

塔齐布也提出了自己的建议，意思仍然坚持要打下浔城。他觉得自六月以来，湘军"攻城之具，增置完备，七月以内，即行大举攻剿，誓当力破此城，以雪积愤"⑩。如果拿不下浔城，七月底再移师东渡也不晚。

曾国藩采纳了塔齐布的意见。两个人还议定，曾国藩派三千平江勇攻打湖口，约定在七月十五以后，"两城同攻，水陆并进"，一举拿下如鲠在喉的浔城。

然而，天有不测风云，人有旦夕祸福。

刚刚还在青山大营与曾国藩"会商攻剿之策"的塔齐布，竟然于七月十八日突然"卒于军"中。

九江陆营专弁飞报曾国藩说，七月十八日辰时，塔齐布命令部队出营，向浔城发起攻击。可塔齐布人还没等出营，"陡患气脱之症，昏迷不醒"，竟然在两个时辰之后辞世了。

闻此噩耗，犹如一记晴空霹雳，使曾国藩"不胜悲愕"。

失去这员不可暂离须臾的股肱悍将，曾国藩悲痛欲绝自不待言，还于次日急赴九江，亲自料理塔齐布的丧事，并安抚营众。

塔齐布之死，令曾国藩仰天长叹，无限痛惜地奏报咸丰帝说，塔齐布身殁，"不独臣军失此名将，大损声威；即东南众望所摧，亦均恃为长城之倚"⑪，并高度肯定塔齐布的功绩。

曾国藩说，塔齐布每次作战均一马当先，而命令兵勇跟随在他的后面，"不令出己之前"。如果别的营盘出现了危机，塔齐布就会毫不犹豫地"跃马驰往救援"。每次临战，塔齐布都会在不让其他将士知晓的情况下，单人独骑"相度战地，及察看贼营情形"。塔齐布曾屡次被太平军"狙伺追逼"而身陷险境，但塔齐布均能以弥天大勇，"从容御之"。曾国藩曾"迭次劝阻"塔齐布，身为主将，不应该这样不顾个人安危，屡次赴险。其他的将士也天天"谏止"。而塔齐布"气吞凶逆，不为怯惧"。就连曾国藩也不得不慨叹，塔齐布"屡濒危险"而"得免于难"，是因为"常有奇缘"，有老天庇佑。

曾国藩举出了几个塔齐布深陷危境而终能化险为夷的例子。比如湘潭之战，塔齐布遭到太平军的围攻，他竟然"纵马越墙得脱"；在崇阳、黄梅战役中，塔齐布虽然两次负伤，但"均以麾下易马扶去得脱"；小池口之战，大批的太平军甚至抓住了塔齐布的马尾巴，塔齐布临危不惧，"挥刀砍之"，"卒能纵横冲突，转败为功"，就连太平军众将士都"惊以为神"。上述这些令别人听来胆寒的经历，在塔齐布那里却像是家常便饭，往往"雍容恬退"。

曾国藩认为塔齐布不仅作战神勇无敌，而且"宅心仁厚"，爱兵如子。比如，他把自己所得的薪水银两，全部拿去犒赏了士卒；经常与兵勇们"絮语家事"，"亲如父子"。塔齐布不但对自己的兵勇爱护有加，就是对失去战斗能力的敌军也仁慈相待。在洪山之战中，大批的太平军被围逼溺水，其中有很多士卒是未成年的孩子。塔齐布一见不由大哭。遂命令"不杀幼孩"，并救起数百人，全部发给盘缠遣回原籍。

塔齐布以治军严明著称，尤其是不允许兵勇"骚扰民间"。如果谁要敢违反，"秋毫必罚"。塔齐布的所作所为，堪称湘军的典范。

塔齐布之死，不独使曾国藩心肺痛彻，而且"军士、百姓，同声悲泣"，"远近官绅，并深惊悼"。

曾国藩请求咸丰帝"交部从优议叙"塔齐布，并"吁恳天恩"，准予在塔齐布"为功甚钜"的湖南长沙建立专祠，"以慰忠魂，而洽民意"。

屋漏偏逢连夜雨。

正当曾国藩因失去塔齐布而久久不能自持，料理善后之时，同月二十四日再传噩耗：水师营官游击衔、湖南都司萧捷三阵亡。萧捷三就是突入湖口而被困在鄱阳湖的那位"忠份内蕴"的骁将。曾国藩又急忙赶回青山水师大营，安抚那里的水师。

这是一个阴霾重重、祸不单行的七月。连失塔齐布、萧捷三两员悍将，使曾国藩痛心疾首，深陷愁苦而难以自拔。然而战局胶着，胜负难料，所以又不能不强打精神勉力支撑。心理和身体上的双重压力，令曾国藩疲于奔命，心力交瘁。

但让曾国藩稍感心安的是，在罗泽南等诸将的努力下，江西的局势似乎正在向好的方向发展。

先是罗泽南于七月十五、十六日"迭次大胜"、克复义宁。义宁"居万山之中形势险阻"，且"地连湖北湖南"，"一隅不靖，三省戒严"。所以，罗泽南拿下义宁，关系到"数省大局"，曾国藩认为罗泽南"为功甚伟"。接着，湘军水陆大军协同作战，兵发湖口，亦"累获胜仗"，"已和县城，湖内贼船焚烧将尽"。

然而，江西的局面，并没有因湘军获得几次小规模的胜利而发生根本性的转变，与太平军的拼杀始终陷于胶着状态。被困江西、"无能补益全局"的曾国藩，殚精竭虑，"用心尤甚"，苦思破局之策，其他众将也在积极思考，渴望打破眼下的僵局。其中，湘军大将罗泽南就是一位典型代表。罗泽南上书曾国藩，阐述自己的观点。

罗泽南认为，影响东南大势的关键在于武昌，能够得到武昌，就可以控制江西、安徽，尤其是江西也就有了"屏蔽"。

如果像目前这样继续株守江西，"如坐瓮中"，虽然每天与太平军殊死拼杀，但"无益大局"。请求率部由义宁起兵，进攻崇阳、通城，从而"进援武昌"，"引军东下，以取建瓴之势"。而后，内湖的水师与外江"声息可通，进攻九江，始有把握"。现在，只要留下周凤山一支部队驻守江西"以缀贼势"，必须等到克复武昌之时，大军才能"全注九江"，到那个时候，"东南大局乃有转机"。

罗泽南讲得头头是道，曾国藩"深韪其言"——非常认可他的意见。

湘军兵发湖口，再次试图攻取太平军"坚拒"的下钟山营垒，但没有取得预期效果。水师也在攻击梅家洲时惨遭大败。这令曾国藩和湘军很郁闷。

兵机不顺，罗泽南坐不住了。

七月二十九日，罗泽南单人独骑，驱程六百余里至南康大营，当面向曾国藩进言，指出目前战事的利弊，继续阐述自己的破局之策。

其实，在江西的太平军势力并不大，仅仅就坚守在九江、湖口两城和梅家洲、下钟山两座营垒。然而，由于这些城池、营垒"坚踞不可攻"，所以湘军久攻不下，被迟滞在江西而不能自拔。

罗泽南强调，在目前这种情况下，驻扎在湖口的水陆大军"但当坚守"，不应该屡次主动发动攻击，以"顿兵损威"，尤其是水师更不应该轻举妄动，"仍当俟江汉上游攻剿有效，以取建瓴之势"。

曾国藩采纳了罗泽南的建议，并从九江大营抽调了一千五百人交给罗泽南，会同罗泽南原有的三千五六百兵勇共计五千兵勇，由义宁开始了"进剿"之路。

罗泽南赶至南康献策之时，正巧刘蓉也在那里。

对局势心知肚明的刘蓉对曾国藩说："公所赖以转战者，塔、罗两君。今塔公亡，诸将可恃独罗公，又资之远行，脱有缓急，谁堪使者？"⑫

刘蓉的意思再明白不过了——曾国藩转战疆场，所依赖的就是塔齐布、罗泽南两位大将。现在塔齐布已经亡故了，就剩下一个罗泽南。如果再放走了罗泽南，一旦有什么变故，还能指望谁呢？

刘蓉的问题，直接触到了曾国藩的软肋。

对于罗泽南的进言，曾国藩与刘蓉的想法基本一致。

早在罗泽南没有克复义宁之前，曾国藩就在家书中说，"如义宁能攻破，恐罗山（泽南）须回湖南保全乡梓，则此间又少一枝劲旅矣"。而眼下的局势，又让曾国藩无法拒绝罗泽南的建议。

曾国藩咬着牙对刘蓉说："吾固知其然，计东南大局宜如此。今俱困江西无益，此军幸克武昌，天下大势犹可为，吾虽困犹荣。"⑬

曾国藩的这番话说得很无奈，支持罗泽南远征，无非就是希望能够改变一下不利的战局，其实也是拿死马当活马医，乃是不得已而为之。

刘蓉与郭嵩焘一起与罗泽南话别。

刘蓉对罗泽南说，江西现在三面"距贼"，如果你的部队再走了，江西"必不能支"，你有什么主意？

罗泽南回答道，曾公所率领的水师"幸还能自立"，只能留下曾公一个人在江西，除此之外，并没有什么两全其美的办法。

郭嵩焘说，曾公所考虑的是"有益于天下大局"，他把自己的安危看得轻如鸿毛，他这样做，不是从今天才开始的。

罗泽南感慨地说，如果老天爷没有抛弃大清的话，"此老必不死"。

三个人相与叹息而别，既无奈又悲切。

这边刚刚按下了葫芦，那边又起来了瓢。

江西的形势尚未好转，湖南又传来噩讯。太平军大举进攻湖南，致使湖南"四境皆有贼氛"，而且已经攻陷了郴州，"逆焰尤盛"。

湖南巡抚骆秉章急了，急忙奏调罗泽南返湘回剿。

罗泽南业已踏上南征之路。曾国藩希望罗泽南能够旗开得胜，实现"由崇、通以捣武汉"的战略构想。如果顺利的话，从大的方面来讲可以"裨于大局"，而且还可以"保全乡梓"。

曾国藩一想到自己开赴南康已经五个月了，而久久"不能打出湖口，仅能保全江西，无能补益全局"，不禁"胶着难名"。

塔齐布死了，萧捷三亡了，罗泽南走了，现在的江西，就只剩下曾国藩孤家寡人老哥儿一个。"当此乱世，黑白颠倒，办事万难"⑭。在这生死存亡之际，曾国藩只好也只能一个人来面对所发生的一切风暴雷霆。

曾国藩的癣疾又犯了，"身无完肤，夜不成寐"，而且越来越严重。

死是最好的选择

面对蜂拥而至的太平军，曾国藩做好了死的准备。

时间并没有因为刀光剑影、血雨腥风而放慢脚步。相反，在生生死死的频繁交替中，往往让人觉得日子过得更快、更没有准备。

时间到了清咸丰十一年（1861 年）。屈指算来，曾国藩率领着他的湘军与太平军的鏖战已经进行了七八个年头了，而且还在继续。太平天国运动仍然如烈火一般，在大清的东南半壁熊熊燃烧，势如燎原。《曾国藩年谱》记曰，截止到清咸丰十年（1860年）底，"东南寇乱方剧，惟秦晋差安，其馀各行省征战之事，纷不可纪"。这说明对于大清国来说，形势依然严峻如昨，难以乐观。是年隆冬盛寒，湘军与太平军双方处于相持阶段，暂时没有大的战事，彼此之间可以松一口气了。除此之外，没有大的变化。

如果说与以往相比，一定要找出些什么不同的话，那就是曾国藩已经年过半百，年纪越来越大了，身体越来越差了，他说自己精力日渐衰退，经常就像挺不住似的。然而官职却越来越大，担子越来越重了。此时，曾国藩已经身居两江总督高位，补授钦差大臣，督办整个江南军务，"任职崇高，控驭广远"，成为大清国江南"事权归一"的最高统帅。当年，曾国藩为了争取一个巡抚实职，曾煞费苦心而不可得。而如今，一人竟辖制江苏、安徽、江西三省并浙江军务，掌控着大清东南半壁，地位之高，权势之隆，为大清入关以来第一人，也标志着曾国藩人生进入到了鼎盛时期。然而，"历练已深"、屡经沉浮的曾国藩却没有了当年的盛心，"不以物喜，不以己悲"，似乎看淡了一切。"胸怀豁达，成败生死，不复计较，故不生烦恼耳"[15]。

说曾国藩"历练已深"有人信，说他"胸怀豁达"也没人怀疑，但说他"成败生死，不复计较，故不生烦恼耳"却说早了，说过了。因为，一场生死劫难即将发生，曾国藩不仅颇为计较，而且几乎死难。

事情的起因，不能不从曾国藩痛失李续宾说起。

清咸丰八年（1858年）六月，太平天国翼王石达开率军出走，向浙江发起进攻。此时，名为在家丁父忧、实为与咸丰较劲、讨要巡抚实权的曾国藩，突然接到了咸丰的上谕，命他再度出山，救援形势危急的浙江。早已因矫情而失宠的曾国藩，正为自己的愚蠢而悔青了肠子，现在终于有了出头的机会，便二话没说，马上答应遵旨行事，并向咸丰帝表白："臣才质凡陋，频年饱历忧虞，待罪行间，过多功寡。伏蒙皇上鸿慈，曲加矜宥！惟有殚竭愚忱，慎勉襄事，以求稍纾宵旰忧勤！"[16]意思是说我曾国藩啥也不是，感谢皇上给我机会，我一定好好干。

由于石达开进攻浙江门户衢州受挫，便转攻福建、江西，所以曾国藩援浙并没有成行，而是滞留在江西，准备奉旨改援福建。

石达开出走后，太平军调整部署，前军主将陈玉成部攻取庐州，然后与后军主将李秀成会师大败清军于乌衣、江浦，然后一举击破清军威胁天京的江北大营。

咸丰帝闻讯后坐不住了，害怕太平军北进，威胁他的京师老巢，便不顾实际情况，在十天之内连下七道谕旨，命令湘军李续宾部驰援庐州，不料却正中太平军的下怀。

几年来的较量，太平军已经把湘军看成自己的心腹大患，头号劲敌。打破清军的江北大营以后，太平军两大重要将领陈玉成、李秀成已经可以腾出手来，准备从容地对付湘军这个宿敌了。

最先看到这种危机的是曾国藩。他不由在心里为李续宾捏了一把汗。

李续宾，号迪安，生于公元1818年，与曾国藩同为湖南湘乡的老乡。贡生出身，为罗泽南最得意的弟子。清咸丰二年，李续宾协助老师罗泽南在当地募勇，于次年至长沙，追随曾国藩开始其短暂的戎马生涯，自此成为曾国藩的嫡系中的嫡系，精锐中的精锐。

被曾国藩称作"含宏渊默，大让无形"的李续宾，能征惯战，战功卓著，几乎参加了湘军创办以来的所有重要战事，并在曾国藩的屡屡奏保之下而不断晋身。

公元1854年，李续宾擢知县；继而参与攻取湖北崇阳、咸宁、武昌等重大战役，擢升为知州；田家镇战役后，李续宾升任安庆知府。此后，仍然跟随曾国藩东挡西杀，晋为记名道员。公元1856年，湘军开创者之一的罗泽南辞世，李续宾接手其军，成为湘军一线的将领。同年十二月，李续宾协同胡林翼、杨载福等破武昌、取大冶、下兴国，授记名按察使。不久，李续宾相继参与了打得安、困九江、取广济、夺小池口、战湖口、梅家洲等恶战，晋升为主管一省财赋、地方官考绩的浙江布政使。公元1858年再陷九江后，加巡抚衔。李续宾由一名贡生到从二品高官，仅仅用了六年的时间。这一是说明了李续宾军功之著，二是说明了曾国藩奏保之力。

对于李续宾来说，打仗就像喝凉水那么容易。可现在的主要问题并不在于李续宾能不能打，而是要看他的部队是不是能顶得住。

早在清军的江北大营与陈玉成、李秀成鏖战之时，李续宾便奉命策应，乘虚攻取了安徽太湖、潜山、桐城、舒城，并向太平军的粮饷重地三河镇发起攻击。

三河镇位于庐州南部五十余里的地方，不仅是太平天国最重要的钱粮等物资供应地，堪称太平天国的经济命脉所在，而且地处咽喉，向北直逼庐州，向南威胁安庆，战略地位显著。

三河镇那边一告急，洪秀全就接到了陈玉成的奏报，马上命陈玉成、李秀成两大太平军主力联袂杀奔三河镇。这样一来，孤军冒进的李续宾所部立刻陷入危急之中。

此时，李续宾所部不仅长途奔袭，鞍马劳顿，而且势单力孤，手里只有区区五千兵马。但在咸丰帝催逼之下，李续宾不敢抗旨不遵，他早已没有了退路，只能咬牙挺着，向咸丰帝表示，即使拼了命也要报答皇上的"恩遇"。悲剧由此拉开了帷幕。

由于湖北方面拒发援兵，李续宾只好孤军作战，血拼三河镇。湘军以伤亡上千人的代价，连续攻克了三河镇外围的九座堡垒，但并没有最终攻克三河镇。

形势在瞬息万变。

一方面，三河镇内的太平军守军踞城待援。另一方面，陈玉成的援军日夜兼程赶来增援，抢占三河镇东南方的白石山和西南方的金牛镇，对李续宾部形成了反包围，并截断了其后路。与此同时，李秀成的援兵也接踵而来。更要命的是北面的捻军也掺和进来了，与庐州守军一起南下，掐断了舒城湘军的驰援之路。一时间，李续宾所部被太平军、捻军十数万大军团团围困而深陷重围，想撤退已经来不及了。

清咸丰八年（1858 年）十一月十四日，陈玉成率部杀来。困兽犹斗的李续宾与陈玉成血拼在一起。太平军前锋遇挫而退。李续宾部乘胜追击。

次日黎明时分，适逢大雾弥漫。李续宾所部越过了陈玉成大营。陈玉成率部从后面杀出，湘军大败。李续宾闻讯前来救援。此时，驻扎在白石山的李秀成所部杀将过来，而三河镇内的太平军也趁机杀出，李续宾所部四千多人马顿时陷入绝境。

惨烈的战斗，从黎明一直持续到深夜。

曾国藩在事后给咸丰帝的奏折中描述道："我军四面被围……贼踞其垒，断我军去路。"⑩

部属苦劝李续宾"突围退保"，遭到李续宾断然拒绝。李续宾说，我身经百战，每一次出征都没有指望还活着回来。今天"固必死"。"此有不愿从死者，请各为计"——有不想死的，你们自己想招儿吧。众员弁"皆跪泣"不愿离开，表示愿意跟随李续宾同生共死。李续宾"具衣冠望关叩首"。

二更时分，李续宾"怒马直出"，冲向了战场。最终，李续宾战死疆场。与之一起殉难的还有曾国藩的弟弟曾国华及六千余人，几乎全军覆没。

此役，既让曾国藩痛失股肱，尽失精锐，使湘军"元气尽伤"，同时败出安徽。

闻讯后的曾国藩"悲恸填膺，减食数日"。由此，曾国藩对陈玉成、李秀成等心怀大恨，发誓要为爱将和弟弟报仇雪恨。

也是冤家路窄。清咸丰十年（1860年）初，湘军准备进攻军事重镇安庆。曾国藩与陈玉成、李秀成两位老冤家终于将在诡异的祁门兵戎相见，一决生死。

清咸丰十年（1860年）一月，曾国藩以四路大军扑向安庆。开始时，进攻颇为顺遂，仅潜山一战，太平军就损失了两万之众。同年六月十一日，曾国藩开进安徽祁门，"以窥安庆"。

祁门，位于安徽的西南部，沿江环山，地理位置很重要。曾国藩看重这里，主要是有三个方面的考虑。一是进可攻。在祁门可以"东以联张芾徽州之声援"，攻打芜湖，威胁天京。二是退可守。"西以保江右饶州之门户"。三是还可以策应围困安庆的曾国荃。

曾国藩等一干人马甫至祁门，坏消息就一个接一个地传来，打破了曾国藩的计划。

先是太平军攻陷了祁门东面的宁国府，守将死难。接着，被曾国藩派到徽州接办防务的李元度，仅仅到任十天就丢了徽州。气势如虹的太平军洪水般扑向祁门。一时间，"贼趋祁门甚急"。至同年底，湘军与太平军互有胜负，势成僵持。就在曾国藩苦寻破局之策而不得的时候，京师又出了事。

此时，正逢第二次鸦片战争。英法联军在无理要求得不到满足的情况下，悍然攻占大沽口、塘沽，进而侵占天津，攻打北京。咸丰帝被迫逃往热河避难。

京师危急，圣上有虞，这是天大的事。曾国藩与胡林翼赶紧上书请求进京勤王护驾。

就在曾国藩等"日夜筹商北援之策"时，传来了咸丰帝的饬谕。

咸丰帝，说安徽南北情况都很吃紧，你们一旦北上，难保太平军不乘虚"窜扰完善之区"，从而拒绝了曾国藩等进京的请求。

咸丰帝不顾个人安危拒绝勤王护驾的举动，令曾国藩等不解。后来才知道了事情的原委。原来，大清国既没有与外侮抗战的本钱，更没有拼个鱼死网破的决心和勇气。在强虏面前，咸丰帝最终选择了投降，同意与英法联军签订了不平等的条约。既然选择了苟且偷安，自然也就无须什么勤王护驾了。

进入清咸丰十一年（1861年），太平军尽管屡次受挫，但攻取祁门之心不泯。

见一时难以攻克祁门，太平军遂调整部署，以全部的精锐攻陷了江西的景德镇，"冀绝官军饷道"。

这是一招妙棋。曾国藩光想着攻打太平军，却忽略了自己的后路。情急之下，曾国藩只有迅速拿下徽州，"可通浙江之米"这一条路可走了。

同年三月，曾国藩派九千之众，分两路进攻徽州，并亲赴徽州西南的休宁督战。然而，在太平军的坚决抵抗下，湘军一再遭受挫败。因为景德镇失守，湘军失去后援，太平军得以空出手来，从四面八方包围祁门、黟县、休宁三个县的湘军，并截断其粮道，使曾国藩的湘军"有坐困之势"。在这种情况下，曾国藩也没了主意。与各军统领、营官商量，最终的结果仍然是只有"力攻徽州，以图克复"这一条路可走。曾国藩紧急致函左宗棠等，命他们夹攻景德镇，以减轻皖南的巨大军事压力。

三月十二日，曾国藩亲自督战湘军再攻徽州。

太平军不仅顽强抵抗，而且还毅然杀出城外，来了一个反突击，打了湘军一个措手不及。一败涂地的湘军连夜败回休宁。

坐镇休宁的曾国藩，是于当夜四更时分得到湘军溃败消息的。消息称当晚二更时分，湘军遭到太平军偷袭，"官军惊溃，已奔回休宁城下"。

闻此噩耗，曾国藩不由睡意全无，"忧灼之至"。立即披衣起床，一直坐到天明。尽管四处打探，但最后也没弄清损失的确切数字，其混乱程度堪与湖口之战相比。曾国藩不由"浩然长叹"，"老怀尤觉难遣"，慨叹"不知天意如何"。

十三日一大早，曾国藩就起了床，继续打听徽州挫败的具体情况，仍然没有确切的消息。一直到上午辰时，曾国藩才接到准确的报告。

据报告称，在进攻徽州的二十二个营中，有八个营被太平军彻底击溃，其他各营也伤亡近百人。令曾国藩想不到的是，太平军并没有以击溃围攻徽州的湘军为目的，反而乘胜追击，直扑休宁而来，这令曾国藩"闻警愤甚"。

到下午的时候，情况已经十分危急。

面对从四面八方扑来的太平军，曾国藩感到了情况的严重，"旦夕恐蹈不测"的事儿即将发生。想到这儿，曾国藩提笔给自己的兄弟、儿子分别写信，用曾国藩的话说"略似写遗嘱之式"⑱。

在写给曾纪泽、曾纪鸿的书信中，曾国藩说："余自从军以来，即怀见危授命之志。丁、戊年在家抱病，常恐溘逝牖下，渝我初志，失信于世。起复再出，意尤坚定。此次若遂不测，毫无牵恋。"⑲而"毫无牵恋"的原因，曾国藩说自己"贫窭无知"而竟然"官至一品，寿逾五十，薄有浮名，兼秉兵权"，按理说已经没有什么可遗憾的了。要说还有嫌隙的话，那就是在"古文与诗"两个方面。曾国藩自认为在这两个方面"用力颇深，探索颇苦"，而没有实现"介然用之，独辟康庄"的理想。另外一个就是"作字"，即书法。"三者无一所成，不无耿耿"。至于带兵打仗，曾国藩坦言并非他的长处，虽"屡有克捷"，但"已为侥幸"。所以，曾国藩希望自己的儿子长大以后"且不可涉历兵间"，因为"此事难于见功，易于造孽，尤易于诒万世口实"㉑。

曾国藩说："余久处行间，日日如坐针毡，所差不负吾心，不负所学者，未尝须臾忘爱民之意耳。近来阅历愈多，深谙督师之苦。尔曹惟当一意读书，不可从军，亦不必作官。"㉑

曾国藩在重申了他一贯的"教子弟"的"八本、三致祥"和安身立命的"劳""俭"二字后说："吾当军事极危，辄将二字叮嘱一遍，此外亦别无遗训之语……"㉒

在这封家书中，我们除了可以看到曾国藩对儿女的殷殷舐犊之情外，还可以看到他已经充分做好了死的准备。此时此刻，对尝尽了当官之苦、做人之苦、督师之苦的曾国藩来说，一死了之未必是痛苦难抉的，而可能恰恰是他脱离苦海的一条捷径。"死即瞑目，毫无悔憾"——曾国藩在给弟弟们的家书中说得更直接，更直白。

天不灭曾国藩。就在曾国藩及湘军即将遭受灭顶之灾的时候，左宗棠从天而降，在其他部属的协助下，危急得以解除。年逾五十的曾国藩再一次与死神擦肩而过。

再登险途

剿捻之路吉凶莫测，曾国藩预判那是一条不归之路。

拿人钱财，替人消灾；食皇家俸禄，当为国尽力——在获得利益的同时，也被不可推卸的责任与使命所约束。这是古往今来概莫能外的公理。

剿灭了太平天国的曾国藩，虽然功高盖世，位极人臣，但仍然要受皇上的驭使，没有什么人身自由可言，原因也就在这里。

清同治四年（1865年），曾国藩又获得了一连串的重量级的赏赐，比如赏加太子太保衔，赐封一等侯爵，世袭罔替，并赏戴双眼花翎等。这在别人的眼中，恐怕连其中的一样都是可望而不可求的。

曾国藩虽然已经官居一品、入阁拜相，登上了人生的顶峰，朝野上下无不艳羡，但他本人却把这些身外之物看得很淡。他在谢恩折中说，自己"德薄才庸"，所作所为"无裨时局"。至于他本人所荣获的"罕觏之荣""非常之宠"，并非他"一手一足之劳"，而靠的是"同泽同胞之力"。这些话，既可以认为是曾国藩的谦虚，也可以认为是曾经沧海后的淡定。

清同治四年（1865 年）四月二十一日，曾国藩接到廷寄，同治帝在他的一等侯上又增加了"毅勇"二字，荣耀越发尊显。曾国藩仍然表现得十分淡定，甚至还有一些忧郁。他在当天的日记中写道"日内正以时事日非，悚然不安，加此二字，不以为荣，适以为忧"。因为曾国藩深知，权力越大责任愈重，地位愈隆则忧心愈剧。对"欲以取之，必先予之"以及"欲擒故纵"之计颇为熟烂的曾国藩知道，世上绝对没有免费的午餐，皇上也绝对不会平白无故地一味赏赐。"毅勇"二字难说是福，说不定就是祸根。曾国藩以身体不爽为由，闭门谢客，对前来祝贺的文武官员一律拒而不见。

果不其然，锡封"毅勇侯"不到一个月，曾国藩就接到了同治帝的上谕，命令身上的硝烟尚未散尽，衣襟上的血迹尚为擦干，身体孱弱、须发皆白、已经五十五岁的曾国藩重新披挂上阵，赴山东与势头正旺的捻军作战。曾国藩"深为悚惧"，心里一点底都没有。

捻军转自于捻党。"捻"为淮北方言，一捻就是一群、一组、一部分的意思。捻党为清代中叶反清的结社组织，最早可以追溯到清康熙年间。发源于淮北泀水和涡河流域，其主要成员多为贫困农民、手工业者。十九世纪中叶，在太平天国运动的影响下，举行抗清起义，转化为捻军，成为北方与太平天国运动遥相呼应的最重要的农民起义军，鼎盛时期，人数曾达十万之众。公元 1857 年，捻军接受太平天国领导和封号，蓄长发，受印信，使用太平军的旗帜，但听封不听调，保持自己独立的组织和领导系统。

命曾国藩再次挂帅出征，并不能说同治帝对他缺乏怜惜，而实在也是无奈之举。

尽管清廷"剿捻"从未停息过，但因为有南方太平军的牵制，大清的统治者没有力量来对付捻军，而只是以控制为主，希望捻军别作出太大的妖来就行了，待日后再采取霹雳手段。让清廷想不到的是，太平天国运动失败后，捻军的势力非但没有受到什么影响，反而与太平军的余部会合，"贼势益张"，尤其是总数约十万余人的捻军，主要活动的区域是广大的中原地区，而这里是大清的心脏所在，其对京师的威胁远甚于当时的太平军。

以骑兵为主的捻军机动性高，战斗力强，经常给予清军以致命的打击。尤让清廷痛悔是同年四月二十四日，捻军在山东曹州设伏，竟然击毙了大清国最善战的名将之一、忠亲王僧格林沁，生生折断了大清一条臂膀。同时，河南的捻军乘势东进，"南逼清淮，北跃兖沂，欲近黄河"。一时间，京畿堪虞，"远近人心，为之惶骇"。同治帝看得很清楚，如不再予捻军以毁灭性的打击，非但京师难保，就是大清的江山也难说无虞。

大清国也同历朝历代一样，别看养了满朝的文武，吃俸禄拿工资的人不少，而真正能临事堪大任的却没有几人，特别是智勇双全、能统兵打仗的帅才就更是寥寥了。现在，"忠勇绝伦"的僧格林沁死了，唯一能指望的就剩下曾国藩。所以，不管曾国藩本人身体状况如何，只要他还能喘气，同治帝就只能借助他"剿灭"太平天国的余威和"曾剃头"这个令人胆寒的名号，与捻军做殊死一搏，以挽大清危局。

曾国藩就是在这种背景下临危受命，再跨雕鞍的。

同治帝在两天之内连发三道寄谕，"严饬"曾国藩迅速启程，"星夜出省，前赴山东督剿"，"保卫畿疆"，但曾国藩颇为踌躇，没有立刻允命。

那段时间，金陵出奇的热，加上同治帝不断地催逼，弄得曾国藩很上火。曾国藩在日记中写道："因天气奇热而北征之事茫无头绪，此心焦急，若不能自主者。"㉓

在反复"筹思"之后，曾国藩上了一道《遵旨赴山东剿贼并陈万难迅速情形折》，将种种"万难"，向同治帝"缕晰陈之"。

曾国藩万难"迅速"的理由主要有三条，均与时间有关。

一是募勇需要时间。打下金陵后，湘军裁撤殆尽，只剩下三千人作为曾国藩的护卫。另外还存在楚勇忌讳远离故土，"不愿北征"的可能。曾国藩对此表示自己"不复相强"。如果另募新勇的话，则需要三四个月

"乃训练成军"。所以不可能立刻启程。

二是练骑兵需要时间。湘军的优势在于水陆并进，互为依存。而捻军则以骑兵为主，流动作战。打得赢就打，打不赢就跑，机动性很强。在黄淮大平原上作战，步兵是根本无法与骑兵相抗衡的，水师就更派不上用场了。即使有"贲育之勇，亦将不战自靡"。如果要争取主动，就必须放弃已有的优势，改变业已形成的传统战法，"忝练马队"，大打骑兵战。而要训练一支这样的骑兵部队则不是一朝一夕的事儿，需要相当的时日。

三是办水师需要时间。同治帝最关心的就是不能让捻军渡过黄河天堑，威胁京畿的安全。这也是曾国藩最关心的事儿。因为曾国藩看得很明白，如果自己出山"剿捻"不力，捻军一旦渡过黄河的话，则朝野上下必定"手忙脚乱，万目悬望，万口讥议"，那么他就会成为众矢之的，"难乎免于大戾矣"。而要防止捻军北上，主要的手段就是要守住黄河天险。曾国藩认为"防河之策，自为目前第一要义"。要依靠黄河天险就必须建立黄河水师，而"黄河水师办成，畿辅可永无捻匪之患"。水师要达到能够作战的水平，也需要四五个月的工夫。

总之，由于时间来不及，所以不一切都可能"迅速"。

此外，曾国藩还强调了一个"不能处处兼顾"的问题。僧格林沁剿捻一年有余，"周历湖北、安徽、河南、江苏、山东五省"，曾国藩说自己是"断不能兼顾五省"的，如果以徐州为根据地的话，就只能"办兖、沂、曹、济四郡"，"河南只能办归、陈两郡"，"江苏只能办淮、徐、海三郡"，"安徽只能办庐、凤、颍、泗四郡"。因为上述这十三个州府纵横千里，是"捻匪出没最熟之区"。曾国藩表示自己愿意把精力主要投入在这些地区，而其他的地方应该交给各省的督抚办理。最后，曾国藩说出了自己的无奈。曾国藩说，捻军"已成流寇"，且"飘忽靡常"，"宜各练有定之兵，乃可制无定之贼"。但现在"贤帅新陨，剧寇方张"，自己却不能"速援山东"，更"不能兼顾畿辅"，而曾国藩预测半年后，北路最重要的战事"莫如畿辅"，所以曾国藩建议保护畿辅当须"另筹防兵"。因为此言可能涉及推卸保护畿辅之责，所以曾国藩说自己的这个建议是"骇人听闻"，自然免不了受到朝野上下的"纷腾文章责备"。但是"筹思累日"，认为"非专力于捻匪最熟之十三府州，不足以弭流寇之祸"。

上完了折子后，曾国藩觉得还没有完全说明白，于是又补了一个《请另简知兵大员督办北路军务片》。奏称自己"精力颓惫不能再任艰巨"，而"近则衰态更增"。所说的那十三个府州自问是"能言而不能行之"，请同治帝派人督办北路军务，为自己减轻一些负担。

曾国藩以为自己的理由很充分，同治帝应该有所体谅。孰不知，就在他上奏的同一天，同治帝催兵的上谕又到了。

同治帝办事，不像咸丰帝"既让马儿跑，又不给马吃草"那样磨磨叽叽、抠抠搜搜的不讲究，而是实行责权利三结合，慷慨地赋予曾国藩全权。

同治帝诏曰：所有直隶、山东、河南三省绿旗各营及文武员弁均著归曾国藩节制，如文武不遵调度，即由该大臣指名严参。接着，同治帝的另一道圣旨又到了，催曾国藩"督率亲军轻骑就道兼程北上"，并饬令曾国藩"不可意存谦抑"，"致往返再有耽延"。

曾国藩一看全明白了，他说的那些话根本就没有用，同治帝压根就没打算给他准备时间。

事已至此，曾国藩已经毫无办法，只得从命。上书同治帝"收回成命"，立即出兵，但仍然坚辞"节制三省"。

同治帝给曾国藩的上谕很幽默，说曾国藩不肯节制三省，看得出他"谦抑为怀，不自假满"。但如果没有节制三省的权力，"恐呼应未能灵通"，所以告诉曾国藩"勿再固辞"。这和当年咸丰帝的做法正好相反。

同治帝的意见已经很明确，但曾国藩的"固辞"的态度也很坚决。

曾国藩深知"木秀于林风必摧之"的道理。出兵是没有办法的事儿，但节制三省的权力是死活不能接受的。

从表面上看，权大可以约众，其实可能就是祸根。曾国藩对此表示"深为悚惧"。所以，曾国藩虽然答应出兵，但仍要将"固辞"进行到底。直到有一天惹急了同治帝，斥责他妄图以拖延战报、不答复谕旨等拙劣的手段，来达到"借此获咎，冀卸节制三省仔肩"的目的，质问他如此行事，"何以仰副朝廷倚任之重？谅该大臣公忠体国之心，何忍出此！"㉙同治帝的这番话，说得够严、够狠、够重。

按理说，就凭曾国藩的头皮，无论如何也是承担不起同治帝这样的严词厉色的，但曾国藩依然咬牙坚持，不肯就范。

清同治五年（1866 年）五月二十五日，"精力日衰，不任艰巨，更事愈久，心胆愈小"的曾国藩，由金陵出发，再一次被迫踏上了征战之路。时年五十六岁。

谢幕很凄惨

无功而返，曾国藩觉得自己真的老了。

在与太平军的多年对垒中，曾国藩业已形成了自己的一套军事思想，对于战略战术、选将、用人、兵机、管理等，均有独到的见解。最终战胜太平军的巨大功绩，更使得曾国藩一举成名，成为清一代最伟大的军事家，他的军事思想被誉为攻无不取、战无不胜的法宝。对此，曾国藩本人似乎也很自得。面对新的搏杀，曾国藩心有定数，他决定把已经屡试不爽的战略战术，全盘搬到"剿捻"的战场上。孰不知，曾国藩的这个决定，使他走上了经验主义的险途。

"打仗不慌不忙，先求稳当，次求变化"是曾国藩军事思想中的核心所在。早在僧格林沁与捻军搏杀之时，曾国藩就初步认识到了捻军的行动规律与特点，为僧格林沁跟在"势亦飙忽"的捻军屁股后面，"日驰百数十里不息"的打法颇为担忧。这一点，就连身居大内的同治帝也看得很清楚，认为僧格林沁此法不妥，屡次饬谕他以"持重为戒"。曾国藩曾就此专门给同治帝写过一道密疏，请皇上下令让僧格林沁的部队"稍暇以养锐"。然而，没等曾国藩的密疏上奏，僧格林沁已经战殁。曾国藩的担忧，终于变成了难以挽回的现实。

有了僧格林沁这个前车之鉴，曾国藩自然要吸取教训，也就越发的

"稳当"起来。

在给同治帝的奏折中，曾国藩阐述了自己要采取的"扼要设防，分道兜剿"的战略战术。这样做的目的，就是要实现"务使捻匪东出西没，皆不能出吾罗网之外，庶几彼劳我逸，致人而不至于人"⑤的战略目标。同时，曾国藩对如何守护畿辅也提出了自己的见解。他认为畿辅有虞，自然应该调集各路人马急援，但以后就不要再这样做了。应该责成河北总督"另筹防兵"，"不可调南岸之师，往来渡黄，疲于奔命"。此外，河南、山东的重点地区由大臣督办外，其他地区，两省也要另筹防兵，"不可使剿捻之师追逐千里，永无归宿"。其实，曾国藩的想法很明确，他的以"有定之兵"，"制无定之贼"的战略战术，用现在的话来说就是稳扎稳打，步步为营，不打无准备之仗，牢牢把握战争的主动权。

在曾国藩看来，要对付捻军，这种战略战术是唯一的选择。因为，当时捻军的总兵力已达十数万之众，多以骑兵为主要作战力量，战略战术机动灵活，纵横驰骋在黄河以南，淮河、汉水以北数千里的广袤平原上，"分合不常，往来飙忽"，官军只能被动地跟在捻军的屁股后面，"或求一战而不可得"。更严重的是疲惫不堪的官军不堪一击。在溃败后，往往丢弃大批的"军火粟马"，悉数成为捻军的战利品和给养，是真正的"赔了夫人又折兵"，其情其景惨不忍睹。

甫至前线，曾国藩就按照自己的既定方针开始排兵布阵。他首先把四省十三府州分成四大战区，即以临淮为根据地的安徽战区；以周家口为根据地的河南战区；以徐州为根据地的江苏战区和以济宁为根据地的山东战区。四大战区均驻守重兵，备足武器、弹药、粮食，以逸待劳。这样做的好处是，"一省有急，三省往援"。由于后勤保障无虞，"庶几往来神速，呼吸相通"，"四路专泛之兵，颇敷广布"。除此之外，曾国藩还准备设立了一支机动部队，以配合四大战区作战。

确保粮饷供给无虞，始终是战争获胜的第一要义。为此，曾国藩采取了迥异于僧格林沁专赖陆路运输的做法，充分利用水运以保证后勤保障。具体是：周家口、临淮两军以淮河、颖河"为运道"，济宁、徐州两军以运河"为运道"。趁着水势丰盈，率先将粮食、枪支弹药等全部运抵四大战区，储存备用。曾国藩认为，不管在任何情况下，只要能确保后勤供给的话，四大战区就没有了后顾之忧，则"四省有首尾相应之象，而诸军无疲于奔命之虞；或可以速补迟，徐图功效"㉖。

关于排兵布阵，曾国藩倒说得头头是道，但他的心里却是另一番景象。尚未与捻军接战，曾国藩就在家书中说"捻贼已成流寇，断难收拾，余亦做一日算一日而已"㉗。有这样"当一天和尚撞一天钟"的思想作基础，想打胜仗也是枉然。

曾国藩这边正在厉兵秣马，准备与捻军开战，被称为"完善之区"的山西却先告了急。手心手背都是肉，哪里有恙都牵扯着同治帝的心。不管曾国藩这边准备得如何，同治帝一连下了几道上谕，饬令曾国藩赶紧派水陆大军"驰赴洛阳以西，扼要驻扎"，并指名道姓地要调名将刘铭传部前往。这一通瞎指挥，把曾国藩的鼻子都气歪了。开始时，曾国藩根本就置之不理，没有给予同治帝任何答复。

曾国藩消极怠工，让同治帝大为光火，严词斥责曾国藩"疲玩因循"，居心不良。

曾国藩只好上书同治帝，阐述拒绝执行圣命的原因。

曾国藩言之凿凿地说，河南战区的老营周家口，现在八面受敌，"最为扼要"，全仗着"人数较多，将略较优"的刘铭传扼守。如果把刘铭传调往洛阳以西，"反置劲旅于无用之地"。同时，曾国藩对捻军觊觎陕西、山西一说表示怀疑。他直截了当地说：我听说陕西"残破更甚于河南，似非该逆之所垂涎"。山西虽属完善之区，但因为有黄河天险，"似非该逆所能遽渡"。另外考虑到陆路的优劣、船炮的配置等问题，曾国藩得出的结论是："刘铭传西去，窃恐无益于晋，而有损于豫。"㉘

在拒绝援晋后，曾国藩的犟脾气又上来了，继续跟同治帝磨叽"固辞"之事。

曾国藩说：我已经三次上疏"固辞"，都没有得到批准。以我的能力水平，就是解决一个省的问题都"难专任"。但是我"受恩深重"，虽然交给我几个省"亦当通筹"。可是我私下里想了想，捻军现在的活动范围共分为三路，大约涉及八个省，我所说的十三府州，属于捻军的东路；黄河以北的直隶、山西两省及河南的一部属于北路；湖北、陕西两省及河南以南一部属于西路。从用兵的"缓急先后之序"来看，则东路最重，西路次之，北路又次之。从我的才识、所部兵力来看，即使就是东路这纵横千里的十三府州，"已嫌汛地太宽"，"动虞疏失"，实在是没有能力兼顾西路，更不可能"谋及"北路。现在皇上命我"兼顾晋省"，"一似三路之前截后追"，防为"剿捻"，这自然都是我应该办的。但是我哪有能力承担这样的重任呢？哪里有能力承担这样的责备？

　　曾国藩以僧格林沁为例，认为像僧格林沁那样贤德，那样"忠可以泣鬼神，勇可以回山岳"的悍将能臣，"剿捻"五年都没有取得成功。现在"捻匪"的马匹越来越多，而"时论"却"视贼愈轻"，好像几个月或在可以预定的时间里"可望肃清"，我怎么能"奏此速效"？我"自揣殚竭愚忧"，能在一两年内或可把东路这十三府州的局面逐渐地稳定下来就算不错了。至于"北路防河之法，西路督剿之方"，都不是我所能办到的了。对此，曾国藩提出一个建议，请同治帝"敕下九卿科道，八省督抚，会议剿捻事宜"，也就是搞联合行动，共同对付捻军。

　　与捻军交战之初，曾国藩的"以有定之兵，制无定之贼"的战略战术还是发挥了一定作用，取得了一些战绩。比如，刘铭传大败捻军于颍州；清军击败进犯徐州、丰县的捻军等。尤其是清同治四年（1865 年）八月二十日，捻军图谋山东"膏腴之地"，曾国藩命潘鼎新部扼守运河，从江苏战区调集步兵、骑兵驰赴山东，调集安徽战区的部队接防徐州，并派出一部支援山东，调集周盛波部移驻河南战区的归德，留刘铭传部驻守周家口，用曾国藩的话说，此番调度达到了"东顾齐省，西顾豫省，中间兼顾徐州、临淮两处"㉙，实现了曾国藩所谓"一处有急，三处往援，有首尾相应之像"㉚的战略构想。但随着形势发生的不断变化，捻军改变了策略，以动制静、以变应不变的战略战术，应对曾国藩的以静制动、以不变应万变的战略战术，试图打破他"以逸待劳"之策。

　　按照曾国藩的战略构想，除了在四大战区驻守重兵扼守外，必须建立一支机动性很强的"游击之师"。从已有的经验来看，与捻军作战，没有这样一支机动部队参战，就难以"纵横追逐"，把握主动。而建立机动部队，首先就要有骑兵，可曾国藩手里恰恰就是骑兵太少，新募的马勇又"其数无多，其技尤劣"，这样的部队是不敢投入战斗、"驱之向敌"的。由于"久未办成游击之师"，曾国藩"自问尚无破寇之术"。曾国藩为此"日夜焦思，弥深愧悚"㉛。

　　此时，同治帝又来瞎指挥，说河南的骑兵单薄，直隶的河防"渐松"，要把副都统安住所带的骑兵调给河南使用。这显然是同治帝对曾国藩专注山东防务，尤其是仅仅拘泥于十三府州的做法表示不满。按照同治帝的想法，曾国藩应该像僧格林沁那样与捻军"纵横追逐，使之不得休息"。而这却是曾国藩最忌讳的。

　　曾国藩据理力争，上书阐述自己的主张。他说自己之所以注重东路，是因为山东"北邻畿辅"，是天下的根本所在；"南邻江苏"，是粮饷器械的供应地，是部队的根本所在。捻军之所以注重东路，是因为山东的运河以北"平衍富饶"，不像河南、安徽那样难以解决后勤保障问题。如果不经过几次"痛剿"而重创捻军的话，那么捻军"断不能忘情于山东"。所以，曾国藩认为山东的问题一日不解决，就不可能驰援直隶，并希望把要调走的骑兵调回原处，同时要考虑增加一些步兵。至于河南的防务问题，一旦捻军有所动作，曾国藩表示自己将与河南的地方督抚协商行动，或者派安住的骑兵驰援，也会"添派大枝游击之师"参加会剿。

　　曾国藩所称的"大枝游击之师"指的就是刘铭传所部。曾国藩下决心把刘铭传部由固守之军，变成游击之师，遵照同治帝的要求，"随贼所向，跟踪追剿"。

　　开始时，包括同治帝在内，几乎所有的清朝统治者，没怎么把捻军当成一回事儿，即使损失了僧格林沁也没有谁在意。而刚刚剿灭了太平天国的曾国藩封侯拜相，威风八面，正是声名显赫、不可一世的时候，自然也不会把捻军放在眼里。试问，捻军还能比太平军更强大吗？比太平军更具战斗力吗？此外，清廷会剿捻军多年，基本上没有多大成效，那些参加会剿的官员没有几个跟同治帝说实话的，使同治帝很难了解捻军的真实情况，这也是他对捻军掉以轻心的主要原因之一。

待曾国藩与捻军交手后不由大惊，他发现与捻军作战，敌情和与太平军作战完全是两码事。如果说太平军是正规军的话，那么捻军就是游击队；如果说太平军作战还讲究点儿战略战术的话，那么捻军则完全是随心所欲，为所欲为。这大概就是清廷攻剿十年，而捻军却"奔突六省，久成流寇之症"的原因所在。

曾国藩上奏同治帝说，过去的那些奏报，"每多粉饰虚浮"，更有甚者"或无战事，而开单请奖"，不仅虚冒战功，而且欺君罔上，把同治帝蒙在鼓里。曾国藩检讨自己"剿贼"十个月而没有取得多大成效，为至今也没有找到有把握的"制寇之方"而"终夜以思，且忧且愧"。曾国藩力劝同治帝千万"弗轻视此贼"，应该"博取将才，求为可继，稽核奏报，戒其勿欺"②。

清同治五年（1866年），捻军进入河南、安徽境内，继续机动灵活地打击清军，迫使曾国藩部疲于奔命，穷于应付。

曾国藩认识到，捻军的目的就是要拖垮清军，然后歼灭之。所以，必须抓住主动权，再一味地这样被动应付下去肯定是不行了，难免有朝一日重蹈僧格林沁的覆辙。

除了曾国藩以外，同样认识到这个问题的还有刘铭传。

早在上一年，刘铭传就在进入河南查看地形之时，向曾国藩提过扼守东部沙河，"驱贼于沙河以南，以蹙其势"③的建议。但当时由于兵力不足，刘铭传的建议没有被曾国藩所采纳。现在的情形发生了很大变化，捻军张总愚、牛洪等部渡过沙河，进入河南南部，捻军任柱、赖文光等部也将南渡沙河、淮河。由于重点防守运河取得初步成效，曾国藩觉得应该在沙河照此办理，"俾贼骑稍有遮拦，庶军事渐有归宿"④。据此，曾国藩召集地方督抚大员、清军众将，做出分段防守沙河、贾鲁河的战略部署。

待曾国藩筹划已定，捻军却改变了进军路线，变南渡为西扰东进，彻底打破了曾国藩精心筹划的河防战略。曾国藩哀叹"防河之策，断难遽行"⑤。

面对失策，曾国藩只能承担责任。上奏同治帝道："臣既自憾调度乖方，军务毫无起色。又恐饥民失所，不免从贼，以图偷生。剿办、抚绥、雨具束手。筹思反覆，忧愧实深。"⑥而在给曾国荃家书中坦言，因"军务毫无起色，加之大水成灾，酷热迥异异常，心绪实为恶劣"⑦。

屋漏偏逢连夜雨。河防失败后，曾国藩于同年七月进入江苏境内。本月十五日，曾国藩在江苏王家圩遭遇大风。这是继清道光戊戌年襄河、清咸丰甲寅年岳州两次遭遇大风之后的第三次。水师的八条舢板倾覆，兵勇死了五个。

曾国藩病了，不仅"感受风寒，发汗腹泻，浑身酸痛"，而且老态渐显。

通过与捻军的不断较量，曾国藩切实感到要想战胜捻军，仅凭一己之力是远远不够的，所以请同治帝颁旨，饬令李鸿章出驻徐州，与山东地方会办东路；饬令曾国荃移驻南阳，与河南地方会办西路；曾国藩自己驻守周家口，"居数省之中，庶可联络一气，呼吸相通"。

捻军声东击西，飘忽不定，而曾国藩"剿捻"乏力，令朝野上下一片怨声载道，以御史朱镇、卢士杰、朱学笃等为代表的一干人等纷纷弹劾曾国藩"办理不善"。御史稽香阿不仅向同治帝弹劾曾国藩督师日久无功，而且还"请量加谴责"。这些望风而奏的弹劾，快把曾国藩气傻了，逼疯了。倒是同治帝心里还有点数，知道眼下"剿捻"，满朝只有曾国藩一人可依，所以极尽笼络，不但对御史弹劾曾国藩的所奏"着勿庸议"，而且还把那些折子都抄给了曾国藩看。这一方面表示对曾国藩的信任不变，另一方面也是在给曾国藩施加压力，催促他尽快拿出"剿捻"的绩效来。

外"剿捻"无功，内毁谤不断，在这种的情况下，曾国藩终于挺不住了。

清同治五年（1866年）十月，曾国藩以"病势日重"为由，请开协办大学士、两江总督实缺，并另派能臣接办军务，自己愿放弃所有调度、赏罚之权，以"散员"身份留营效力。在附片中，请求同治帝"暂行注销"所有封爵,"谨法古人自贬之义",以明"抱歉之忱"。

同月二十五日,曾国藩接到寄谕,同治帝没有答应他去职的请求,而是给了他一个月的假调理身体,具体工作暂时交给李鸿章去办理,等曾国藩身体有所好转,要他立即进京"陛见"。至于"自贬"和"暂注销封爵"等,"着勿庸议"。

清同治五年(1866年)十一月初,捻军西路大军攻进陕西境内,东路大军"回窜"河阳,其中一支则南渡沙河。曾国藩急忙调兵遣将,围追堵截,力保捻军不越过黄河天险。

历经年余的剿捻实践,同治帝总算看明白了,现在的曾国藩已经不是那个杀伐决断、所向披靡的"曾剃头"了,真的是有些江郎才尽,难堪朝廷之倚重。

同年十一月初六日,曾国藩接到上谕,"曾国藩著回两江总督本任,暂缓来京陛见。江苏巡抚李鸿章著授钦差大臣,专办剿匪事宜。"㊳

曾国藩以"病体不能胜任"为由,上奏同治帝拒回本任。曾国藩的理由有两条。一是病体未愈。曾国藩说,两江总督"公牍之烦,数倍于军营。而疆吏统辖文武,尤以接见僚属为要义。臣精力日衰,用心久则汗出,说话多则舌蹇。不能多见宾客,不能多阅文牍"㊴。一句话,就是身体不顶硬了。二是怕别人说闲话。曾国藩说,自己平日里教导属下要"每以坚忍尽忠未法,以畏难取巧为戒"㊵。如果现在自己因病离开军营,离开凶险万丈的前线而回金陵衙署享清福的话,那么就与自己说过的话自相矛盾,"迹涉取巧","不特畏请议之交讥,亦恐为部下所耻笑"㊶。基于上述原因,曾国藩说,我既考虑了我的身体情况,也考虑了"大义",认为只要能减轻负担就可以了,而回两江总督之任则不可以。所以,曾国藩只请求开缺,而不离开军营,仍留在军营效力。

曾国藩在给曾国荃的家书中说得更直白:"若地方大吏小有隔阂,则步步皆成荆棘。住京养病尤易招怨丛谤。余反复筹思,仍以散员留营为中下之策,此外皆下下也。"㊷

同治帝劝说曾国藩"不必以避就逸为嫌,致多顾虑","惟两江总督责任綦重"，还要供给"剿捻"部队的粮饷，所以要曾国藩速回本任。

尽管同治帝苦口婆心地说，让曾国藩回去当两江总督"与前督军，同为朝廷倚赖"⑬，但曾国藩仍然固执地请开协办大学士、两江总督实缺。

曾国藩的磨磨叽叽，到底把同治帝给惹火了，言辞斥责曾国藩"当仰体朝廷之义，为国家分忧，岂可稍涉疑虑，固执己见？著即懔遵前旨，克期回任……"⑭

以军起、以军兴、以军隆的一代军事大家曾国藩，在"剿捻"一年有余而无功的情况下，身背毁谤，黯然地离开了战场，从此再与军事无缘，从而也结束了其波澜壮阔、毁誉参半的军事生涯。

这个结局，出乎曾国藩的预料。正如同自己所言"凡办大事，半由人力，半由天事"⑮。尽管可能"尽人力之所能为"，但"天事则听之彼苍"——老天爷不帮忙，谁都没有招儿，连曾国藩也概莫能外。

注释：

①⑮㉔㉜㊳㊸《曾国藩全集·年谱》。

②③④《曾国藩全集·奏稿》：清咸丰五年六月十二日之《奏参江西巡抚陈启迈折》。

⑤《曾国藩全集·家书》：清咸丰五年六月十六日之谕诸弟。

⑥⑦⑧《曾国藩全集·奏稿》：清咸丰五年七月初六日之《拟移浔军会剿湖口折》。

⑨⑩⑪《曾国藩全集·奏稿》：清咸丰五年七月二十四日之《湖南提督塔齐布因病出缺折》。

⑫⑬《曾国藩全集·事略》。

⑭《曾国藩全集·家书》：清咸丰五年四月初八日谕诸弟。

⑯《曾国藩全集·奏稿》：清咸丰八年六月十一日之《恭报起程日期折》。

⑰《曾国藩全集·奏稿》：清咸丰九年正月十一日之《李续宾死事甚烈功绩最多折》。

⑱《曾国藩全集·日记》：清咸丰十一年三月十三日。

⑲⑳㉑㉒《曾国藩全集·奏稿》：清咸丰十一年三月十三日谕曾纪泽、曾纪鸿。

㉓《曾国藩全集·日记》：清同治四年五月初六日。

㉕《曾国藩全集·奏稿》：清同治四年五月十三日之《谨陈筹办情形并收回成命折》。

㉖《曾国藩全集·奏稿》：清同治四年闰五月二十一日之《贼众全萃皖境先赴临淮折》。

㉗《曾国藩全集·家书》：清同治四年闰五月五月二十四日之谕澄侯、沅甫。

㉘《曾国藩全集·奏稿》：清同治四年七月二十四日之《遵旨覆陈并请中外臣工会议剿捻事宜折》。

㉙㉚㉛《曾国藩全集·奏稿》：清同治四年九月初一日之《铭军迭胜逼贼东窜现筹布置折》。

㉝㉞《曾国藩全集·奏稿》：清同治五年六月十四日之《汇报军情檄调各军防剿折》。

㉟㊱《曾国藩全集·奏稿》：清同治五年七月初四日之《任赖股匪回窜东路调兵分剿折》。

㊲《曾国藩全集·日记》：清同治五年七月初三日。

㊴㊵㊶《曾国藩全集·奏稿》：清同治五年十一月十七日之《钦奉谕旨复陈折》。

㊷《曾国藩全集·家书》：清同治五年十一月初起日之谕沅甫。

㊺《曾国藩全集·家书》：清咸丰十一年四月初三日之谕沅甫。

9

功成之时最悚惧

    曾国藩墨绖出山之时，并没有抱什么奢望，甚至怀有应付之心。原来皇上交给他的任务实在是无甚重要，不过就是帮助地方团练湘勇，维持维持秩序，稳定稳定局面。在曾国藩的心里，最为萦怀的是回家为母守制，尽一个做儿子的孝道和履行封建社会卫道士的德行。然而事务的发展不以人的意志为转移，这种不可逆转的形势变化，不仅把曾国藩推进了历史的漩涡，而且从根本上改变了他的人生轨迹。在经历了一个甲子的浴血奋战之后，现在的曾国藩早已不是京师那位春风得意、文名广闻、遍兼五部侍郎的曾国藩了，他不仅成为独撑大清江南半壁江山、被世人所仰慕尊崇的军事统帅，而且沿着督抚、学士之途，一路登堂入室，封侯拜相，步入了人生的顶峰。其权位之隆，声名之盛，均为清代的第一人。在外人的眼睛里，人们艳羡的是曾国藩的裘马扬扬、威风八面。可是有谁知道，曾国藩居于巅峰之时，也是他平生最悚惧之时。这其中的惊悸、苦楚、纠结、难言是难为人知的。

为人祸而"哀痛不已"

皇上驾崩，挚友辞世，怎一个痛字了得？

自清咸丰十年（1860年）闰三月起，曾国藩命由湘来营效力的曾国荃进驻集贤关，拉开围困安庆的序幕。清咸丰十一年（1861年）六月，围城两年的曾国荃终于向安庆大举发动进攻，一举克复安庆外围菱湖，"毁贼垒十八座……一律踏平，杀贼八千，徽州克复，祁门等处平安"①，锋芒直指安庆。

安庆为金陵的屏障和门户。安庆若失，则金陵必然有虞。

闻之安庆危机，太平天国英王陈玉成亲率十万之众驰援，直扑曾国荃背部，希望以此能解安庆之围。陈玉成指挥太平军向曾国荃部连续发起六昼夜的猛攻，均遭到曾国荃的拼死抵抗，没有达到预定目的，不得已偃旗息鼓。

八月初一早上五点多钟，曾国荃所部把地道挖到了安庆城北门下，填上炸药，轰倒了北门城垣，扑进城去，残杀太平军将士两万余人。情急之下，太平军慌不择路，纷纷跳到江内、湖内逃生，却遭到湘军水师的疯狂截杀，没有一个人幸免。至于那些老弱妇女等，也遭到"擒缚"。

此时，驻扎在湘军后濠之外的陈玉成，眼睁睁地看着安庆陷落而无计可施，只能"列队远望，其胆已破，渐渐退去"②。

自清咸丰三年（1853年）太平军攻克安庆至今日夺回已逾九载，湘军数次企图夺回这座重镇却屡遭败绩，颜面无存，备受耻辱。而今天一朝克复，令曾国藩欣喜不已。

曾国藩是八月初一掌灯时分接到讯报的，不由仰望苍天，感慨万千。此时，但见天空中"日月合璧、五星连珠……以为非常祥瑞"③。三个月前的预测，果然应验了，曾国藩喜曰："国家中兴，庶有冀乎！"④

拿下了安庆，距离攻克金陵的日子不远了。曾国藩心里有底数了。

攻克重镇安庆，朝廷自然少不了奖掖。身为统帅的曾国藩在两江总督、钦差大臣之外，被著赏加太子少保衔。立有破城首功的曾国荃，被赏加布政使衔，以按察使记名，遇缺题奏，并赏穿黄马褂。一时间，哥俩儿集军功、恩宠、荣耀于一身，好不得意。

安庆之战后，湘军犹如天助一般，摧城拔寨，连战连捷，一举"肃清"江西。据《曾国藩年谱》记曰："凡公部诸军所向皆捷。"尤其是那位被朝廷誉为"智勇兼施"的曾国荃更是所向披靡，锐不可当，完全处于一种打疯了的状态，其锋头直指太平天国的首都金陵。

就在曾国藩和他的湘军取得一连串重大军事胜利、全军上下气焰嚣张之际，一个个的人祸从天而降，不期而至。

先是咸丰帝"龙驭上宾"，正在残喘之中的大清国一时塌了天。

咸丰帝是一个苦命人，从登上龙位那天起就饱经内忧外患，没过上几天舒心的日子。登基伊始，初登大宝的新鲜劲儿还没过去，湖南新宁就爆发了大规模的农民起义。湖南的事儿还没处理利索，太平天国运动又爆发了。自此，一共活了三十年、在位十二年的咸丰帝，就与太平军不离不弃地纠结在了一起。清咸丰二年（1852年），势如洪水的太平军杀出广西，一路凯歌高奏，连克湖南、湖北等州县，再克湖北武昌、江西九江、安徽安庆、江苏南京、扬州等地，并出师北伐，锋芒直指京师，眼看大清国的二百年的基业摇摇欲坠，大厦将倾。

为力保祖宗的基业不失，咸丰帝可谓殚精竭虑，寝食不安，无一刻不心急如焚，无一日不"宵旰东南"。

咸丰帝一方面派向荣、琦善等在南京城外孝陵卫和扬州分别建立江南、江北大营，妄图围困金陵和扬州。另一方面，命悍将僧格林沁驻守中原，阻止太平军北进。与此同时，命令各地方汉族官绅团练乡勇，保护乡梓，抗拒太平军。曾国藩就是在这样的一个特殊的历史背景下，以团练大臣的身份粉墨登场，开始其军事生涯的。

然而，由于清军昏聩无能，上述筹划大都化为了泡影。在江南，清军苦心经营的江南、江北两座大营屡被太平军破灭，致使围困计划流产。在江北，太平军联合捻军作战，把僧格林沁死死缠在中原而无法脱身，最终战殁沙场。在清军即将全面溃败之际，只有半路出家的曾国藩还算一枝独秀，与太平军苦苦相搏，经年鏖战，总算没有让江南易主。国内烽烟遍地，而外国列强又乘虚而入。英、法侵略军悍然发动了第二次鸦片战争，并于清咸丰八年攻占天津大沽炮台，威胁北京。清廷被迫与英、法、俄、美分别签订《天津条约》。又至上海，与英、法、美分别订立《通商章程善后条约》。之后，侵略军退兵。清咸丰九年，英、法侵略军再次挑起衅端，遭到驻守大沽炮台的清军反击。次年，英、法联军再陷大沽炮台，迫近北京城，逼得咸丰帝不得不逃往热河避难。最后，以英、法、俄三国强盗分别逼迫清廷签订了《北京条约》后才偃旗息鼓，住手罢兵。清咸丰十一年（1861 年）七月十六日，咸丰帝在热河行宫驾崩。此时，距离曾国荃克复安庆仅仅相差十几天的光景。

对于曾国藩来说，咸丰帝始终是他心中一个无法言说的痛。正是这个无法言说的痛，让曾国藩踌躇百转，郁积于胸。要说圣眷，仅仅就是在清咸丰二年（1852 年），咸丰帝放了曾国藩一任江西乡试正考官，而曾国藩由于母丧，也没能完成那次江西乡试的主持工作。而曾国藩"自己亥之冬入都供职时有馀年，由翰林七迁至侍郎，眷遇甚隆"⑤这些荣幸，都是道光帝赏赐的，跟咸丰帝没有一毛钱关系。要说咸丰帝，除了只知道催命而不讲道理，办事抠搜而不爽利外，就再也没有什么能让曾国藩刻骨铭心的了。

曾国藩永远都不会忘记，正是这个咸丰帝，把堂堂二品大员曾侍郎放在一个官不官、绅不绅的团练大臣的位置上的，弄得他处处为难，尴尬至极。此外，咸丰帝还乐意瞎指挥，不仅在不明了前方局势的情况下，逼迫曾国藩出兵，有时还直接调动部队、规定部队行动方向。最让曾国藩烦心的就是咸丰帝的吝啬，只要求曾国藩去干这干那，就是不给予实权，使曾国藩常常处于要兵没兵、要饷没饷、要根据地没根据地的被动局面，逼得曾国藩三番五次寻找借口变相逼宫。而咸丰帝就是揣着明白装糊涂，除了用语言忽悠曾国藩之外，没有任何实质性的举动，这让曾国藩伤透了心。直到咸丰帝临死的头一年，也就是湘军已掌握东南军事上的主动权后，才授予曾国藩以督抚实职。但不管怎么说，咸丰帝最终还是把曾国藩擢拔到了一品大员的行列，总算没有让曾国藩白忙活一场。

接到咸丰帝的死讯后，曾国藩"恸哭失声"。《曾国藩年谱》记曰，曾国藩如此举动，源于"自以十馀年来，受上知遇，值四方多难，圣心无日不在忧勤惕厉之中。现值安庆克复，军务方有转机，不及以捷报博玉几末命之欢，尤为感恸无已"。表面上看，曾国藩所说的全是恭维咸丰帝的话，而字里行间无不隐喻着对自己多舛命运的慨叹。

家不可一日无主，国不可一日无君。

作为封疆大吏的曾国藩自然要关心国事，关心大清的前途与未来。

在接到咸丰帝"龙驭上宾"当天的日记中，曾国藩对皇上驾崩感到"天崩地坼，攀号莫及"的同时，更为国家处于"多难之秋"而"四海无主"表示忧虑，尤其是一想到"新主（同治）年仅六岁"，而国家正处于"敌国外患，纷至迭乘"之际，曾国藩实在是难以表示乐观。同时，也对在位仅十二年的咸丰帝"无日不在忧危之中"，而如今"安庆克复，大局似有转机"，为咸丰帝"竟不及闻此捷报，郁悒终古"而感到痛惜。

清咸丰十一年（1861年）八月十八日，朝廷颁发哀诏，举国悼念咸丰皇帝。身在前线的曾国藩，也在安庆城内率领文武员弁身穿丧服"哭临三日"，而且每天哭三次，表现得中规中矩，甚合礼法。

如果说咸丰帝驾崩塌了大清国的天，那么胡林翼之死，则是塌了曾国藩的天。

此事发生在咸丰帝晏驾仅仅一个多月后，湖北巡抚、黔军统帅、曾国藩不可或缺的最重要的同盟者胡林翼，于清咸丰十一年（1861年）八月二十六日在武昌辞世，终年五十岁。

"……可痛之极！从此共事之人，无极合心者矣。"⑥胡林翼之于曾国藩的重要性，从曾国藩的这个反应和评价中可窥一斑。

胡林翼是湖南益阳人，生于清嘉庆十七年，即公元1812年。胡林翼出身于书香门第的。其父胡达源是清嘉庆二十四年一甲第三名进士，官至正四品的詹事府少詹事。在胡林翼很小的时候，父亲就"授以性理诸书"，对他进行传统文化教育。年轻时的胡林翼"负才不羁"，"习闻绪论，有经世志"。清道光十六年（1836年），比曾国藩小一岁的胡林翼中进士，而此时的曾国藩却在当年的恩科会试中第二次落榜，陷入不第的懊丧之中。

胡林翼中进士、点翰林、选庶吉士、授编修，一路顺风顺水，仕途颇为看好。然而，在清道光二十年（1840 年），也就是胡林翼进入官场的第四年，在担任江南副主考官时犯了一个低级错误，对"正主考官文庆携举人熊少牧入闱"一事失察，被降一级使用。不久，父亲胡达源逝世，胡林翼回家丁忧。在"服阙"期间，胡林翼出资为自己捐了一个功名，使自己由从七品的翰林一跃而成为从四品的知府。

胡林翼并非曾国藩的嫡系。若论军事生涯，胡林翼还早于曾国藩好几年。道光三十年（1850 年），在胡林翼署贵州安顺、镇远知府时，就运用"明戚继光法练勇士"，用以镇压地方民众的起义，"以功赐花翎"，擢升道员，得到总督吴文镕、巡抚乔用迁的赏识，"并荐堪大用"。清咸丰元年（1851 年），胡林翼补任黎平知府，大搞保甲团练，"严扼要隘，储谷备城守"，尽管"地临湘、桂"，但"匪戢而民安"。在贵州的那几年，胡林翼无疑成为那里的消防队员，哪里有问题就被派到哪里灭火。胡林翼也真不含糊，工作效率、质量均属上乘，往往是一击即中，手到病除，一时间声名远播，成为当时一个很有些影响的人物。这样的人才，小小的黎平、小小的贵州显然是难以留住的。果然，清咸丰三年（1853 年），胡林翼便奉旨走出了贵州的群山峻岭，率领他的黔勇赴湖北作战，同时也正式开始了他短暂而辉煌的军事生涯。

曾国藩与胡林翼并肩作战始于清咸丰三年（1853 年）八月。

当时，吴文镕由黔入鄂，在出任湖广总督后，马上奏调能员胡林翼至湖北差遣，得到恩准。清咸丰四年（1854 年）正月下旬，当胡林翼率领六百黔勇赶至湖北金口时，太平军大败清军于黄州，吴文镕也在作战中阵亡，胡林翼不仅失去了政治上的依靠，而且还"坐困于金口洪山一带，劳身焦思。不特无兵无饷，亦无官无幕。自两司以至州县佐杂，相远隔北岸数百里外。一钱一粟，皆亲作书函，向人求贷，情词深痛！残破之余，十不应一"[⑦]。实在没有办法，胡林翼只好拿出自己家里的粮食当作军粮，以解燃眉之急，尽管"士卒为之感动"，但却是无奈之举。

就在胡林翼所部陷于困境，情况危急的紧要关头，是曾国藩向胡林翼伸出了援助之手，不但向胡林翼所部提供了火药、帐篷等物资，及饷银两千两外，还考虑到岳州是南北的咽喉，战略地位重要，奏请咸丰帝把胡林翼所部留在了岳州附近候用。可以说，是曾国藩在关键的时刻挽救了胡林翼，也挽救了黔勇。从此以后，胡林翼所部并入湘军，在曾国藩的麾下听调。

初一晤面，胡林翼就给以善于识人著称的曾国藩留下了深刻印象。在给咸丰帝的奏报中，曾国藩直言胡林翼的才干比自己高出十倍，对胡林翼寄予厚望。在日后的接触中，曾国藩更是坦言"遇事咨询，尤服其进德之猛"⑧。

胡林翼没有辜负曾国藩的一片赤诚与希望，用实际行动不断证实自身存在的价值。在军情万变的战场上，胡林翼如鱼得水，良好的个人素质和卓越的军事素养帮助他屡建奇功，很快就在人才济济的湘军中脱颖而出，宦途也颇为顺遂。胡林翼由一名道员而湖北按察使、江苏布政使、湖北布政使最后官至湖北巡抚，前后只用了不到半年的工夫。后来，胡林翼回援湖北，与湘军正式脱离了隶属关系，但与曾国藩和湘军所建立起的血肉关系则维系一生。尤其是在湖北局势稳定以后，胡林翼全力支援湘军东征，为曾国藩后来立下不世之功做出了不可替代的贡献。

对胡林翼，曾国藩感佩有加，举荐更是不遗余力。

清咸丰十一年（1861年）八月初一，清军克复安庆。曾国藩在给咸丰帝的上奏中，几乎把功劳都推给了胡林翼。曾国藩说："至楚军围攻安庆已逾两年。其谋始于胡林翼一人。画图决策，商之官文与臣，并遍告各统领。前后布置，谋剿援贼，皆胡林翼所定。"⑨

在曾国藩的心目中，胡林翼"赤心以忧国家，小心以事友朋，苦心以护诸将，天下宁复有似斯人者哉"⑩。

对胡林翼之死，曾国藩在痛彻心扉以外，还努力通过自己的影响为老友争取尽可能多的利益。曾国藩亲自上奏朝廷，历陈与自己"共处日久，相知颇深"的胡林翼之"忠勤勋绩"，"伏乞"朝廷能够"饬付国史馆查照实行"，同时希望朝廷能够"出自逾格鸿慈"，"加恩"胡林翼那个"读书聪慧"的儿子胡子勋。作为同僚，曾国藩能想到的都想了；作为朋友，曾国藩能做到的都做到了。至此，曾国藩才稍得宽心。

天降大戾

　　一场突降的瘟疫，几乎使湘军遭致灭顶。这难道是天意？

　　曾国藩官高位显，在大清国可以呼风唤雨，叱咤纵横，但他毕竟是一个凡人，不具备改天换地的本领，比如对人祸往往只能"哀痛不已"，而对天灾更是无能为力。

　　曾氏兄弟对太平军的感情是复杂的，可以用"爱""恨"交织来形容。所谓"爱"是指太平军的出现，为曾氏兄弟的崛起创造了客观条件，也就是说，没有太平军，就没有曾氏兄弟横空出世，名满天下，荫及子孙。从这个角度来说，曾氏兄弟理应打心眼里感谢太平军，感谢那个屡试不第却捅漏了天的倒霉秀才洪秀全。所谓"恨"则是不言而喻的。为了绞杀太平军，曾氏家族先后失去了两个虎子，一个是曾国藩的三弟曾国华，因兵败三河镇而战殁于乱军之中；另一个是被朝廷赐予"迅勇巴图鲁"的曾国藩五弟曾国葆，因长年征战而积劳成疾，病逝于金陵雨花台前线。因而，曾氏家族被清廷誉为"一门忠义"。所以，曾氏兄弟便把绞杀太平军作为报效朝廷、报仇雪恨的最高使命。为此，曾氏兄弟把失去亲人的愤怒化作无边的仇恨，把与太平军经年血拼中所饱受的屈辱化作疯狂，恨不得一下子就剿灭太平军，致洪秀全于死地。而在尚且存活的曾氏兄弟中，尤以曾国荃的表现为最甚。

　　取得安庆之战的胜利后，朝廷称曾国荃"智勇兼施"，加官晋爵，尤著奖掖，使曾国荃声名鹊起。这不仅使曾国荃洋洋自得，而且愈加助长了他的狂傲，一心一意要打下金陵，夺取首功。

　　清咸丰十一年（1861 年）十月，江苏告急，杭州等重镇先后陷落，朝廷急忙"迭诏"曾国荃前去收拾乱局。曾国藩和曾国荃商议救援之事，曾国荃却提出一个与朝廷，甚至与曾国藩大相径庭的想法，他认为金陵是太平军的大本营，如果猛攻金陵的话，太平军必将"全力回援"，"而后苏、杭可图"。曾国藩认为曾国荃说得有道理，便表示赞成。于是，曾国藩派左宗棠去解决浙江的问题，派李鸿章去解决江苏的问题，而"以围攻金陵属之国荃"。清同治元年（1862年）二月二十四日，曾国荃督师东下，水陆大军直指金陵。一路上"军事甚顺"，曾国荃所部过关斩将，势如破竹，连连攻克险要隘，直逼金陵城下。清同治元年（1862年）五月初三，曾国荃所部"逼札"在雨花台，这里距金陵仅四十里之遥，拿下金陵似乎已是指日可待。不料，太平军"见惯不惊，似无怔惧之情"，根本就没把虎视眈眈的曾国荃放在眼里。

由于雨花台距离金陵太近，威胁太甚，太平军拼死争夺。一时间，雨花台变成了人间炼狱，曾国荃与太平军反复拼杀，只杀得昏天黑地，日月无光，双方"互有损伤"，战事陷入胶着状态。

曾国荃这边杀得兴起，曾国藩那边却担忧得要命。因为曾国荃根本没有等着几路大军到达后再采取行动，而是在没有任何援军的情况下"孤军独进"。这是非常鲁莽且不计后果的一着险棋。对于曾国荃"进军太锐"，曾国藩"究嫌太速"，"深为焦虑"，生怕曾国荃身陷重围，遭致灭顶。

曾国藩日夜为曾国荃"在金陵孤军无助"而忧心忡忡。在给曾国荃的信中，曾国藩毫不掩饰自己的担心与不安："弟此次进兵太快，不特余不放心，外间亦人人代为危虑。"①此外，曾国藩认为，"百足之虫，虽死不僵"。太平军"凶焰方盛，未可骤图"。旁观者则认为曾国荃多是新募的兵勇，未必可靠，缺乏必胜的把握。对于防御问题，曾国藩建议道："万里长濠，大众公守，最易误事。一蚁蛰堤，全河皆决。去岁之守安庆后濠，余至今思之心悸。此次在金陵，不可再守长濠，仍以各守各垒为稳。地方虽宽，分别极冲、次冲究无多处，前围城贼当冲者不过数处，后拒援贼当冲者亦不过数处。于极冲、次冲之地，择人守之，则他处虽有劣营，亦可将就支持……"⑫

就在曾国荃与太平军相持不下、曾国藩为曾国荃担忧之时，一场罕见的瘟疫突然爆发了。这场突如其来的天灾，给湘军几乎带来了灭顶之灾。

清同治元年（1852年）闰八月，长江以南爆发了大规模瘟疫。《曾国藩年谱》记曰："夏秋之间，暑雨失时，疾疫大作，各路军营多染疾病。皖南诸军为最甚，死亡甚多，浙江大营次之，金陵大营亦染疫病。皆暂事休息，未遑攻剿也。"

无法控制的瘟疫在兵营里四处蔓延，一时间"死亡相继"，给正急于攻克金陵的曾国荃当头一棒。曾国藩惊呼，此乃"天降大疠，近世罕闻。恶耗频来，心胆俱碎"⑬，"诚宇宙之大劫，军行之奇苦也"⑭。

这场瘟疫给湘军和地方均造成严重损失，其境况惨不忍睹。那么究竟损失到什么程度呢？曾国藩在给同治帝的折子中列举了几个例子。比如，在大将鲍超的军中，精锐的"勇夫"就有万余人染上了瘟疫，每天都有数十人死亡。在仅有两万人的曾国荃军中，染病的就有一万多人，超过了总数的百分之五十以上。在左宗棠的楚军中，染病的兵勇也已逾半，每临战事，能够坚持出战的不到总数的五成。其他部队也无一幸免，各个军中染病者都超过总数的百分之六七十。以这样的部队应敌，不用说出战，就是想守住营盘不失都绝非易事。而最让曾国藩痛心疾首的是一些屡立战功的悍将如黄庆、伍乘瀚、张运桂等竟因染疫而先后病故，等于生生剪去了湘军的羽翼。其他如鲍超、张运兰、杨岳斌等战将也未能幸免，"均各抱病军中"。在地方，最惨的就属那个刚刚经历过血战的宁国府了。那里几乎成了人间地狱。按照曾国藩的说法，"宁国府城内外，尸骸狼藉，无人收埋"，染病的也没有人服侍，"甚至一棚之内，无人炊爨"。而曾国藩在同时期的日记中记述得更为具体——"宁国各属军民死亡相继，道殣相望，河中积尸生虫，往往缘船而上，河水及井水皆不可食"⑮。

面对如此天灾，曾国藩陷入愁苦之中而无计可施，为"各军患病""各处疫病大多"而"忧心如焚""忧灼之至"。每天唉声叹气，终日里"绕室彷徨，意绪无憀"。

实在没有办法，曾国藩想起了歪门邪道，竟然建议"陈龙灯狮子诸戏，仿古大傩之礼"⑯，但终归难以奏效。

曾国藩认识到了眼下局势的危险性。曾国藩上奏咸丰帝说，如果现在太平军进犯宁国府的话，鲍超、张运兰两军不仅不能出马迎敌，而且根本就守不住城垒；不仅不能固守待援，而且难以脱身"以待再振"。如果太平军进攻雨花台、徽州的话，也"深恐病者太多"，无论是守还是战均没有把握。曾国藩哀叹，经数年征战而"由尽寸而广至数百里"的疆土"倘有疏虞"，后果不堪设想。而一旦皖南有失，则江西就失去了藩篱，"毫无足恃"。而此时的皖北"苗捻两患"也"时时可虑"。更要命的是手下的战将死的死病的病走的走，当此危难之际，这让诸事荟萃于一身的曾国藩怎不"忧心如焚"？

曾国藩在给朋友的一副对联中写道："好人半自苦中来，莫图便宜；世事多因忙里错，且更从容。"而眼下，面对"疾疫之灾既如彼，责任之重又如此"的曾国藩心力交瘁，加之癣疾大发，眼蒙殊甚，彻夜难眠，曾国藩觉得自己实在是挺不住了，更"从容"不起来了。他上奏同治帝说："臣自度薄德不足以挽厄运，菲才不足以支危局。"就像是一个能担一百斤的挑夫，一下子给他增加二十斤，"则汗流而蹇"；如果增加五十斤，"则僵踣矣"——僵硬跌倒了。曾国藩说："臣力本不胜拟负，今且增至重十倍之重，僵踣不足惜，倘遂贻误大局，敢不祗惧！"⑰

面对"军事甫顺，而疫疾流行，休咎之徵，莫可推测"的局面⑱，曾国藩恳请同治帝派"在京亲信大臣"前来江南"会办诸物，分重大之责任，挽艰难之气数"⑲。曾国藩不无唯心地说："中夜默思，惟求德器远胜于臣者，主持东南大局，而臣亦竭力经营而左右之，庶几补救于万一。"⑳

曾国藩把厄运归咎于自己"德器"不足，而把挽救危局的皮球踢给了同治帝。在这样的情况下，同治帝也没有什么好办法。试想，如果连倚为股肱的曾国藩都撂了挑子，朝野上下哪里还有能顶替之人？

同治帝回复曾国藩，说"此时战守均无把握，自属实在情形"。至于曾国藩请求派人前来分担责任，挽救危局，一定是"为忧劳胶着所迫"。重申朝廷仍然信任曾国藩，相信湘军，"倚以挽救东南全局"。因为相信曾国藩"忠勇发于至诚，推心置腹"。充分肯定曾国藩"自诸军进逼金陵，逆匪老巢已成井槛，惟以艰难时会，诚不易得"。强调眼下"当此艰危时势，又益以疫疾流行，将士摧折，深虞隳士气而长寇氛"乃"无可如何之事"，不是曾国藩一个人的错误。肯定地告诉曾国藩"刻下在京固无可简派之人，环顾中外，才力气量如曾国藩者，一时实难其选"，也就是忽悠曾国藩继续干下去，"不容一息少懈也"。

同治帝忽悠也好，实情也罢，曾国藩无论如何都得独自面对危局。然而，就在湘军"士卒死亡大半"之际，太平天国侍王李世贤由浙江赴援金陵，湘军被迫以"病余之卒"应战，苦战十六昼夜，"疲乏已极"。而此时，太平天国忠王李秀成又率领十万大军驰援金陵，并于清同治元年（1862年）闰八月二十九日起，向曾国荃驻守的雨花台不分昼夜发起轮番攻击，"洋枪洋炮，子密如雨，兼有开花炸炮，打入营中，惊心动魄"⑳。连曾国荃都受了伤，"血流交颐"。其得力部将倪桂更是当场中炮身亡。太平军"多开地洞，百道环攻，并未少休"㉑。

在太平军巨大的军事压力之下，曾国荃终于挺不住了。

按照曾国荃的说法，当时的太平军已逾二十万，而他自己满打满算只有两万人马。仅就兵力而言，一比十的巨大差距就已经使曾国荃处于绝对的劣势。况且，除去伤亡之外，曾国荃的手里只剩下不足七成人马，如果再加上染上瘟疫不能出战的四成，就只有三成"略好之人"。此外，太平军的武器装备远优于曾国荃，"洋炮利器最多"。曾国荃说得很清楚，以这样劣势的兵力既要防御拉得过长的战线，又不能主动出击，"终为洋炮子所困"，真是被动到了极点。照这样下去，如果一个月内还没有援兵的话，后果不堪设想。他一方面"只好日夜耐劳苦，守以待援"，另一方面连续八天致信曾国藩请求援兵，"百叩"曾国藩救援，并说个人的安危事小，将士事大，如果失利，"则令各军沮气，且于大局难堪"。

然而，此时的曾国藩也是两手攥空拳，哪里有援兵可派？只能是"忧系莫释"，反复叮嘱曾国荃要"力图自固"，尤其是"身居绝地，只有死中求生之法，且不可专盼多军，致将卒始因求助而懈驰，后因失望而气馁也"㉓。

可太平军大兵压境，光靠精神是解决不了危机的。曾国荃致信曾国藩强调："弟与兄虽系骨肉之私，然设法拨兵来救，尤是天理人情之公也。"㉔

曾国藩的噩梦还在继续。

就在曾国荃难以招架、雨花台岌岌可危之际，另一路太平军已直扑宁国府。而驻守在那里的湘军"病勇未痊，缺额未补"，兵力捉襟见肘，宁国府危在旦夕。果然，曾国藩于九月初一日还在为"宁国之城守已固"而"稍慰"，初六日太平军就打下了宁国府。丢了宁国府不是简单地丢失一个城池的问题，而意味着"藩篱已弛"，也就是表明湘军后门顿开，其影响甚巨。丢失了宁国府，首先威胁的就是徽州、旌德等地的安全。而这两处都兵力单薄，人心惶惶，"百物皆空"，不用太平军来打就"不克支持"。曾国藩原本计划调鲍超和守旌德的兵马驰援曾国荃，没想到鲍超所部被太平军三面包围，陷在旌德而自身难保，救援曾国荃的计划也就泡汤了。最让曾国藩忧心的是太平军乘势而下，"间道"窜犯江西，直捣湘军后勤保障基地。

前方战局已经让曾国藩"忧心如焚"，如果后方再出现差池，那么湘军可真要被太平军前后夹击，成了瓮中捉鳖了。此外，曾国藩还获得消息称，河南的捻军"窜扰"湖北，有取道皖北回援金陵的可能。刹那间，山雨已来，风满湘楼。曾国藩"反复筹思"，但"殊无完策"。

然而，曾国藩担心的事情终于还是发生了。

曾国藩顿时"寸心方乱"，为此"彻夜不能成寐"。

差点被钱逼疯了

一分钱难倒英雄汉，就连曾国藩也不例外。

曾国藩是一个注重精神建设的军事统帅。他强调能够凝聚军心鼓舞士气的关键在于统兵者的"勤廉恕明"，在于有一副"真心实肠"，而不在于钱财多寡。对于以"粮重饷优"作为笼络兵心的带兵之道，他嗤之以鼻，认为这样做，势必会出现"金多则奋勇蚁附，利尽则冷落兽散"的局面。

不能说曾国藩的看法是错误的，但打仗仅凭精神而没有必要的物质保障肯定也是行不通的，就像"钱不是万能的，但没钱是万万不能的"道理一样，浅显但却实在。其实，纵观古今战事，均有大军未动粮草先行之说。实践也充分证明了，古往今来的任何战争，在一定程度上，打的就是后勤保障，打的就是经济实力。没有充足的后勤保障，就不能保持部队的战斗力，就不能获得最后的胜利。尤其是要及时兑付饷银，对于稳定军心，保持部队的战斗力干系巨大。对此，曾国藩感同身受，不能免俗。

饷银不济的问题，困扰曾国藩可不是一天半天了。自曾国藩墨经出山后，时时受其掣肘而往往又无计可施、无可奈何。想想也难怪，当年"虚悬客位"，手里没有督抚实权，处处需要仰人鼻息、看人家脸色过活，尤其是在退守江西的那段日子里，更是受到地方的鄙薄和诘难，几无立足之地。而现在则完全不同了，曾国藩已身为督臣，节制四省军务，可以说是大权在握，一言九鼎。可即便如此，曾国藩仍然要时不时地为湘军的吃粮发饷操心，仍然要无可奈何地向皇上讨说法。

曾国荃异军突进，逼扎雨花台后即与太平军绞杀到一处，陷入胶着而不能自拔；突遇瘟疫爆发，令湘军兵损将折，惨不忍睹。而就在湘军天灾人祸齐聚之际，太平军则趁机卷土重来，兵困曾国荃。随即突发奇兵，克复宁国府，抄了湘军的后路。一时间，让历来强调从容淡定、心若止水的曾国藩"心绪烦乱""胶着之至""不知为计"。

前方战局波谲云诡，后方形势莫测堪虞。

正当形势危机之时，偏偏在饷银方面又出了问题，这真是要了曾国藩的老命。

湘军欠饷由来已久，其中主要原因就是朝廷不给湘军发饷，而负责提供饷银的地方诸省又经常执执拗拗，难以为继，使得拼杀在第一线的湘军将士不得不饱受饥馑之苦。比如清同治三年四月，也就是距湘军最终攻克金陵城头两个月，曾国藩还在向曾国荃检讨，承认他"今年饷项之少为历年所无"。

让曾国藩担心的不仅仅是欠饷一端，而是生怕由于欠饷而引发激变。就连一向霸气十足的曾国荃也认识到了问题的严重性，无奈地对曾国藩说："欠饷过多、过久，驭众之难，如以朽索之驭六马。"㉕曾国荃不无警悚地判断道："弟军若三四月不克城池，饷项比前必更支绌，恐人心不能如前此之团结，弟之所以懔懔也。"㉖

饷银不济，本就让曾国藩很头痛，而最让他气恼的是，这次问题又出现在那个让他一想起来就恨得牙根直痒痒的江西。《曾国藩年谱》记曰："江西协饷多掣肘，公益忧之。"其中的"忧"应该是恨。也是恨极所致，曾国藩上奏同治帝，大发雷霆，锋芒直指时任江西厘局藩司兼湘军总办粮台李桓。

早在清咸丰十年（1860年）五月，曾国藩就奏明咸丰帝，把江西全省的"厘务"拨给湘军作为军饷。曾国藩随即委派专人负责督办此事。具体的分工是：候补道李翰章为赣局，负责长江上游七个属府的厘务；江西粮道李桓为省局，负责长江下游七个属府的厘务。按照规定，李桓负责的下游的那些属府商贩"行厘"，从清同治元年（1862 年）二月起一律加收，且两起两验，"收数自应较前倍增"。可是事与愿违。近几个月以来，李桓解来的厘银却寥寥无几。从四月到八月，安庆粮台一共只收到江西总台厘银二十二万两，铜钱四万串。扣除应解部分外，李桓所负责的下游七属府每月上缴不足一万两。这令曾国藩"殊不可解"。曾国藩了解到由于加成抽收，江西的商民近日怨言颇多，曾国藩对这种"抽收愈旺，而七属各卡报解愈少"，甚至导致"营饷未得实济"的局面实在困惑难解。

曾国藩算了一笔账。按照原定计划，李翰章负责的赣局应该月解厘金八万两，李桓负责的省局月解厘金八万两，而因为吴城、湖口失陷，给李桓减去了两万两任务。这是在当时局势严峻，筹抽厘金"极衰之时"确定的指标。而如今江西"全境肃清"，就不应该再有"月解六万之事"了。曾国藩划出去三个卡子给左宗棠，划一个卡子给祁门，这四个卡子厘金越收越多，而李桓的七属各卡却越收越少。现在，那四个卡子月收厘金已过五万之巨，将来完全可以超过六万，那么李桓的"七属各卡，全无应解之厘"，那么江西总台"且有倒欠矣"。而更让曾国藩恼怒的是，经核查江西的厘金漕折收入，不仅不如湖北、湖南，而李桓的省局尚且不如东征局所收的数量，也不如左宗棠那三个卡子所收的数量。曾国藩不无牢骚地上奏同治帝道："臣徒揽江右利权之名，全无供苏、皖饥军之实。"[27]矛头直指"总办粮台兼管厘局"的藩司李桓。曾国藩举出如下例子，证明李桓"漫不经心，玩视饷务"。以饶州局为例，经查三、四、五、六、七五个月的账目，除了拨出一半给祁门买米外，剩下的一半解给了省局，计有白银七千九百四十两，铜钱九万二千九百四十三串。而这些厘金，李桓根本就没有解往安徽。更为奇怪的是，饶州解往省局的一半"为数反多"，而七属各卡全行解往安徽的厘金"为数却少"。曾国藩斥问："不知各卡是何弊窦？李桓是何居心?"[28]

曾国藩又举出另外一个河口局的例子，来证明李桓的该死之处。

在本年四月以前，河口局由已被革职的同知向绍先经营，每个月最多的时候也就能收取不过五千两厘金，而交给左宗棠经营后，每个月竟能解一万多两，比向绍先在任时增加一倍以上；而六、七两个月就解饷银三万多两，比以前更是增加了两倍。曾国藩指出，如果李桓能够认真"察访"向绍先的话，应该早就把他撤了。而当曾国藩命李桓饬查向绍先时，他"犹且多方袒护，仅请停委一年"，后经曾国藩向同治帝"加重奏参"，才将向绍先革职。李桓这样一个"见好"属员的藩司，竟然只顾买好，当老好人而不顾"贻误饷需"，实在是"殊属大负委任"。

在这种情况下，曾国藩不得不亲自操心饷银之事。主要采取了以下措施：一是加强管理。派甘肃臬司刘于浔"访查商情"，了解筹收厘金的潜力。派属盐巡道孙长绂专门负责月报工作，力图扭转局面。二是强化监管。曾国藩明确规定，从今以后，江西的各个卡子上月的收、支情况，必须限于下月初三"缮成清折"，派专人送到省局。由孙长绂汇成总单，专报曾国藩。赣局四属，由属道王德固汇成单子"驿递"曾国藩。三是确保厘金的安全。曾国藩决定每个月派炮船赴江西"迎提厘金"。四是加强对官员的约束。原来各个厘局和卡子的所有委员，一律由总局"委用黜陟"。曾国藩现在"改弦更张"，确定所有人员，由他本人"随时札撤"，从安徽派人赴江西办理厘务，"以资互证，而备观摩"。五是加强基础建设。曾国藩要求各个厘局要"径备"一份各卡子每个月的报销账册，报给他本人；由刘于浔负责把商民的反映按月上报。为了便于工作，曾国藩向同治帝请旨，让孙长绂、刘于浔与李桓"会同办理"。曾国藩解释这样做的原因，是因为自己领的兵太多，欠饷时间太长，又逢今年瘟疫盛行，"医药无资"，不得不"整饬厘章，力求补救"。曾国藩向同治帝检讨道："外间皆知上海厘务不实不尽，不知江西厘金疲乏若此，皆臣平日不能稽核申儆之咎。"[29]

对李桓，曾国藩最终并没有痛下杀心，而是给"漫不经心，玩视饷务"的李桓留了一条活路，但有言在先："数月后如仍前玩泄，即当从严参奏，并提讯经手员役，以惩积弊"。[30]意思是说，如果李桓不接受教训的话，那么就老账新账一起算，绝不姑息。

制定章程也好，加强管理也罢，但都远水不解近渴。身处险境的曾国荃缺的不仅仅是军饷，还有援兵、枪械、火药、子弹、帐篷，等等。

曾国荃的每一封求救信都像刀子一样刺痛着曾国藩的心。作为统帅，前方将士的安危与他紧紧联系在一起；作为兄长，曾国荃的生死更是他最大的牵挂。然而，毕竟相隔太远，曾国藩除了"忧系不释"以外，但并不能时时相顾。

但军情似火，人命关天。曾国藩一方面紧急调整部署，尽可能派出援兵，鼓励曾国荃再坚守一个月，各处援兵就可以赶到。另一方面安抚曾国荃，让他"切莫慌乱"，自己定会"多办银米子药接济"。

在积极救援的同时，曾国藩也嘱咐曾国荃要"刻刻宜存节省之意"，不要苦苦催逼了。曾国藩说，大概弟弟你设身处地所能办到的，我当兄长的也一定能办到；我要是束手无策不能办到的，即使是弟弟你设身处地也办不到。

曾国荃知道自己单兵独进，已犯了兵家大忌。除了置死地而后生一条路外，别无他途。所以，曾国荃部拼死固守，有时伺机反扑，化被动为主动；有时又收缩兵力，主动放弃一些次要地方，这一举动完全打破了太平军的军事部署，成功地迟滞太平军对雨花台的进攻，战事渐有转机。

曾国藩闻此讯后"寸心稍慰"。清同治元年（1862年）九月十一日，曾国藩致信曾国荃，表达了自己的好心情。曾国藩道："初五早之捷，破贼十三垒，从此守局应可稳固，至以为慰。缩营之说，我极以为然。既不能围城贼，又不能破援贼，专图自保，自以气敛局紧为妥，何必以多占数里为美哉？及今缩拢，少几个当冲的营盘，每日少用几千斤火药，每夜少几百人露立，亦是便宜。气敛局紧四字，凡用兵处处皆然，不仅此次也。"⑩

在肯定曾国荃"缩营"之法的正确性后，曾国藩也对曾国荃过于依赖武器装备提出批评。

曾国藩说："然制胜之道，实在人而不在器。鲍春霆并无洋枪洋炮，然亦屡当大敌。前年十月，去年六月，亦曾与忠酋接仗，未闻以无洋人军火为憾。和、张在金陵时，洋人军器最多，而无救于十年三月之败。弟若专从此等处用心，则风气所趋，恐部下将士，人人有务外取巧之习，无反己守拙之道，或流于和、张之门径而不自觉，不可不深思，不可不猛省。真美人不甚争珠翠，真书家不甚争笔墨，然则将士之真善战者，岂必力争洋枪洋药乎？"②

曾国藩说的固然有道理，但没有必要的武器装备、后勤保障也是不行的。

任凭曾国藩语重心长、念念有词，曾国荃还是强调武器装备对于战争的重要性。他说太平军不仅人数众多，而且"……洋炮利器最多，除非我军人力强，可出队去打，乃足以寒其胆，否则徒自守，终为洋炮子所困也"③。所以，曾国荃不停地给曾国藩发信，一是请求速解洋枪洋炮、子药等装备以及其他物资。二是对解来的部分武器质量提出批评，三是对饷银、火药等一再延误表示愤慨。

曾国荃在致曾国藩的信中抱怨道："……解来的西瓜炮，十八日施放，虽开花而不甚得力。小铜炮无恙，大铜炮放两炮即有毛病……江、粤饷银至今未到。秋杪冬初，东北风如此之多且大，饷银、子药不能随时解到，思之令人心悸……帐篷一项求换者无虚日，亦乞设法催解为叩……"④

事到如今，曾国藩能办到的都办了，办不到的自然也没有什么好办法，尤其是对江西地方的表现无可奈何。

"然以江西似有处处与我为难之意，寸心郁郁不自得。因思日内以金陵、宁国危险之状，忧灼过度。又以江西诸事掣肘，闷损不堪。"⑤

难于驾驭的局面，让一向主张打脱牙和血吞的曾国藩非常抑郁，心里充满了愤懑。思来想去，对外因无计可施的曾国藩，只好回过头来在自己的身上查找内因。

曾国藩认为"郁郁不自得"的心境，实由自己"平日于养气上欠工夫"所致。若有所思的曾国藩提笔写道："欲求养气，不外'自反而缩，行慊于心两句'；欲求行慊于心，不外'清、慎、勤'三字。"并逐字作了阐述。"清"字就是指"名利两淡，寡语清心，一介不苟，鬼伏神钦"；"慎"字就是指"战战兢兢，死而后已，行有不得，反求诸己"；"勤"字就是指"手眼俱到，心力交瘁，困知勉行，夜以继日"。曾国藩道："此时

而语者，吾当守之终身。遇大忧患、大拂逆之时，庶几免于尤悔耳。"㉟

写完这些话后，连日来"疲困殊甚"的曾国藩竟然意想不到地睡着了。

这一夜是竟日难得好睡，一觉睡到五更时分，"从此为常态矣"——看似坏事竟然变成了好事。

为增调援兵而踌躇

上挤下压，曾国藩进退两难。

曾国荃困金陵，一度让朝野上下热血沸腾，恨不得弹指间就剿灭洪秀全和他的太平天国。然而，金陵城毕竟是太平天国的首都，无论是兵力、防守程度等均非其他城池能比。就连曾国藩也承认，金陵城池坚固、浩大，加之太平军将士勇猛、彪悍，实在是其他任何地方都无法比拟的。所以，继常州、丹阳等城被克复后，在江苏战场上只剩下金陵一座孤城未克了。久未克复，让"群疑群谤"丛生，流言蜚语漫天飞舞，尤其是曾国荃贪功之说甚嚣尘上，弄得曾氏兄弟好不心焦。但相比较而言，最为烦心的还不是整天"逢人辄怒，遇事辄忧"的曾国荃，而是作为湘军最高统帅的曾国藩。

业经两三年的围剿，金陵城仍然固若金汤，久攻不下，用曾国藩的话说，金陵城"面面布置，据有重险，为洪逆坚不可拔之基"㊱。这令湘军很是丧气。因为打金陵不仅仅就是一座城池的问题，关键在于因久未克复而产生的更大更深更远的负面影响。

同治帝也在为金陵的问题而忧烦伤神，已经失去了耐心，觉得这样无限制地消耗下去绝非良策，肯定是不行的。于是寄谕曾国藩，要他赶紧增兵，"令李鸿章会军攻金陵"，速战速决，以靖东南。话里话外已然充满了不悦。

同治帝的这个想法，其实与曾国藩的想法不谋而合。

早在清同治二年（1863年）末，曾国藩就想到了这一点。

这并非是说曾国藩有什么先见之明，而实在的不得已而为之。

打下安庆后，曾国荃的野心已经膨胀到了极点。为了夺取攻克金陵的头功，曾国荃不顾客观条件，在没有友军的配合下，单兵独进，急功近利地逼扎雨花台，妄图一举拿下金陵城，但效果不显，迟迟难以得手，反而进不能进，退不能退，陷入与太平军的纠缠之中。究其原因，并不是曾国荃不卖力气，而实在是有具体困难。面对同治帝的愠怒和朝野上下的诘难，无论是作为统帅，还是作为兄长，曾国藩都必须要为曾国荃争辩、撑腰。

曾国藩通过陈奏，说明金陵城迟迟打不下来的主要原因有五点。一，金陵城防御坚固，难以力克。即便是曾国荃采取了挖地道，然后填满炸药轰城这个对其他城池来说攻无不取、屡试不爽的办法，都对金陵城奈何不得。二，金陵城里粮食储备充足。俗话说，"手里有粮，心里不慌"。虽然经年激战，但金陵城里"并无粮尽确耗"，而且也没有因战事而耽误农业生产，"又新插麦禾甚多"。正是因为"金陵城中积粮未告罄"，所以太平军才有了"仍为负隅死守之谋"的可能。面对这样的局面，别说是曾国荃，换了谁都得无可奈何，望洋兴叹。曾国藩认为，只能："不求速效，但求稳慎……"⑧三，太平军主动出击。太平军并没有因为金陵城被围而惊慌失措，反而组织经常性的出击，主动向湘军发起进攻，袭扰湘军，弄得湘军自顾不暇，完全打乱了曾国荃的战略部署。四，大批援军陆续赶来。为了解金陵之危，李秀成率领数万人回援。按照曾国藩的设想，李秀成的援军"自必拼死苦战"，而曾国荃部则会"反客为主，专意守营，不必出队与之开仗"。但李秀成的想法却与曾国藩恰恰相反，回援之师开进金陵城后，并没有与湘军直接刀兵相加，而是计划直捣湘军后方老巢，曾国藩惊呼"江西之患弥大，即湖南亦极可虑"。情急之下，曾国藩急忙调兵遣将，"以期节节堵遏，力保上游完区"。五，饷项难济。饷银是军队的血脉。血脉不盈，军队难以坚挺，而血脉一旦断绝，则军队必不战自溃。曾国藩告诉同治帝，"饷项亦断难支至三四月"。意思是说，在这种情况下根本就不能再战，更不用说获胜了。这绝非是危言耸听。

究竟怎样做才能既保全曾国荃的颜面，又要鼓舞湘军的士气？这让曾国藩颇费踌躇。其实曾国藩心里明白得很，只有打下金陵才是硬道理；一日打不下金陵，就一日不能止住别人信口雌黄，也就一日不得安宁。

就是在这样一个极其复杂可能的情况下，为了早日解决金陵问题，曾国藩想到了增兵这个办法。但增兵不是无原则的。因为攻克金陵毕竟指日可待，这样的不世之功是绝对不能与外人分享的，所以即使增兵也要用自己的人。曾国藩首先想到的就是自己的弟子李鸿章。

本来，曾国藩还在劝曾国荃不要着急，还要稳扎稳打，不可急于贪功，须知"谋事在人，成事在天"的道理，要"刻刻存一有天下而不与之意，存一盛名难付成功难居之意"。可是现在情况发生了根本性的变化，皇上已经急得火上房了，饬令曾国藩"飞催"李鸿章参加会剿。这在清同治帝三年（1864年）五月初八的上谕中已经说得很清楚了。他说："李鸿章所部兵勇，攻城夺隘，所向有功。炮队尤为得力。现在金陵功在垂成，发捻蓄意东驱，迟恐掣动全局。李鸿章岂能坐视？著即迅调劲旅数千，及得力炮队，前赴金陵，会合曾国荃围办，相机进取，速奏朕功。李鸿章如能亲督各军，与曾国荃会商机宜，剿办更易得手。著该抚酌度情形，一面奏闻，一面迅速办理。"㊲末了，同治帝又道："曾国藩身为统帅，全局在胸，尤当督同李鸿章，曾国荃，彭玉麟，和衷共济，速竟全功。扫穴擒渠，同膺懋赏！总以大局为重，不可稍存畛域之见……"㊳这无疑是最提醒曾国藩应该知道自己是干什么的，是吃哪碗饭的。面对同治帝给自己上的夹板，曾国藩只能违心地说："仰见圣谟广运，指示周详，钦悚曷任！"㊴

刚刚过了几天，同治帝的又一道上谕就到了。

在这道上谕中，同治帝的语气更加严厉且不容置疑。

"此时贼势固结不解，必须将金陵迅速攻拔，使该逆无所依附，自成瓦解之势。前经叠谕李鸿章拨兵助攻金陵能否亲往，并令该抚酌办。现当事机紧要之时，李鸿章务当不分畛域，不避嫌怨，迅速遵办，力图共济，不准稍有推诿！"㊵

仅过三天，同治帝的上谕飞驰又至。言道："现在群贼纷窜，总当速拔金陵。覆其巢穴。曾国藩当严饬曾国荃，督率所部，奋力图功，不得再有稽延。李鸿章恪遵前旨，不分畛域，拨兵助剿，或亲往会攻，毋稍嫌推诿。"㊶

从同治帝的这两道上谕中不难看出，他已经渐失耐心，对曾国藩、曾国荃，以及李鸿章均表示了不同程度的悻怒。首先是对曾国藩不满，主要是因为他磨叽，迟迟没有落实增兵金陵的圣谕。其次是对曾国荃不满，认为他有拖延之嫌。这从"不得再有稽延"一句中可窥一斑。三是对李鸿章不满，认为他对"嫌怨""畛域"问题想得太多，不排除有"推诿"之嫌。

既然同治帝对迟迟拿不下太平天国的最后堡垒而龙庭震怒，那么调李鸿章前来助阵已经不是可商量或不可商量、可同意或不同意的问题了。

曾国藩欲调李鸿章会剿金陵，除了因为他"秉承圣谟，独据忠悃。每当艰险之际，恒匹马以当先。或遇绝续之交，持孤注以争胜。用能转危而为安，远攻而近守"⑭以外，而寄希望于李鸿章的精良装备。清同治三年（1864年）五月十二日，也就是朝廷命李鸿章驰援金陵的头两天，曾国藩就致信曾国荃"欲奏请少荃亲带开花炮队、洋枪队前来金陵会剿"。

金陵久攻不下，迫使曾国藩不得不从武器装备方面去考虑了。那么，能够在这方面助曾国荃一臂之力的也只有李鸿章一人。那么李鸿章为什么会有精良的武器装备呢？这就不得不承认李鸿章的远见卓识了。所以说李鸿章是晚清"善假于物也"的典型代表一点也不为过。

早在建立淮军伊始，李鸿章就想到了用西方的先进武器装备自己的军队，这也被世人包括曾国藩在内认定淮军屡战屡胜的法宝所在。在曾国藩看来，李鸿章的开花炮和洋枪绝对是制胜的关键，尤其是威力巨大的开花炮，对于轰击"坚而大"的金陵城最为得力，他明确告诉曾国荃，"且炸炮轰倒之城，实可骑马而登，胜于地洞十倍"。

调李鸿章前来助阵，虽然是因为逼不得已而为之，但曾国藩必须要考虑到曾国荃的心情。毕竟围困金陵两年，曾国荃几乎付出了全部的心血，眼看大功即将告成，却来了一伙瓜分胜利果实的，曾国荃无论如何是难以接受的。

果不其然，此事一经提出就冲了曾国荃的肺管子，遭到他的坚决反对。曾国荃向曾国藩直言："少荃所管之事过多，来此一隅，似不相宜……"⑮不仅不同意李鸿章亲来助阵，就连调李鸿章的部下前来帮忙也断然拒绝。

曾国藩曾在书信中劝说曾国荃："如奉旨饬少荃中丞前来会攻金陵，弟亦不必多心。"因为"功不必自己出，名不必自己成"。然而，曾国荃想要的就是这个功和名。面对即将到手的巨大功、名，曾国荃几乎丧失了理智，就像一头咬住了肉骨头的猛兽，任何力量都休想让他撒口。所以，任凭曾国藩苦口婆心，曾国荃就是耿耿于怀不点头。

1861年，李鸿章奉曾国藩之命编练淮军，成为淮军的创始人和领袖。既是曾国藩的入室弟子，又是经他一手力推出来的年轻俊才，淮军领袖，绝对是曾国藩亲信中的亲信，嫡系中的嫡系。可即使有这样的渊源，曾国荃仍然拒绝李鸿章赴金陵助战。

我们分析他的理由不外乎有以下三条。首先是虚荣使然。曾国荃比李鸿章小一岁，属于同龄人。尽管李鸿章是两榜进士出身，晋身行伍也比曾国荃早三年，但曾国荃成名却比李鸿章早得多。早在李鸿章还在给曾国藩当幕僚的时候，曾国荃就已经是湘军中"吉"字营的统帅了。尽管在表面上，两个人你干你的，我干我的，井水不犯河水，没有什么利益冲突，甚至还"相亲相卫"，但曾国荃没怎么把李鸿章放在眼里。虽然眼下遇到了困难，但曾国荃的虚荣之心仍在，打心眼里不赞成允许李鸿章前来助阵。说白了，曾国荃倒不是怕别的，只是怕丢不起人。其次是嫉妒作祟。李鸿章虽然出道晚于曾国荃，但进步却比曾国荃快。贡生出身的曾国荃，没有多少资本可以炫耀，只能靠拼命苦干，一级一级往上爬。由知府、道员、以按察使记名、实授浙江按察使、迁为布政使，到1863年擢浙江巡抚，曾国荃一共用了七年多的时间。而比曾国荃出道晚五年的李鸿章却顺风顺水，千授巡抚的时间比曾国荃还早一年。尤其是与太平军决战的后期，曾国荃仍然是拼死拼活玩命苦干，而李鸿章却巧借外国势力和装备，屡战屡胜，创下了赫赫的威名，就连同治帝都夸李鸿章"攻城夺隘，所向有功"。本来打下安庆后的曾国荃不可一世，趁势拿下金陵似乎指日可待，不在话下。不料，由于单兵冒进，深陷太平军的重围之中而进退维谷，不能自拔。而此时，驰骋在江、浙战场上的李鸿章却攻无不取，战无不胜，接连克复宜兴、溧阳、嘉兴、常州等地，取得了"苏州全境毕平"的辉煌战绩。这一战绩，让曾国荃嫉妒得牙根直泛酸水，同时也倍感压力。因为

"任事最勇，进兵最速"的李鸿章肃清江苏以后，"人人皆望金陵之速克"，而已是孤城的金陵近在咫尺而久攻不下，惹得朝野上下"群疑群谤"丛生，这让曾国荃既感到很恼怒很心焦，同时也感到很被动很难堪更很受伤。再次是狭隘所致。生怕被分功、抢功，是曾国荃拒绝李鸿章的最主要原因。曾国藩决定饬调李鸿章会剿金陵城，曾国荃把脑袋摇得像一个拨浪鼓，死活就是一个不同意，这让曾国藩很费踌躇。曾国藩在给曾国荃的书信中坦然地说出来自己的犹豫。曾国藩说："不请少荃来会剿，则恐贼城相持太久，饷绌太甚，弟以郁而病深。请少荃来会剿，则二年之劳苦在弟，一旦之声名在人，又恐弟以激而病深。故展转踌躇，百思不决。"⑥

虽然上有朝廷的寄谕，又有战事的需要，但曾国荃就是不同意，从清同治三年（1864 年）五月十四日接到朝廷调李鸿章的寄谕至六月十六日最终攻克金陵城，曾国藩一连就此事给曾国荃写了十几封书信，不厌其烦地开导曾国荃，给他分析利害关系，该想到的都想到了，该说的也都说尽了，真是费尽了心思，不愧为亲兄弟。比如"独克固佳，会克亦妙"⑦；"如苏军齐到成功，则弟受其苦，而少荃享其名。则既可以同膺懋赏，又可以暗培厚福。盖独享大名为折福之道，则与人分名即受福之道矣。如"苏军虽到，而城贼仍坚持不下如故，则谤可稍分，而责亦稍轻"⑧；"少荃会剿金陵，好处甚多，其不好处不过分分占美名而已"⑨；"无论少荃与余会剿与否，于弟威名微减，而弟之才德品望毫无损也"⑩；"一人独成其功，不如与人共享其名之善也"⑪等。但不管曾国藩如何推心置腹，巧舌如簧，说得满嘴丫子起白沫儿，曾国荃就是一个坚决不同意。

深知曾国荃为人的李鸿章看得很明白，他是无论如何不会在曾国荃大功即将告成之际去分一杯羹的。于是，李鸿章以种种借口拖延驰援。洞若观火的曾国藩把李鸿章的心思看得很透，知道他"不欲分此垂成之功者"，不由大赞李鸿章"其意可敬"，气度、识见"过人矣"。

上有同治帝催命，下有曾国荃急功近利，还有一个李鸿章不愿意掺和，生生把身为统帅的曾国藩逼入了绝境。好在曾国荃很争气，未出一个月，硬是在没有援兵的情况下打下了金陵城，终使这场调兵风波到此结束，去了曾国藩的一块心病。

福兮祸所伏

功成之际却暗流涌动，曾国藩为局势的难料而心焦。

身逢乱世，个人的命运就犹如逆水行舟，生死系于一线，很难把握，不容萦怀。然而，曾国藩似乎例外，"世之祸变愈大"而"虚誉愈隆"，这不仅让别人艳羡不已，就连曾国藩自己都感到很不可思议。

盛名之下的日子其实并不好过。曾国藩深知"虚誉愈隆"则"责任愈重"，不能不让人"实深忧愧"。果不其然，随着曾国藩声名愈隆，他的"忧愧"很快就来了。

清同治三年（1864年）六月十六日，这本是一个普通的日子，但又是中国历史上一个无法抹杀而充满血腥的日子。就是在这一天，曾国荃所部引燃事先填满在地道中的炸药，把金陵城太平门龙膊子一带的城垣炸开二十余丈一个缺口，穷凶极恶的五万湘军自此杀进城去。在耗时两年多、付出'死于疾疫者万余人，死于战阵者八九千人"[52]的惨重代价后，湘军终于攻克了太平军的首都金陵。

就在曾国荃疯也似的在金陵城里烧杀抢掠之际，远在安庆的曾国藩还在不知情，仍在为曾国荃"猛攻金陵，辛苦异常，悬系不已"[53]。在给曾国荃的家书中，曾国藩直言："……知连日辛苦异常，猛攻数日，并未收队，深为惦念。"[54]曾国荃到底有什么让曾国藩如此不放心呢？因为曾国荃"向来督攻，好往来炮子如雨之中，此次想无二致也"[55]。

曾国藩是两天后方接到曾国荃报捷咨文的，才最后确认湘军果真克复了金陵城，不由"思前想后，喜惧悲欢，万端交集，竟夕不复成寐"[56]。也难怪曾国藩如此激动，自墨绖出山至今，整整十二个年头过去了，这中间到底经历了多少荣辱艰辛，多少是非曲直，恐怕连曾国藩自己都说不清楚。今朝总算功成，多年的心血没有白流，对社稷、皇上、家人、将士、兄弟、属僚，包括对自己终于可以有一个交代了。

绞杀了太平军绝对是一件不世之功。曾国藩细数了一下自清嘉庆以来几次较大的内战，就其规模和所产生的影响作了一番比较。如"嘉庆川楚之役"，"蹂躏"了四个省，"沦陷"不过十座城池；"康熙三番之役"，"蹂躏"了十二个省，"沦陷"了三百座城池。而太平天国运动，"蹂躏竟及十六省，沦陷至六百余城之多"，尤其是太平军从起事至湮灭，长达十六年之久，使其成为大清历史上坚持时间最长，涉及范围最广，产生影响最大的一次农民武装斗争。而太平军将士"坚忍不屈"更是给曾国藩留下深刻印象，每每想起都不免心悸。曾国藩上奏同治帝道："此次金陵城破，十余万贼，无一降者。至聚众自焚而不悔，实为古今罕见之剧寇。"㊿

在取得"伟大胜利"的同时，曾国藩没忘了往皇上的脸上贴金，他说之所以能取得这样的胜利，"盖由我文宗显皇帝，盛德宏谟，早裕戡乱之本"㊽所致。赞美皇上很"慷慨"，很"民主"——虽然自己的生活很节俭，但却不惜花费"钜饷"招募将士；虽然对于封赏非常慎重，但对有功之人却不惜破格奖掖；虽然"庙算极精"，但往往虚心地尊重前方将帅的意见。正是由于有了这样的品格作风，才充分调动了前方将士的积极性，才取得了"超越古今""焜耀史编"的辉煌业绩。而实际上，同治帝的所作所为正好与曾国藩说的相反。

攻克了金陵城，剿灭了太平军，总算去了同治帝的一块心病。接到曾国藩的奏报后，同治帝掩饰不住心中的喜悦，"披览之余，曷胜欣慰"。他立刻给曾国藩发出上谕予以奖掖。不无动情地道："逆首洪秀全等以数十万逆众久踞金陵，负隅死守。曾国荃等督兵围攻，所部不满五万，两载以来，将城外贼垒悉数扫荡。兹复于炎风烈日之中，伤亡枕藉之余，并力猛攻，克拔坚城，非曾国藩调度有方，曾国荃及各将士踊跃用命，不能建此奇勋。"㊾

胜利就如同一杯烈性酒，引发了积聚在曾国荃和湘军心里全部贪婪、凶恶和疯狂，把原始的人之性恶暴露无遗，并推至极致。具体表现如下。一是杀人如麻。据曾国藩奏稿上记述，当时坚守金陵的一共有十万太平军。城破之时，太平军或分路突围，或以身殉国，表现得十分英勇。如，十六日晚三更时分，忠王李秀成命令守军同时放火焚烧天王府、其他王府及宫殿，一时间"火药冲霄，烟焰满城"。然后，命千余名将士从宫殿南门突围，被湘军截杀七百多人。而那些没有来得及逃走的宫女则"缢于前苑内"，计有数百人；死在护城河里的不下两千人。是夜四更，约有太平军将士千余人冒充湘军向太平门的缺口发起攻击，被屠杀三四百人，剩下的六七百人乘马冲了出去。曾国荃遂派马队穷追，并着附近守军"会剿"，"全数斩刈未留一人"。攻进城内的湘军"分段搜杀"太平军，在三天的时间里，共屠杀太平军将士十万之众。约有三千余名的太平天国的各个王、主将、天将及大小将官，有一半死于乱军之中；剩下的一半或死于"城河沟渠"，或引火自焚。而忠王李秀成的兄长巨王、幼西王、幼南王、定王、崇王、璋王等，遭到湘军马队追杀，且"将各头目全行杀毙，更无余孽"。在湘军破城后短短三天的时间里，金陵城内"火光不息"，势成燎原，"不可向迩"；秦淮河里尸首如麻，水如血染。原本富丽堂皇的一座金陵古城霎时变成了一座人间地狱。二是大肆劫掠。湘军欠饷日久，都憋着一股劲儿渴望早日杀进金陵城狠狠搜刮一番，发上一笔横财，来个堤内损失堤外补。打进金陵城后，湘军将士首先想到的就是一个"钱"字。所以一俟进城，湘军各个穷凶极恶，贪得无厌，所到之处，横草不过，无论是王府宫殿，还是商铺人家，无不劫掠一空，搜刮殆尽。据后来有人回忆说，进城后的湘军人人都去掠夺搜括，就连那些随营服务的杂役也参与到劫掠之中。曾国藩和曾国荃哥俩对此事均采取了睁一只眼闭一只眼的态度，实际上就是纵容了劫掠的土匪行为，而且曾国藩还明令，凡是在俘虏身上发现的金银，官方概不追问，目的是"所以怜其贫，而奖其功"。可就在这时，皇上要钱的上谕到了。连年的战乱与战争赔款，早已把清廷弄得羸弱不堪，财政状况窘迫至极，往往是拆了东墙补西墙，穷于应付。湘军打下金陵城，皇上想到的也是一个"钱"字。上谕说："金陵陷于贼中十余年，外间传闻金银如海，百货充盈，着曾国藩将金陵城内金银下落迅速查清，报明户部，以备拨用。"对此，曾国藩矢口否认，称根本就没有此事。孰不知，吃进肚子里的东西焉有吐出之理？三是焚城。曾国藩上奏说，湘军攻城之时，太平军自己纵火焚烧王府、宫殿，也就是说把焚城之责全部推到了太平军的身上，以至于连总督府都找不到合适的地方设置，只好"择房屋之稍完者，量加修茸"，作为自己办公的衙门。有人回忆说，提督萧孚泗为了掩盖其在天王府掠夺金银无数的罪行，竟然纵火灭迹。然而，《曾国藩年谱》中的记载却与曾国藩所说不符，尤其是其中的一句话似泄漏了天机，即："金陵之克，贼所造宫殿行馆，皆为官军所毁。"此说与曾国藩所奏自相矛盾，前后不一。四是谎报军功。曾国藩在给同治帝的《金陵克复全股悍贼尽数歼灭折》中，言辞凿凿地说已将金陵城里的和侥幸逃脱的太平军搜杀殆尽。提督萧孚泗更是立有首功一件，生擒了李秀成和洪仁达。还上奏说由俘虏的口供中得知，临危受命的幼主洪福瑱，在城破后"积薪宫殿举火自焚"。对此说，曾国藩说等宫殿的火灭了以后，再查明洪福瑱自焚的确凿证据。因为毕竟此事干系甚大，所以曾国藩不敢把话说得太死。曾国藩深知军中无戏言，军功更不是可以谎报的。一旦出现与事实不符之处，就是欺君之罪，那可是吃不了要兜着走的。曾国藩对于洪福瑱的下落的确心里没底，他在六月二十一日给曾国荃的信里一再强调说："其从倒口冲出之骑马贼一股，奏摺只好作活动语气，或云伪幼主、忠王在城内，或云幼、忠皆在天府，死于乱军之中，应俟确切查明，续行奏报云云。"曾国藩还特意叮嘱曾国荃"生擒贼供未必可信"。曾国藩的担心并非庸人自扰，结果恰恰就在洪福瑱生死上出现了问题。同治帝接到的暗报说，洪福瑱逃已经逃出了金陵。同治帝担心的是在浙江、福建和江西等地尚有太平军余党十余万，一旦他们拥立洪福瑱为王，就会继续与朝廷对抗。同治帝质问曾国藩，如果出现了这种情况，"则东南大局，何时可得底定"？面对皇上的质问和诘难，曾国藩必须做出回答。

终究是扑灭了太平天国这团熊熊燃烧了十六年的烈火，同治帝掩饰不住龙心大悦，慷慨封赏自然不在话下。因曾国藩"筹策无遗，谋勇兼备，知人善任，调度得宜"因而"大功告蕆，逆首诛锄"，在曾国藩钦差大臣、协办大学士、两江总督的基础上，赏加太子太保衔，赐封一等侯爵，世袭罔替，并赏戴双眼花翎。因曾国荃"坚忍耐苦，公忠体国"得以"克复全城，殄除首恶"，赏加曾国荃太子少保衔，赐封一等伯爵，并赏戴双眼花翎。同时对其他一百二十名有关人员均论功行赏。并对经年"公忠体国，共济时艰"的僧格林沁、官文、李鸿章、杨岳斌、彭玉麟、骆秉章、鲍超、左宗棠等各路统帅和封疆大吏或锡封或褒奖，总之皆大欢喜。

在受锡封的众人之中，立有首功的曾氏兄弟自然最为引人注目。至此，曾国藩、曾国荃以及湘军登上了辉煌的顶峰。

就在曾氏兄弟和众将士沉浸在功成名就、名利双收的时候，包括同治帝在内的朝野上下纷纷提出各种质疑、毁谤，曾国藩不得不分心一一应对。

关于金陵的金银财宝。朝廷向曾国藩催要金陵的金银财宝，曾国藩旗帜鲜明地用"不"来堵住了皇上和朝野的嘴。

曾国藩说，我曾经跟曾国荃议过城破之日"查封贼库"的事儿，决定所得的财物"多则进户部，少则留军充饷，酌济难民"。等打进金陵城后才发现根本就没有什么"贼库"。后来审问李秀成才得知，过去虽然有"圣库"的传说，但那是洪秀全的"私藏"，并不是公家的财产，金陵也没有"公帑积储一处"。太平军从来就不发粮饷，而洪秀全的兄弟们却"穷刑峻法，搜括各馆银米"。按照李秀成的说法，太平天国当官的"各私其财，而公家贫困"。曾国荃不相信李秀成的供词，他认为那些王府、宫殿之内一定有藏金银财宝的地方，太平军将士的身上也一定藏有金银，所以勒令各个营按在册人员缴出金银，用来冲抵欠饷。曾国藩说，那些兵勇得到的"贼赃"多少不齐。如果按名勒缴，得的少的你就是用刑他也缴不出来，而得的多的就会抗命逃跑。其结果是既抵不了多少饷，又有损于国家的体面，而且还会失去人心。所以，曾国藩下令，所有在俘虏那里得到的金银一律不追究，但"发掘贼馆窖金者，报官充公"，违反者一律治罪。问题是打下金陵城后根本就没有发现什么金银财宝，曾国藩说，这种情况"实出微臣意计之外，亦为从来罕闻之事"。光说没有金银财宝还不能完全交差，也不能让人服气。所以，曾国藩不仅矢口否认没有什么金银财宝，还大吐苦水，向皇上哭穷。曾国藩说，眼下正在处理善后，要裁撤兵勇，安抚灾民，修缮城池，而这一切"需银甚急，为款甚钜"。言外之意，我不管皇上要钱就已经不错了。

关于谎报军情、逃脱了洪福瑱一事，曾国藩曾在同年七月初七的奏折中如是说："伪幼主洪福瑱绕室积薪，为城破自焚之计，众供皆合。连日在伪宫灰烬之中，反复搜寻，茫无实据。观其金玉二印，皆在巷战时所得，又似业已逃出伪宫者。李秀成之供，则称曾经挟之出城，始行分散。"曾国藩说十六日夜逃出金陵城的太平军一共就几百人，在湖熟已被骑兵"围杀净尽"。十七日以后，曾国荃就将缺口封堵上了，关闭城门，屠城三日。

洪福瑱一个十六岁的孩子，"纵未毙于烈火，亦必死于乱军，当无疑义"。

对于曾国藩的臆测，同治帝非常震怒，严词道："曾国藩奏洪福瑱积薪自焚，茫无实据，似已逃出伪宫……湖熟防军所报斩杀净尽之说，全不可靠。"[⑩]言外之意是说曾氏兄弟在这个问题上撒谎邀功，饬令曾国藩"查明此外究有逸出若干，并将防范不力之员弁，从重参办！"[⑪]给曾国藩施加了巨大的压力。

曾国藩不敢怠慢，急忙追查，并于七月二十九日上奏寻查的结果，尽管"尚未访有端倪"，但态度很明确，坚信洪福瑱必死无疑。

此事虽然到此暂告一段落，但曾氏兄弟对同治帝和朝廷却仍旧寸心耿耿。本来就气盛的曾国荃越发"焦愤"，"肝气不能平伏"，忍不住要骂大街。曾国藩尽管不能像曾国荃那样嘴上没有把门的，但心里也很不是滋味。一来是因为同治帝薄情寡义，严词厉色，对曾氏兄弟恩威并施，既扬又抑，明显是已存戒心。二来是人心叵测，难以揣度。据悉，洪福瑱逃走的折子竟然是老友左宗棠奏报给同治帝的。这个左宗棠在这个时候来拆台究竟是想干什么？这让曾国藩百思不得其解，久久陷于深思和愁苦之中而不能自拔。

不得不斗胆

为了保全自己，曾国藩只能出此下策。

"大逆不道"、捅塌了大清半壁江山的洪秀全无疑是同治帝的头号敌人，同样也是曾国藩的头号敌人，更是死伤无数、血流成河的湘军的头号敌人。所以，湘军打进金陵城后的第一件事，就是要找洪秀全算总账，结果却令曾国藩和湘军将士大失所望。因为洪秀全已经死了。

据俘虏交代，早在湘军猛攻金陵城时，洪秀全就已经服毒自尽了，尸体埋在了天王府内。时间是清同治三年（1864年）四月二十七日。

活要见人死要见尸。

"将士积愤之余，皆欲得而甘心"。湘军不甘心就这样便宜了洪秀全，他们在天王府里挖地三尺，一定要把洪秀全的尸体找出来。折腾了十天，直到六月二十六日，湘军终于挖出了洪秀全的尸体。六月二十八日，曾国藩等验看了已经死了两个多月的洪秀全的尸体。此时，展现在众人面前的洪秀全"头秃无发，须尚存，已间白矣。左股右髈，肉尤未脱"，早没了天王的威仪，只有周身包裹着的绣龙黄缎尚能显示出一些与众不同。

曾国藩下令"验异戮尸，举烈火而焚之"⑳。

处理完洪秀全的事后，剩下的就是对付于六月十九日因伤被俘的李秀成了。

李秀成是太平天国后期最重要的军事将领之一，被洪秀全封为忠王，是湘军最大的死对头。就是因为这个李秀成的拼死抵抗，险使曾国荃功亏一篑，所以曾国荃对李秀成早就恼羞成怒，恨之入骨。与李秀成前后脚被俘的还有洪秀全的二哥、勇王洪仁达。如何处置这两个人，不是曾国藩所能擅自做主的，必须由朝廷来决定。曾国藩明白这个道理，自然也就不会漏这个空儿。在六月二十三日的奏折中，曾国藩请示朝廷，是将李秀成、洪仁达"槛送京师"还是"在金陵正法"，"咨请定夺"。最后还强调了一下"应否献俘"，等他亲自到金陵以后，视情况再"察酌具奏"。朝廷很快就做出了很具体的回复，让他把李秀成和洪仁达"着即槛送京师，讯明处决"。朝廷的这个决定基本符合湘军大多数人的想法。曾国藩自己也说"日来在事文武，皆请将李秀成槛送京师"，就连前来祝贺的洋人"亦以忠逆解京为快"。但是，曾国藩竟于七月初四、初六两日，分别将洪仁达、李秀成"凌迟处死"。曾国藩何以不等谕旨而擅杀"贼酋"呢？须知，这可是忤逆朝廷的大逆不道啊！

曾国藩在七月初七的上奏中，解释了为什么将洪仁达、李秀成就地正法的理由。

曾国藩说，除了洪秀全以外，其他人都没有"解京献俘"的必要。凭着"圣朝天威"，杀了洪仁达、李秀成之流就如同灭了两个小丑，根本不算什么了不起的事儿。曾国藩还臆测道，按照惯例，"元恶"解京后，一般都"诱以甘言，许以不死"。而李秀成一旦知道自己绝对没有逃跑的可能，在押解的途中来一个绝食而亡，或者"窜夺而逃"，都会遗留"巨患"。

七月二十日，曾国藩再一次就擅杀洪仁达、李秀成一事作出解释。

曾国藩说，经他了解，李秀成颇有手腕，在老百姓当中很有影响很有威望。最能说明问题的有两件事。一是金陵城破后，负伤的李秀成逃到了乡下，那里的老百姓"怜而匿之"。李秀成被俘后，老百姓为了报复，竟然将抓获李秀成的萧孚泗的亲兵王三清抓去杀死，然后投入水中以泄愤怒。太平军的降卒和周围的老百姓没有不认识李秀成的。在李秀成被俘当日，"观者如堵"。二是李秀成被打入囚笼的第二天，太平天国松王陈德风也被抓住了。一见到李秀成的面，陈德风便"长跪请安"。曾国藩说，我听到这两件事后，"恶其民心之未去，党羽之尚坚"，当时就决定要将李秀成就地正法。

其实，曾国藩的杀心早在六月二十五或二十六日，也就是请示朝廷的第三四天就下了。在六月二十六日给曾纪泽的信中，曾国藩就明确地说："伪忠王曾亲讯一次，拟即在此杀之。"七月初四，曾国藩在写给曾国潢的家书中说："伪忠王讯供未毕，拟即在此正法，不必解京……"也就是说，曾国藩根本就没有等谕旨下达后再处置李秀成的打算。

曾国藩决意要杀李秀成，营中的其他将士表示了不同的意见。一方面先是要求将李秀成解往京师。另一方面，当听李秀成说他可以帮助湘军收降江西、湖州等地的太平军时，又纷纷请求免除李秀成一死，"留作雄谋，以招余党"。曾国藩在杀李秀成的问题上表现得很决绝，他上奏同治帝道："臣则力主速杀，免致疏虞，以贻后患。"❻

那么，擅杀李秀成的原因确如曾国藩所说吗？

据后人的一些回忆和学者的研究表明，曾国藩斗胆擅杀李秀成有着不可告人的难言之隐。

一，李秀成知道得太多，解京后恐其泄密，杀李秀成完全是为了灭口。一是"圣库"问题。金陵城里究竟存有多少金银财宝，李秀成是最知情者之一。湘军大肆掠夺，所获甚多，别人说不清楚，但李秀成却心知肚明。如果把李秀成解往京师，一旦朝廷追寻起"圣库"的事儿，那么湘军把金陵城劫掠一空的事儿就会暴露无遗，这与曾国藩信誓旦旦地说"圣库"仅仅是一个传说，根本就没有什么金银财宝的说法相悖，这样无疑会把曾国藩装进去，把曾氏兄弟和湘军的贪婪曝光于天下。丢人事儿小而欺君罪大，曾国藩绝对是吃罪不起的。二是军功问题。曾国藩在上奏的军情片中往往妙笔生花，洋洋洒洒，极尽渲染之能事，而事实上却与真正的战绩存在较大差异。以李秀成被俘一事为例。曾国藩上奏是萧孚泗搜擒了李秀成，而实际上根本就不是这么一回事。李秀成受伤后躲在方山乡下的民间。那里的老百姓因为争夺李秀成随身所携带的财物而发生争执，李秀成躲藏不过，被几个农民绑缚交给湘军的，而不是萧孚泗的功劳。此事一旦败露，曾国藩是无论如何也解释不清的。

二，李秀成是曾氏兄弟的死对头，尤以曾国荃最甚。前文说过，曾国荃围困金陵两年，攻打金陵城更是苦战三个月，损兵折将，几近崩溃，其主要的对手就是这个李秀成。对曾国荃来说，就是啖其肉寝其皮也难解心头之恨。有人回忆说，被俘后的李秀成被带到曾国荃面前时，曾国荃竟然穷凶极恶地扑上前去，以锥刺之，演出了一场"虐囚"的恶剧。若不是有人阻拦，曾国荃就要一刀一刀活剐了李秀成。这一点，就连曾国荃自己也没有回避，他在致李鸿章的信中直言："李秀成擒获后，弟遍刺以锥，流血如注。"由此可见，不杀李秀成，连曾国荃这一关都过不去。

三，后世传闻，李秀成有贬清褒曾之意，曾国藩恐引起朝廷对他的无端猜忌。李秀成被俘后，曾国藩于六月二十五日亲临金陵讯问。李秀成也很配合，亲笔写下了数万言的"供词"。对李秀成的"详供"，曾国藩很重视很用心，花了很大的心思来研究、校勘。以七月初六日为例，头一天因"用心太过"而"疲乏殊甚，不甚成寐"的曾国藩，全天除围了一局棋、小睡两次和阅读了一些文件外，把其余的时间全部用来校勘李秀成四五万字的供词全文。曾国藩在当日的日记中记载："本日仅校二万余字，前八页已于昨日校过，后十页尚未校也。"

曾国藩何以对李秀成的供词如此关注呢？因为他害怕在李氏的供词中，出现有损于曾氏兄弟和湘军的内容。所以，曾国藩不仅仅就是单纯地校勘，而且还要对供词进行删改，从而使李秀成的供词与曾国藩的奏报一致，不能允许出现任何于己不利的纰漏。

总之，不管是因为上述哪一条原因，李秀成都必死无疑而绝无活路。

也就是在七月初六当日下午的五点至七点之间，曾国藩下令将李秀成惨无人道地"凌迟处死"了，从而彻底根除了曾国藩的一个心腹大患。

曾国藩在没有得到朝廷批准的前提下就擅杀了李秀成等，实属犯了大逆不道的欺君之罪，但曾国藩并没有因此而惶恐，他杀李秀成的理由不仅很充分而且堂而皇之。他说："初十日始奉将二酋解京之旨，扣算日期，臣处应于初六日接到批旨！乃驿站由安庆转递江宁，致迟四日之久。臣查军机处封面，乃兵部火票，皆注明递至江宁字样。不知驿站何处错误，应即文挨站查办！"❷曾国藩把责任推得一干二净——由于驿站把朝廷的批旨送错了地方而耽误了时间，所以曾国藩自然不需要负什么责任了。由于没有及时接到批旨，所以朝廷关于在"洪秀全尸身觅获后，剉尸枭示，仍传首被害地方，以雪众愤"❸的要求也无法落实了。曾国藩上奏道："臣于六月二十八日验明洪逆正身，即行戮尸焚化，未将首级留传各省，是臣识见不到之咎。"❹这里需要说明的是两个问题。一个是究竟哪个驿站把应该送递江宁的兵部火票送到了安庆？另一个是在没有接到朝廷谕旨的情况下，曾国藩仍然没有权力擅杀李秀成。但事已至此，说什么也没有了实际意义，毕竟克复了金陵，剿灭了太平天国，同治帝也不好再追究曾国藩什么了，只能认为曾国藩"所办甚是"。

必须为疯狂埋单

曾国藩不得不面对满朝的指责，为部下的疯狂承担责任。

攻克了金陵，曾氏兄弟为大清立下了不世之功，个个加官晋爵，封侯拜相，登上了荣誉的巅峰。金陵城内浓烟烈火尚未散尽，曾氏兄弟就已经门庭若市，贺者如潮了，连日大摆宴筵，用狂欢来庆祝胜利了。曾国藩记曰："……初十、十一、十二等日戏酒宴客，每日百馀席……"弄得曾国藩神疲筋倦，"不甚成寐"。

精神头最足的当属曾国荃。身患湿毒而尚未痊愈的曾国荃，每天沉浸在杯觥交错之中而乐此不疲。曾国荃这种"应酬无倦""不以为苦"的劲头儿，令曾国藩不得不叹服，"谚称'人逢喜事精神爽'，其信然欤！"

要想人不知，除非己莫为。就在曾氏兄弟恣意狂欢之际，他们在金陵城的所作所为，已经通过各种渠道遍传朝野上下。于是，各种猜忌、谤议随之铺天盖地而来。曾国藩除了慨叹"祸机之发，莫烈于猜忌，此古今之通病。败国亡家丧身，皆猜忌之所致"⑤以外，别无他途。一时间，曾氏兄弟再一次被推到了风口浪尖，身心均面临着巨大的压力。

"故木秀于林，风必摧之；堆出于岸，流必湍之；行高于人，众必非之。前鉴不远，覆车继轨"⑥。

谁让你立下那么大的功劳呢？——面对太平军，平日里耀武扬威的武将能臣，无不被打得屁滚尿流，狼奔豕突，各个颜面俱失，抬不起头来。而唯唯让一个手无缚鸡之力、对军事一窍不通的曾国藩鳌头独占，出尽了风头。

谁让你享受了那么大的隆遇呢？——仅凭一役，曾国藩就被封侯拜相，独坐东南，成为有清一代最有权势的大员。

谁让你发那么多的财呢？——尽管曾国藩对此矢口否认，但说死也不会有人相信。不用说别的，纵火焚城、擅杀李秀成等行为就已经不言自明。

既然有了上述种种，所以树大招风，出头的椽子先烂也就没有什么可埋怨的了。

皇上和朝廷的猜忌很快就见诸行动了。先是在言辞上多了不少凛冽，斥责曾国荃得意忘形，放跑了洪福瑱，饬令曾国藩要随时"申儆"曾国荃，"勿使骤胜而骄"。接着又让曾国藩上报几年来军中收支账目，并且派专人前往访查，颇有警惕之意，其防范、猜忌之心昭然若揭。那些享有"闻风而奏"的御史也开始向曾氏兄弟发难。一时间，山雨欲来，乌云翻滚，令人窒息。

其实这就是官场，这就是人生。

曾经沧海的曾国藩对此似早有预判，他既没有愤怒也没忧愁，而是仍然保持着一贯的气定神闲。但他心里明白，要挽回局面就必须付出代价，用必要的牺牲来为疯狂埋单。

曾国藩看得很透彻，皇上和朝廷的猜忌、担心主要就集中在两个方面：一是嫌曾国藩统兵过多，二是忌曾国藩权力太重。说白了，皇上和朝廷无非就是担心曾国藩位高权重不好控制，生怕前脚刚刚灭了一个无法无天的洪秀全，后脚又来了一个深不可测的曾国藩。

在看清了是非、找到了症结所在之后，曾国藩的心情是不平静的，对朝廷"卸磨杀驴"的做法不能不感到心寒，甚至很有些"兔死狐悲"的感觉。适逢乱世，身为臣子，曾国藩并不能凭着伶牙俐齿地去和皇上打嘴仗，更不是明火执仗地与皇上对着干，只能是面对现实，做到心里有数就是了。

曾国藩可以做到"任凭风浪起，稳坐钓鱼船"，可历来肝火旺盛的曾国荃做不到。尽管曾国藩早就对曾国荃说过："古来成大功立大名者，……恒有多少风波，多少灾难。愿与吾弟兢兢业业，各怀临渊履薄冰之惧，以冀免于大戾。"⑩但曾国荃仍然抑郁难平。没办法，曾国藩只好不断劝慰曾国荃"释去焦愤"，"建非常之勋，而疑谤交集，虽贤哲处此，亦不免抑郁牢骚。然盖世之功业已成就，寸心究可自怡而自慰，悠悠疑忌之来，只堪付之一笑"⑳，多往开了想。

曾国藩历来强调"打仗不慌不忙，先求稳当，次求变化，办事无声无息，既要精到，又要简洁"。这次化解危机，曾国藩仍然采取了一贯的"以退为进"的战略战术，力求消除朝野上下那些信口雌黄的谤议。

曾国藩采取的第一个举动就是裁军。

刚刚打下金陵城，曾国藩就主动提出裁撤由他一手创建、在绞杀太平军中立下罕世奇功的湘军。其实，裁军的想法，曾国藩早在本年二月就已经在考虑了。现在，无非是必须去做而已。

那么曾国藩为什么首先想到要裁撤湘军呢？

自古以来，由于挟军权以自重，引起天下大乱的例子屡见不鲜，历来为最高统治者之大忌。熟读史书，加之多年宦海沉浮的曾国藩，早就晓得其中的厉害所在，不仅看透了官场倾轧、阅尽了人生百态，更对朝廷的日益猜忌了然于胸。所以，曾国藩从墨经出山之日起，在他一再"固辞"的内容中，最主要的一项就是军权，比如在清同治元年，他曾固辞节制四省军务，就是因为舆论所迫，极其不愿意给别人留下军权过重的印象，不想假人以口实。当时，外间无不对长江之上没有一艘船挂的不是"曾"字大旗、湘军将士无不对曾国藩一人唯命是从的现状表示不安，归根结底就是由于曾国藩"兵权过重，权力过大"所致，这引起了曾国藩的不安。他在给曾国荃的信中就直言"……恐中外疑我兵权太重，利权太大，不能不缩手以释群疑"⑦，更强调一旦打下金陵，哥俩应当一起急流勇退，以避嫌疑。但那时正是与太平军的较量达到白热化的时候，朝廷就指望着曾国藩和湘军出死力保江山，尽管外间各种猜忌、议论盈耳，朝廷始终装聋作哑，仍然力挺曾国藩，表现出对曾国藩和他的湘军的充分信任与依赖，不仅坚决不同意曾国藩三番五次的"力辞"，而且还饬令他"毋许再行固辞"，推托责任。不仅如此，还极尽忽悠安抚之能事，生怕曾国藩在关键时刻撂挑子摔耙子。尽管朝廷对曾国藩和湘军采取了怀柔政策，曾国藩自己也表现得很谦虚很低调，但仍无法阻止外间的疑忌，对曾国藩和湘军的疑虑自始至终沸沸扬扬，不绝如缕，而且随着金陵的克复而甚嚣尘上，达到高潮。

那么曾国藩到底有多少兵力呢？曾国藩在《近日军情拟裁撤湘勇片此片阙》中说，在金陵的湘军一共有五万，这里不包括李鸿章的淮军和左宗棠的楚军。如果把湘、淮、楚三军加在一起的话，那么曾国藩实际上可以指挥的总兵力就很可观了。

卧榻之侧，岂容他人鼾睡。现在，天下大势已经发生了逆转，太平军被剿灭，朝廷业已没有了主要的敌人，如果再保留湘军这么一支能征惯战的虎狼之师，就是嘴上不说，朝廷也不能不心存芥蒂，高枕无忧。对曾国藩和湘军采取必要的制约和防范，无非就是一个时间早晚的问题。

因为有了这样一些前因，所以曾国藩就必须自剪羽翼，而不能抻着脖子等朝廷下刀子。这就是曾国藩为什么首先想到裁撤湘军的主要原因。

曾国藩提出裁撤湘军的理由很具体很实际，看不出有什么情绪在里面，反而让大家觉得合情合理。

第一，"病者甚多"。一场肆虐的瘟疫，几乎让湘军遭受灭顶之灾，仅曾国荃一部就损失了一半的战斗力。而当时又时值盛夏，与太平军的最后决战自始至终都是在酷暑之中进行的。所以曾国藩上奏朝廷说："乃诸将盛暑鏖兵，病者甚多，纷纷禀请撤勇回籍。"⑦曾国藩的意思是说，不是我愿意裁军，而是将士们自己挺不住了，不想干了，这是军心民意，是没有办法拂逆的事儿。

第二，靡费太多。一连十几年的征战，只是一再地增兵而从来没有裁过兵，用曾国藩的话说"但见增勇，不见裁撤"。增兵必然增饷是一个不争的事实。曾国藩认为，不管所耗费的饷银来自哪个省，统统都是"斯民之脂膏"，所耗损的都是国家的元气。但当时正是战争进行到最艰苦最关键的时刻，"屡募屡增，以救一时之急"是为了战争的需要，是必要之举，也实在是出于"万不得已"。但现在已经没有这个必要了。

三，裁军是两全其美的事儿。曾国藩说，现在已经打下了金陵城，剿灭了太平军，东南"大局粗定"。在这样一个情况下，就有了裁军的必要和可能。一来裁军可以消减军费开支，"裁一勇即节一勇之靡费"，这是很浅显很明白的道理。二来可以消除后患。打仗的时候需要有兵勇卖命，和平时期养兵容易引起祸端，所以保留太多的兵勇没有什么用。曾国藩说得很直白，他说裁军"亦销无穷之后患"。曾国藩说这种话看似完全站在朝廷的立场上，其实也像是正话反说，不无怨气。

那么曾国藩准备裁军多少呢？当然不会是全裁。如果那样做的话，曾国藩也就不是曾国藩了。

曾国藩上奏朝廷说，他准备将金陵的五万人裁去一半，只留下二万五千人。这二万五千人计划分作两部分使用：一部分驻守金陵、芜湖、金柱关等要隘，另一部分"作为游击之师"使用。而曾国藩所留下的一半军力则是湘军的精锐所在。

曾国藩采取的第二个举动，就是曾国荃被"有病"，请求"开缺"回籍调养身体。这是一个既堂而皇之，又狠抽了朝廷一个响亮耳光的举动，一下子把朝廷"卸磨杀驴"的歹毒亮相给了世人。

那么曾国荃真的有病需要回籍调养吗？

要说病，曾国荃还真有，只不过是绝对没有到"开缺"回籍调养的程度而已。所以说"开缺"只是手段不是目的。

曾国荃的病主要是肝不好。

曾国荃的肝病，究其原因是因为经年征战劳苦，加之久围金陵而不下心血久亏、抑郁所致。曾国藩说，这种病不是单纯靠药物就能治好的，而应该靠养，"必须将万事看空，毋恼勿怒，乃可渐渐减轻。"力劝曾国荃"总以保全身体，莫生肝病为要"。然而，曾国荃天生就是个犟种急脾气，任凭曾国藩怎么劝，仍然"忧灼殊甚，肝疾颇深"，让曾国藩百般惦念。曾国藩心里清楚，如果能马上打下金陵，那么曾国荃的病就会"不医而痊愈"。而曾国藩欲调李鸿章前来，在很大程度上也是出于对曾国荃的关心。但到了清同治三年的五月份，曾国荃的肝病已经好得差不多了，专程探望曾国荃病情的曾纪泽禀告曾国藩说，叔叔的病"亦愈矣"，"尽可放心"。打下金陵城后，虽然曾国荃又染上了湿毒，但"精神甚好"，特别是连日大摆宴筵，"无一人独坐之位，无一刻清净之时"，但曾国荃皆"应酬周到，不以为苦"，始终"精力沛然"。所以，曾国荃绝对没有养病之说，更没有"开缺"回籍的必要。

然而曾国荃好像退意已定。据称原因有二：一是嫌朝廷的封赠太小、太寡，二是因为朝廷的猜忌惹恼而致。总之，曾国荃就是不想再干下去了。

曾国藩在给同治帝的上奏中，则把曾国荃的病说得很严重，说曾国荃打下金陵城后便"困惫殊甚，彻夜不寐，有似怔忡"[73]，而后果是"心血过亏，万难再当大任，恐致偾事"[74]，所以曾国荃本人想回家调理，让曾国藩来料理金陵的善后。同治帝的回复很简单，说曾国荃要养病就在江宁养就行了，不用回家，好似看穿了曾氏兄弟的鬼把戏。

见皇上没有批准，曾氏兄弟又矫情一把。由曾国藩继续代弟弟上奏请辞道："惟一月以来延医诊视，日进汤药，病势有增无减。缘怔忡忡旧患，起于心血先亏，而成于忧劳过甚。从前数月一发，尚可支持；近则一月数发，日增狼狈。每至举发之时，粥饭不能下咽，彻夜不能成眠。始觉气如奔豚，上冲胸襟，渐至心神摇动，头晕目眩，平地有颠仆之虞。医者云：症由内伤，必须静养数月，医药方能见功。国荃自揣年力壮盛，及早医治得法，尚可复元。若此勉力支撑，精神不能周到，措置必至乖方。"[75]所以，"思维再四，惟有吁请天恩，赏准开缺回籍调理，冀得早就痊愈"[76]。

这一次，同治帝痛痛快快地就批准了，还赏了六两人参。

　　裁撤了军队，曾国荃又开了缺，这回应该能消除朝廷上上下下的胡言乱语了吧？

　　曾国藩打心眼里希望能够如此。

注释：

①《曾国荃全集·家书》：清咸丰十一年六月初四日巳刻之谕澄侯。

②《曾国藩全集·奏稿》：清咸丰十一年八月初二日之《克复安庆省城片》。

③④《曾国藩全集·日记》：清咸丰十一年八月初一日。

⑤⑩《曾国荃全集·年谱》。

⑥《曾国荃全集·家书》：清咸丰十一年九月初四日之谕沅甫。

⑦⑧《曾国藩全集·奏稿》：清咸丰十一年十月十四日之《历陈胡林翼忠勤勋绩折》。

⑨《曾国藩全集·奏稿》：清咸丰十一年八月初二日之《克复安庆省城片》。

⑪⑫《曾国藩全集·家书》：清咸丰十一年五月二十五日之谕沅弟。

⑬⑰⑱⑲⑳《曾国藩全集·奏稿》：清同治元年八月十二日之《请简亲信大臣会办事务折》。

⑭⑮⑯《曾国藩全集·家书》：清同治元年闰八月初四日之谕沅弟。

㉑㉒《曾国藩全集·奏稿》：清同治元年九月十二日之《汇报军情请调多隆阿军会皖折》。

㉓《曾国藩全集·家书》：清同治元年闰八月十六日之谕沅弟。

㉔ 清同治元年九月初二日，曾国荃致曾国藩。

㉕㉖ 清同治三年三月正月初九日，曾国荃致曾国藩。

㉗㉘㉙㉚《曾国藩全集·奏稿》：清同治元年九月十二日之《江西厘金疲乏情形折》。

㉛㉜《曾国藩全集·家书》：清同治元年九月十一日之谕沅弟。

㉝ 清同治元年九月初三日，曾国荃致曾国藩。

㉞ 清同治元年九月二十一日，曾国荃致曾国藩。

㉟㊱《曾国藩全集·日记》：清同治元年九月十四日。

㊲《曾国藩全集·奏稿》：清同治二年十月十二日之《金陵军迭克八隘并复秣陵关折》。

㊳㊹《曾国藩全集·奏稿》：清同治二年十二月二十七日之《恭谢天恩并陈近日军情折》。

㊴㊵㊶《曾国藩全集·奏稿》：清同治三年五月二十二日之《遵旨会师筹剿金陵折》。

㊷㊸《曾国藩全集·奏稿》：清同治三年五月二十七日之《奉旨覆奏并陈近日军情折》。

㊺ 清同治三年正月初二日，曾国荃致曾国藩。

㊻《曾国藩全集·家书》：清同治三年五月十五日之谕沅弟。

㊼《曾国藩全集·家书》：清同治三年四月十六日之谕沅弟。

㊽《曾国藩全集·家书》：清同治三年五月十二日之谕沅弟。

㊾《曾国藩全集·家书》：清同治三年五月十六日之谕沅弟。

㊿《曾国藩全集·家书》：清同治三年五月十七日之谕沅弟。

51《曾国藩全集·家书》：清同治三年五月二十日之谕沅弟。

52 57 58《曾国藩全集·奏稿》：清同治三年六月二十三日之《金陵克复全股悍贼尽数歼灭折》。

53《曾国藩全集·日记》：清同治三年六月十六日。

54 55《曾国藩全集·家书》：清同治三年六月十六日之谕沅弟。

56《曾国荃全集·日记》：清同治三年六月十八日。

59《曾国藩全集·年谱》。

60 61《曾国藩全集·奏稿》：清同治三年七月二十五日之《裁撤湘勇查洪福瑱下落折》。

62《曾国藩全集·奏稿》：清同治三年七月初七日之《贼酋分别处治粗筹善后事宜折》。

63 64 65 66《曾国藩全集·奏稿》：清同治三年七月二十日之《复陈逆酋正法折》。

67《曾国藩全集·治兵语录》：第十章和辑。

68《运命论》：三国·魏·李康。

69《曾国藩全集·家书》：清同治元年七月二十八日之谕沅、季弟。

70《曾国藩全集·家书》：清同治四年六月初五日之谕澄、沅弟。

71《曾国藩全集·家书》：清同治三年三月二十六日之谕沅弟。

72 73 74《曾国藩全集·奏稿》：清同治三年七月二十日之《近日军情拟裁撤湘勇片》。

75 76《曾国藩全集·奏稿》：清同治三年八月二十七日之《曾国荃请开缺调理折》。

10
因一事而声名俱毁

绞杀了太平天国运动，曾国藩带着周身尚未干涸的血迹，登上了人生的巅峰。现在，曾国藩再也不用像当年那样，为了争得一职督抚实位而费尽心思，而是皇上主动投怀送抱，不断地慷慨赐予，大肆奖掖，比如两江总督、协办大学士、一等毅勇侯、体人阁大学士、加恩加赏一云骑尉世职、武英殿大学士等头衔，不一而足，使曾国藩的脑袋上炫耀着无尽的令人艳羡的光环。

清同治七年（1868年）七月二十七日，已经六十岁的曾国藩奉上谕，离开两江总督任，调补直隶总督之职，不仅成为掌管京畿重地的最高行政长官，而且成为督抚之首。尽管还是属于地方官，但位置和影响却不可同日而语了。

对曾国藩来说，位置重要也好，不重要也罢，好像都无所谓了。因为被调离东南的腾龙之地，不过是朝廷消除曾国藩影响和势力的又一个具体手段而已，用不着争争讲讲。对此，曾国藩心如皓月，一目了然。

清同治七年（1868年）十二月十三日，曾国藩抵达京师，便连续三天受到两宫皇太后的召见，隆遇甚眷，恩宠有加。十八日，曾国藩到内阁就任大学士，成为汉尚书中的第一人。

如果事情就这样发展下去的话，朝廷就不用再为曾国藩手中曾经握有的重兵担心了，而颇识实务的曾国藩也可以放下了一颗悚惕之心，彻底释怀自己，享几天清福，求得一个善始善终。然而，一次意想不到的巨大的风暴即将来临，业已登上事业辉煌顶端的曾国藩，又将无可奈何地再一次被卷入不测的漩涡，并从此声名狼藉，跌到人生的谷底。

跟死婴扯上了关系

天津的惊天大案，是由两具死婴引出的。

四千多年以前，由于华北东北部的海水退去，一块陆地渐渐露出了海面。后来，由于黄河在这里屡次改变入海口，大量泥沙堆积，从而把海岸线逐渐固定了下来。汉武帝时，这里开始有了主管盐业的官方设置。至隋代，随着南北京杭大运河在此交汇，史称三会海口，渐显繁荣。到了南宋金国贞佑二年，也就是公元 1214 年，这里第一次有了正式的名字——直沽寨，这就是天津最早的称谓。至元朝，这里改称大直沽盐运使司。后来到了明永乐二年（1404 年），时为永乐皇帝的朱棣，为了纪念他当年在此经大运河南下，故将这里改称天津，意即天子经过的渡口。由于这里是军事重地，所以又在此地的左右开始筑城设卫，称天津左、右卫。清顺治九年（1652 年），三卫合一，统称天津卫。从此，东临渤海、北依燕山、扼华北水陆要津的天津，就成为拱卫京畿的战略要地和门户。清咸丰十年十月，也就是公元 1860 年 10 月，在第二次鸦片战争中失败的清朝政府，与法国被迫签订了《中法北京条约》。在共计十款的不平等条约中，有一款就是增开天津为商埠，准许列强在此设租界建教堂，进行宗教文化的传播。该年十月，法国天主教在天津望海楼开始设立教堂。

天主教文化与中国的传统文化是两种截然不同的文化形态，无论在价值取向、文化内容、表现形式、历史传承以及群众基础等方面，均存在着巨大的差异，在没有适当的交流途径的情况下，两种不同文明爆发冲突是一种必然且难以调和。另外，宗教文化是被列强强加在中国人头上的，在民族感情方面也颇为愤懑。所以，自传入之日起，民间反对基督教、天主教等外来宗教的斗争就始终没有停止过。随着斗争的不断加剧，中外之间的矛盾日益加深，积聚的愤怒与仇恨，就如同一个已经点燃导火索的火药桶，就等着爆炸的那一声巨响了。

天主教除了设立教堂，传播宗教文化以外，还创办了一些诸如仁慈堂、育婴堂等慈善机构，专门用来收留那些因各种原因被遗弃的儿童，其作用就相当于现在的儿童福利院。后来发生的那场震惊中外的"天津教案"，就是由此而引发的。

清同治九年（1870 年）的五月初六，本是一个再普通不过的日子了，但却因为在这一天发生了一起疑案，从而掀起了一场震惊中外的巨大风波，险些酿成"八国联军"提前入京之患，所以得以在历史的长河中留下了浓重而晦暗的一笔。

这一天，在位于天津海河东岸的一块坟地里，饥馑的野狗扒开了一具棺木。在棺木里，出现了两具死婴的遗骸。有人赶紧把此事报告给了该镇的驻军。

天津镇中营游击左宝贵闻听后，马上带人前往事发地点查看，一探究竟。左宝贵到达现场后，发现死婴"由外先腐，胸腹皆烂，肠肚外露"。这与当地死于疫病的症状正好相反。但问题并不在于发现了死婴，而是由于这个发现，被人们自然而然地与当地近来出现的一些特殊事件联系在了一起，不由使人倍感惊悚。这究竟是一些什么样的特殊事件呢？

第一个特殊事件，是天津地区当时正在流行大规模的瘟疫。发生了瘟疫自然要死人，这本不是什么稀奇的事儿，但在法国天主教堂所办的育婴堂，每天都有三四十儿童死亡。这件事儿，引起了人们的普遍关注。因为这与其时民间广为流传的一个说法牵扯在了一起，这也就是第二个特殊事件。当时，在民间屡屡发生歹人用迷药迷拐儿童的事件，而这些恶性的事件，被一些人指认与教堂有关，风传是天主教堂指使教民所为，其目的是把被迷拐的儿童掏心挖眼，用来制药。这种说法一时甚嚣尘上，越传越广，但尚未有明确的证据，仍属怀疑与猜测。

事情的转机，出现在天津当局抓获了两名迷拐贩卖儿童的疑犯之后。

　　天津知府张广藻对擒获的两名疑犯进行审讯。据疑犯交代，他们迷拐儿童是"受人嘱托"，而委托者似指教堂。天津当局并没有就此事进行详尽的调查取证，而是把疑犯的供词直接录入官方的告示当中示众。这在客观上，起到了把人们对教堂业已存在的怀疑具体化、正式化、公开化作用，使固有的民族矛盾日益激化，对后来事态的发展起到了推波助澜的作用。

　　本来中外之间的这和争执、猜忌、仇恨由来已久。在当时，清政府虽然同意外国在中国的通商口岸传教，但均是出于逼不得已，无论是清廷还是民间，对外国宗教采取敌对态度的人不在少数，没有几个人对这种外来文化有好感。在人们的心目中，普遍称黄头发、蓝眼睛的外国人为"异类"，称外国宗教为"异端邪教"。尤其是对那些传教士没有好感，甚至是采取敌视态度。认为他们不是"采割折生"，就是"奸淫妇女"，总之没有什么好人，没干过什么好事儿，特别是"采割折生"、残害生灵一说流传甚广。其实，"采割折生"是纯粹国产化的东西，系中国古代民间的一种骇人听闻的巫术，主要是挖掉活人的耳目、五脏六腑及折割肢体用来制药。据说服用了这种药，既可以治疗疾病，强身健体，延年益寿，又可以开启天目，沟通阴阳，逼灵神明。这显然是一个不折不扣的谎言。而在那个蒙昧的时代，人们对此缺乏足够的分析力和判断力。因"采割折生"之法太过严酷残忍，为历朝历代所严禁，明令违者处以凌迟峻法。然而人们是有丰富想象力的，凡事都爱追根溯源，浮想联翩。面对死婴，难免不让人们产生这样的质疑：如果不是"采割折生"的话，育婴堂里何以一天能死那么多的儿童？何以尸体会出现那样的症状？

　　也是无巧不成书。就在舆论鼎沸而不知所踪的当口，一名叫武兰珍的迷拐儿童的疑犯被民团擒获并交给了县衙。经刑讯，武兰珍供认，他所用的迷药，系法国天主教堂一个叫王三的杂役提供的。此事一经曝光，顿时群情激愤。民众集会，书院停课，反教会的揭帖遍布全城，老百姓与教民之间更是"屡有争哄之事"发生。五月二十日，天津的民众代表到育婴堂要进行检查，遭到法国驻天津领事丰大业的断然拒绝和粗暴驱逐。次日，天津静海知县刘杰押着疑犯武兰珍前往望海楼天主教堂找王三对质，却发现教堂里根本就没有王三其人。一时间，近万名老百姓自发地包围了教堂，抗议示威，要求教堂交出王三，惩办凶犯。

一方是官方和民众要人，另一方是教堂根本就交不出人，此事一时陷入僵局。丰大业要时任三口通商大臣的崇厚派兵弹压民众，因崇厚仅派来了几名官弁前来而惹得丰大业大怒。

局面渐失控制。崇厚不得不亲自出面约谈丰大业，让他交出王三与武兰珍对质。正在气头上的丰大业想找崇厚发火还找不着呢，一听说崇厚主动找他，二话没说，遂带着秘书西蒙就直奔三口通商大臣衙门。崇厚约谈丰大业这件事又引发了"讹言"，好像当局也认定此事与教堂有关，否则不会有约谈之事。于是，天津民众更加"人情汹汹"。

一向傲慢无礼、不把中国人放在眼里的丰大业，当着崇厚的面，不仅咆哮公堂，而且还开枪恫吓崇厚。崇厚对丰大业的暴戾、乖张比较了解，没说上几句话就被吓得六神无主，"亟起避之"。在交涉未果后，气鼓鼓的丰大业离开三口通商大臣衙门，在返回领事馆的途中恰逢静海知县刘杰，双方遂发生了激辩。没捞到便宜的丰大业不由气急败坏，竟公然向刘杰开枪射击，击中了刘杰的随从高升。西蒙也气焰嚣张地鸣枪示威。

丰大业和西蒙无法无天、肆意开枪伤人的强盗行径，激怒了早已怒不可遏的天津民众。数百名愤怒的民众一拥而上，当即殴毙了丰大业和西蒙，并趁势冲进育婴堂，共杀死法国修女、神父、领事馆人员等 13 人，俄商 3 人以及和 30 多名中国教民。焚毁了法国教堂一处、公馆一处，仁慈堂一处，洋行一处，英国讲书堂四处，美国讲书堂二处。终酿成了震惊中外的"天津教案"。

一石激起千层浪。教案发生后，法国政府联合英、美、俄、德等七国一起向清政府发难，提出强烈抗议，并将军舰集结在天津、威海等海面进行武力威胁，扬言"十数日再无切实办法，定将津郡化为焦土"。

在一触即发的危局面前，朝野上下意见分歧很大，莫衷一是，令清朝当局左右为难。一方面是虎视眈眈的西方列强，凭借着洋枪洋炮所带来的巨大压力。两次鸦片战争的惨败，让清廷充分领略了船坚炮利的恐怖，孱弱的大清国没有胆量更没有实力与西方相抗衡，所以不敢出现什么差池。另一方面，民间对洋人的愤怒已经难以控制，民心所向，民意难违，也是清廷不敢随便拂逆的。比如事发后，崇厚曾发布命令，让聚集的民众解散，深恐民众再度滋事引发事端。因崇厚"驻天津近十年，调停于民教之间，人颇讥之"，在民众中没有什么威信可言。所以，崇厚此举一出，当即就遭到了来自各方的强烈谴责，弄得狼狈不堪，无法收场。此外，朝廷上的一些重臣，对天津民众的行为采取支持的态度，毅然决然地站在民众一边。比如时任陕甘总督的左宗棠，就对天津民众的所作所为表示公开的赞赏。

同治帝知道，再让无能的崇厚干下去是不明智的，必将引发更大的祸端，可一时又找不出合适的人选。就在同治帝焦头烂额、苦无良策之际，猛然想起了那位一向"秉性忠诚，持躬清正"、现居保定的直隶总督曾国藩，不由眼前一亮。

皇上只要能臣而不顾死活

降旨差遣，以病躯临危，皇上难道不管曾国藩的死活吗？

直隶，顾名思义，为直接隶属之意。始称于明代，即将直接隶属京师的地区称为直隶。例如，明代开国的都城为南京，故把当时的江苏、安徽和上海称为直隶，后称南直隶。永乐初年，明朝迁都北京，遂将直接隶属北京的地区称为直隶，是谓北直隶。北直隶最初包括现在的北京、天津、河北省大部和河南、山东两省的一小部。清初，改北直隶为直隶省。清雍正、乾隆年间逐步扩大直隶省的管辖范围，将现在河北承德市、张家口市北部、内蒙古自治区西拉木伦河以南、辽宁省大凌河上中游、希河上游以北和内蒙古自治区奈曼、库伦二旗等蒙旗部分设置的州、县，划归直隶省统辖。成为清代单省设总督的行政区之一，其最高行政长官为直隶总督，总督衙门设在现今的河北省保定市。

直隶总督的全称为总督直隶等处地方提督军务、粮饷、管理河道兼巡抚事，是清朝九位最高级别的封疆大臣之一。由于直隶省地处京畿要地，因此直隶总督被称为疆臣之首。自清同治七年（1868 年）七月奉到上谕起，直隶总督就是由两江总督任上补调来的曾国藩。

脱下经年征战的铠甲，离开了浴血奋战的战场，曾国藩终于可以施展自己治国安邦的雄才大略了。

作为直隶省的最高行政长官，履职履责是曾国藩的职分所在，所以他自然会一如既往地不折不扣。早在进京的途中，曾国藩就有意识地做了一些功课。比如在沿途之上，曾国藩就"每日按舆图稽查山川原委，尤详考畿辅水利，随时延访官绅贤否证以舆论而密记之"①。但直隶情况特殊，这里是皇上居住的地方，百官云集，自古以来，皇城根下的事儿就难办，处处受到方方面面的掣肘、制约，需要时时小心，处处谨慎。要想干事儿，就势必要与那些位高权重的官绅打交道，彼此发生龃龉也在所难免。所以，深谙官场险恶的曾国藩一方面确定了自己工作的着重点，另一方面也把该说的话对朝廷讲清楚了，做到有言在先，防患于未然。曾国藩首先是明确了三个工作重点，讲了三个"宜预为陈明者"，也就是所谓的有言在先。

第一个重点是练兵，建立拱卫京师的卫戍部队。这是慈禧皇太后交给曾国藩的第一个任务。清同治七年（1868年）十二月十四日，慈禧皇太后在养心殿召见曾国藩时曾直言："直隶甚是空虚，汝须好好练兵。"第三次召见曾国藩时，慈禧又叮嘱曾国藩："直隶空虚，地方是要紧的，汝须好好练兵。"并强调，"有好将，尽管往那里调"。上述内容，在曾国藩的年谱、事略中均有具体的记载。

为什么朝廷把练兵作为直隶的第一要务呢？实在是由于大清国面临的内忧外患所致。

先说内忧。直隶位于中国版图的心脏部分，是全国的政治、经济、文化、交通的中心，战略地位甚重。然而，连年的内乱却使这个京畿重地成了重灾区。按照曾国藩的说法，直隶"北有马贼，南有教匪，东南与齐省接壤。则枭匪出没之区，而降捻游勇亦多散其间。伏莽堪虞一旦窃发。旬日啸聚，动以千计，非有数千劲兵星速剿捕，即恐酿成大变"②。曾国藩说的这些都是实情，绝不是耸人听闻。太平军、捻军先后崛起，南北呼应，纵横天下，几乎把大清掀了个底朝天，想起来至今还令人心悸。

除了内忧以外，外患也不容小觑。曾国藩认为："陕回现尚猖獗，宣化固宜严为严防。洋务虽曰安恬，天津亦暗为设备。"③面对这样的局势，仅靠直隶现有的兵力显然是不够用的。因此，曾国藩提出，要想有足够的兵力应付内忧外患，"必须练兵二万有奇"才有可能"以敷调遣"。

　　一般的部队是不能作为拱卫京师之用的。作为卫成部队，首先一条就必须是攻无不取战无不胜的劲旅。曾国藩第一个想到的就是淮军大将刘铭传所率领的部队。刘铭传的部队现有一万人，"精劲冠时"，是精兵中的精兵，劲旅中的劲旅。曾国藩上奏朝廷，欲调刘铭传的部队"作拱卫京畿之师"。可光有这一支部队还是不够，仍缺一万人。曾国藩考虑了两条途径。一条是"或专就原议之六军，调省城而合练之"，另一条是"或兼用湘淮之营，制募北勇而另练之"。但不管兵力从哪里来，曾国藩向朝廷提出了一个忠告，那就是直隶的部队"敬请皇上不轻调劝"——不要随意调动。因为部队一经调出，遇事时很难马上撤回。如果"仓卒有警，畿辅仍属空虚"，并举出清同治六年底，捻军张总愚部"窜犯"直隶，"扰犯"保定、河间、天津等地，震惊京师，"畿辅戒严"而手里无兵可调的例子证明自己的观点。这是曾国藩第一个要强调的"此不能不预为陈明者也。"

　　第二个重点是整顿吏治，清明政治。直隶吏治废弛是一个不争的事实，就连慈禧皇太后也很头痛无奈，她命曾国藩"认真整顿"。曾国藩经过调查，对直隶吏治废弛的情况有了一个初步的了解，主要是"积狱太多，羁累无辜"。曾国藩在给朝廷的奏折中列出了如下具体表现：一是积案不办。曾国藩说，听说有的州县，到任一年有余，却没有升过一次堂，"讯结"一个案子。二是差徭重。连年的征战，所有的支出最后都落到了老百姓的头上。对那些经济条件比较好的大户，则"勒派"扯马，提供柴草；小户人家则摊派银钱，"掳充"徭役。三是"劣绅勾通书役因缘"，向老百姓讹索车辆。凡是征集的车辆，均有去无回。为了躲避这种欺诈，贫穷的老百姓不得不纷纷逃离，致使"十室而九逃"。四是勒派不断。现在，内战虽然基本结束了，但仍然再勒派"修城之赀"，还在追索欠费，"诛求无已"，没完没了。五是官官相护。封疆大吏对待下级"过于宽厚"，却不知怜恤老百姓的艰难。尤其是政出多门，容忍"为国劣员"，一旦败落才"方惧严参"。而那些不干正事只会投机专营的确能得到"优保"。六是欺上虐下。总督"事权不一"，而"属僚之径窦愈多"。这些属僚对上则搬弄是非，对下则欺压百姓，毫无忌惮。曾国藩惊呼："风气之坏，竟为各省所未闻。"④

　　曾国藩向朝廷阐明了自己的打算，那就是，鉴于这种情况，他到任以后，准备"清理积讼，停止杂派为先，务严立法。禁违者重惩"⑤。因此，可能"不得不大加参劾"。

　　曾国藩对自己这样做的结果看得很清楚，他说自己一向不属于严厉、"苛刻"的那一类领导者，而现在一下子突然严厉起来，那些劣员一定会通过各种方式，以图救全，甚至包括通过"谤议"来"以冀宽驰"，即便出现这样的结果也没什么了不起的，也属意料之中，他会随时随地采取相应措施来应对，希望通过一段时间的治理，能使直隶的官场有所好转。但下车伊始，"非刚猛不能除此官邪"。这是曾国藩讲的第二个"预为陈明者"。

　　第三个重点是整治河工，消除水患。直隶境内一共有九条大河。在入海的六条大河中，永定河和滹沱河经常出槽泛滥，"而为民患"。主要原因有两条。一是老百姓擅自盖房子，占据了这两条河道，所以"不能容纳众流，日就淤塞"。去年永定河决了口子，沿岸很多的县均被洪水所困。二是经费不到位，严重影响河工。以永定河为例，原来朝廷每年都拨给近十万两的银子用于维修堤坝，每隔几年再另外增拨一些经费，"加倍土工"。可是从清道光二十二年（1842 年）以来，增拨那部分就没有了。从清咸丰三年（1853 年）以来，每年的十万经费也只拨给四分之一。经费没有了保证，致使永定河堤"处处受病，常常溃决"。去年所需的经费还没有完全到位，将来三个月的工程，已经没有经费垫付了。曾国藩奏请由朝廷先"借拨"。然而，经费未及时到位还不是最主要的问题，问题的关键在于所制定预算不实事求是，与实际需要相距甚远，用曾国藩的话说"只可敷衍目前，断难坚实经久"。所以，"恐须添筹巨款，乃可一劳永逸"。这是曾国藩讲的第三个"宜预先陈明者"。

　　任务已经明确了，该说的话也说了。曾国藩便马不停蹄地投入了工作。清同治八年（1869 年）正月二十日，曾国藩出京。在返回督府的路上，就去"巡视永定河堤工"。二月初八，曾国藩上奏朝廷，准备开始永定河的治理工程，向户部借银子，"赶修要工"。十三日得到朝廷批准。十六日，曾国藩审阅"直隶选练六军操演阵法"。十八日，"作清讼事宜一编"，"通饬各州县官，刻期清结积案，以为课程"。遇到大案，曾国藩则亲自鞫讯，"每月数次"。

经过一番努力，曾国藩的心血总算是没有白费。至清同治九年（1870年）五月，部队已初具规模，各项规章制度业已健全；吏治整顿初见成效，该奖的奖，该罚的罚，吏治清明，工作效率大为提高，仅处理积案就达到四万多起，"多年尘牍，为之一清"；永定河治理工程按期完工，一些有功人员受到褒奖。在短短的一年多光景中，曾国藩完成了预定的计划，取得了就任直隶总督以后的开门红。然而，就在曾国藩热情高涨的时候，身体却挺不住了。所以，曾国藩在恪尽职守的同时，不得不放慢工作节奏，借以养病保身。

经年鏖战，鞍马劳顿，本来就身体不是很硬朗的曾国藩，状况更是每况愈下，已经到了不得不休整调息的时候了。

从清同治九年（1870年）入春起，曾国藩的右眼睛就"屡患目光昏蒙"。开始时，曾国藩没怎么在意，仍然每日"治公牍览书史"，但眼疾越来越重，最后竟然失明了。清同治九年（1870年）四月二十一日，难以治事的曾国藩不得不向朝廷请假一个月，用来调理身体。但调理的效果不显，眩晕的毛病好了一些，却因服药过量而导致"脾胃受伤，饮食减少，精神固倦，不能自持"，所以又请求续假一个月，继续调理。然而，曾国藩的调理计划却落空了。因为天津教案的爆发，同治帝下旨委任，曾国藩不得不临危受命，再一次被推向了风口浪尖。

山芋很烫手，但不能扔

天津教案激化了中外矛盾，皇上把这个差事交给了苟延残喘的曾国藩。

被天津教案搅得头晕目眩的同治帝，一连发出三道上谕，把教案这块烫手的山芋，扔给了正在为保定大旱而焦虑的曾国藩。

清同治九年（1870年）五月二十五日，也就是曾国藩请求续假的第三天，奉到一个内容含糊的上谕，曰："曾国藩着前赴天津，查办事件。"具体查办什么事件并没有说明。同日，第二道上谕到了。这一次，说得比较清楚了。

上谕道："崇厚奏津郡民与天主教起衅，现在设法弹压，请派大员来津查办一摺。曾国藩病尚未痊，本日已再行赏假一月，惟此案关系紧要，曾国藩精神如可支持，著前赴天津，与崇厚会商办理。匪徒迷拐人口，挖眼剖心，实属罪无可逭。既据供牵连教堂之人，如查有实据，自应与洋人指证明确，将匪犯按律惩办，以除地方之害。至百姓聚众将该领事殴死，并焚毁教堂，拆毁仁慈堂等处，此风亦不可长。著将为首滋事之人查拿惩办，俾昭公允。地方官如有办理未协之处，亦应一并查明，毋稍回护。曾国藩务当体察情形，迅速持平办理，以顺舆情而维大局。"⑥

仅仅隔了一天，朝廷的第三道上谕又到了。上谕曰："崇厚奏津民教起衅争殴，自请治罪，并请将地方官分别严议革职一摺。崇厚、周家勋、张光藻、刘杰著先行交部分别议处，仍著曾国藩于抵津后，确切查明，严参具奏。至迷拐人口匪徒及为首滋事之人犯，均著严拿惩办，并会同崇厚彻底根究，秉公办理，毋稍偏徇。"⑦

曾国藩虽然染病在身，但脑袋并不糊涂。天津教案捅破了天，已然甚嚣尘上，轰动朝野，两派意见大相径庭。派谁去都很难两全。不去吧，朝廷的三道上谕摆在那儿，作为臣子，是"不敢因病推诿"的；去吧，案子又实在复杂，虽百思而"不得良策"。曾国藩坐卧不安，左右为难，陷入了深深的踌躇之中。曾国藩在日记中写道："天津洋务十分棘手，不胜胶着。"⑧在给两个儿子的家书中，曾国藩也坦言："外国性情凶悍，津民习气浮嚣，俱难和叶。将来构怨兴兵，恐致激成大变。余此行，反覆筹思，殊无良策。"⑨圣命难违，曾国藩没有选择的余地，他只能明知山有虎，偏向虎山行了。曾国藩断定，天津之行绝难有好结果，遂做好了不测之想，留下了遗嘱："余自咸丰三年募勇以来，即自誓小明疆场。今老年病躯危难之际，断不肯吝于一死，以自负其初心！恐邂逅及难，而尔等诸事无所禀承。兹略示一二，以备不虞！"⑩

从态度来看，朝廷有两点是明确的。一个是定性问题。朝廷已经认定了"匪徒迷拐人口，挖眼剖心"之说，认为"罪无可逭"。另一个是严办。无论是洋人还是聚众滋事之人，一律不饶。但问题的关键不在于态度，而在于事情的真相到底如何。曾国藩经过认真研究案情，发现了很多疑点。他上奏朝廷，提出了这些疑问。

曾国藩道：首先，疑犯武兰珍所供出的王三，"业经弋获，必须讯取确供"；其次，武兰珍到底是不是受王三指使？王三到底是不是教堂的人员？"挖眼剖心之说，是否凭空谣传"？是不是确实有证据？上述问题是案子的"最要之关键"。曾国藩确定，只有"从此两层悉心研鞫，力求平允，乃可服中与外之心"。

仅过了一天，曾国藩就接到了朝廷的答复，认为他所提出的问题，"切中事理，要言不烦"。催促他"日内如可支持，即著赴天津，会同崇厚悉心商办"。

清同治九年（1870年）六月初六，心怀惴惴的曾国藩由保定启程，前往火药桶般的天津。

初十，曾国藩抵达天津。由于崇厚对法国示弱，早已引起津门上下一片怨声载道，遭到强烈反对。但对曾国藩的到来，还是寄予了厚望。

到天津后，曾国藩经过一番实地调查了解后发现，情况之复杂，超出了原来的预想。早在曾国藩奉命出使天津之初，就接到不少意见迥异的条陈。有的建议借助天津义愤的民众，趁机驱逐洋人；有的建议联合俄、英等国，"专攻法国"；有的建议参劾崇厚，为老百姓出气；还有的建议调集军队"以为应敌之师"。总之，立场各异，说法不一。曾国藩的态度则是很明确的，那就是"坚保和局，不与洋人构衅，以致启兵端"①。这也成为曾国藩办案的指导思想。

甫到天津，曾国藩发布了《谕天津士民示》。在告示的开头部分，曾国藩大赞天津"民皆好义，各秉刚气"，乃"固属难得之质，有用之才"。然后笔锋一转，强调如果"不善造就，则或好义而不明理；或有刚气而无远虑"，究其原因，"皆足以偾事而治乱"。曾国藩遂举出五月二十三日的事件做例子。

告示中说，大家以前听说有迷拐儿童、挖眼剖心的说法。天津士民因此对洋人表示愤怒是因为义愤所致。然而，必须要有真凭实据来证明。必须要有足够的证据证明那些没有眼睛、心脏的尸体，确实是教堂所埋；证明迷拐儿童的疑犯确实是教堂所指使的。只有这样，才能归咎于洋人，"乃不冤枉"。而且就是确有真凭实据，也需要禀告官署，由地方官员照会洋人领事，并由领事上报公使，然后将迷拐儿童的知情教士，挖眼剖心的洋人，大加惩治，"乃为合理"。现在，并没有找到迷拐儿童的佐证，也没有找到挖眼剖心的证据，仅仅就凭着"纷纷谣言"，就想靠打杀泄愤，"既不禀明中国官长，转告洋官，自行惩办！又不禀明官长，擅杀多命，焚毁多处"，这就是你们这些士民不明理的缘故。我能杀人，洋人也能用杀人来报复；我能焚毁，洋人也能用焚毁来报复。"以忿召忿，以乱召乱，报复无已，则天津之人民、房屋，皆属可危！"这样做的后果，对内，则让皇上操劳忧虑；对外，则让洋人猜疑挑衅。"十年讲和，维持多方而不足；一朝激变荼毒百姓而有余"。这就好比家里的孩子，只为了逞一时之忿，而不顾由此给家里带来的祸患，给父兄带来的忧虑耻辱，这样做可以吗？国家的士民，只为了逞一时之忿，而不顾引起战争，给皇上带来忧虑和危险，这样做可以吗？这就是你们这些士民一向没有远虑的缘故。

天津这个地方，自古就有好义之风，有刚劲之气，本来有很多可用之才。然而，对于这些人，如果使用得好，则足以使之成为捍卫国家的栋梁；如果使用得不好，则很容易滋事获变。听说二十三日焚毁教堂的时候，就有恶棍、游匪混杂在人群之中，趁机抢夺财物，分别带回了家。这种"以义愤始，而以攘利终"的做法，不仅被洋人看不起，就是本地那些有正义感的绅士也羞于与之为伍。

曾国藩最后说，我这次来，一个是宣示皇上对外友好的初衷，息事安民。另一个是劝谕天津的士民，一定要"明理而后好义。必有远虑，而后可行其刚气"。以图"保全前此之美质，挽回后日之令名"。

实事求是地说，曾国藩的这份安民告示有理有据，讲得很客观也很明白，但其"不奖其义愤，且亦有严戒滋事"的思想，却触到了天津民众的肺管子，激起普遍的愤怒。这一下，曾国藩算是捅了马蜂窝，天津民众遂把对崇厚的怨恨与愤怒，统统转嫁到曾国藩的头上，甚至有过之而无不及。

曾国藩没有闲心管别的，一心要找出真凭实据，以求尽速结案。可是调查的结果令曾国藩非常失望。不仅"挖眼剖心"之事没有查到证据，就连拐匪王三也是个市井无赖，供词反复无常，不能定案。在这种情况下，曾国藩只好命"暂予缓讯"，作为与洋人的"转圜之地"，只饬令缉拿天津滋事的人员。曾国藩的这一做法，在京师上层中又激起轩然大波，一时间"讥议纷然起矣"。

内部"讥议纷然"，外部的压力也接踵而来。

先是法国通过总理衙门提出照会，谴责清政府"未能极力弹压"，要求"立拿凶犯正法"。接着，英国人、美国人也找上门来，喳喳呼呼地兴师问罪。这时，有一个叫宋晋的内阁学士上奏皇上，说和平的局面固然应该保全，但民心也不可"稍失"。请皇上下令布置军队，同时"婉谕各国"，作为解除条约束缚的途径。同治帝也拿不准主意，只能命曾国藩"酌量办理，据实奏闻"。曾国藩回复总理衙门，用事实证明，说洋人挖眼剖心纯属诬告。

法国对清政府的态度和处理结果大为光火，法国公使罗淑亚亲自来到天津问罪，又要求赔偿损失、又要惩办地方官员，气焰十分嚣张。曾国藩也没客气，据理力争，对罗淑亚提出的非分要求，更是"峻词拒之"。

清同治九年（1870年）六月二十三日，曾国藩与崇厚会奏天津教案调查的结果。在奏折中，曾国藩详细地介绍了整个案件由发生、发展到最终酿成巨案的全过程，对各种疑问逐一做出了解答，并提出处理有关当事人的意见。

曾国藩的结论，归根结底就是一句话：此案系因谣而生，因激而演，因怒而变。至此，此案真相已明，本该大白于天下了，可让曾国藩没有想到的是，他对教案的态度、结论和对整个事件的处理意见，竟然在朝野上下引起轩然大波，引来一片诟骂之声，并最终弄得身败名裂，狼狈不堪。

从天堂到地狱，从功臣到魔鬼

这份注定里外不是人的苦差事，真是要了曾国藩的老命。

中国的生肖学，是专门研究人的出生年份、支配生辰的历符、人的月相与日相的对比、生辰的五行同与之相应的属相关系的一门古老学问。它通过研究这些因素的自然组合、阴阳变化，以及彼此之间所产生的利弊影响，来判断人的命运，充满了神秘性。

　　曾国藩出生的清嘉庆十六年，为农历辛未年，这一年是十二生肖中的羊年。所以曾国藩的动物符为羊，即肖羊。肖羊的人富有温情，且乐善好施。

　　按照生肖学的说法，对肖羊的人来说，龙年是令人既紧张又兴奋的一年。看看曾国藩在清同治七年（1868 年），即农历戊辰龙年的情况，似乎很有些道理。在这一年的上半年，曾国藩的工作的确很紧张，既要为剿捻前线筹饷，又要为江南苦雨祈晴；既要督办洋务，又要忙于赈灾，还真就应了"紧张"一说。而更神奇的地方应该表现在"兴奋"上。曾国藩在同年闰四月，被著授为武英殿大学士。仅过了两个月，即七月二十七日，又被调补为直隶总督，成为疆臣之翘楚，真是喜讯不断，好事连连。清同治七年（1868 年）十二月十三日进京陛见。至此，曾国藩无论是声名还是地位，均达到了顶峰。主要表现在三点。第一，曾国藩就任大学士一职，正式登顶相位。同年十二月十八日，曾国藩至内阁就职，成为大清汉官之首。第二，恩遇甚隆。曾国藩进京后，当即受到皇上和两宫皇太后的接见，且一连三天不辍，足见皇上、太后对曾国藩的重视程度。而赐紫禁城骑马，这是皇家的一种极高礼遇，非年高德劭之重臣，是没有资格享受的。对此，曾国藩"抚躬循省，惭悚无涯"。第三，位极尊崇。年关即到，曾国藩除了与内廷王、军机大臣、弘德殿、上书房、南书房、大学士等重臣一起获得春帖子赏以外，还在朝觐皇家的礼仪中担任重要角色。比如，清同治八年（1869 年）正月初一早朝，曾国藩奉旨亲捧庆贺皇太后表文；在正月十六日的皇上赐宴中，倭仁为满大学士、尚书之首，曾国藩则为汉大学士、尚书之首。这一刻，对曾国藩来讲具有历史性的意义，因为它表明曾国藩一生的荣耀已经达到了顶点。从二十八岁中进士、点翰林，到今天正是入阁拜相、位极人臣，曾国藩一共用了三十一年的时间。这中间经历了多少坎坷、多少劫难，恐怕就连曾国藩自己也说不清楚。但不管怎么说，曾国藩终于做到了一个读书人、一个士子所能追求的、所能达到的最高目标。应该说，曾国藩已无憾矣。如果就这样一路走下去的话，曾国藩的人生之路应该万事顺遂，不会经历什么波折了。但是时逢乱世，命运又岂是个人能够把握？就像眼下的曾国藩，不仅深陷天津教案而不能自拔，而且还因此声名俱损，刹那间，从天堂跌到了地狱，从功臣变成了魔鬼。

对于这样的结局，曾国藩是有心理准备的。只不过是没想到结果会如此不忍触睹，大大超出了曾国藩的预判。

在处理天津教案的过程中，曾国藩始终坚持不因中外而偏颇，不因舆论而失公的原则，也就是说无论是谁，只要触犯了大清律例，该杀的杀，该遣的遣，一律严惩不贷。至于洋人的损失，该赔偿的赔偿，该道歉的道歉。照理说，曾国藩的这个态度应该是公允的，没有什么问题。但问题是局外人不这么看，就连朝廷也一时转不过来弯儿，认为曾国藩似乎有忌惮洋人之心，他所强调的挖眼剖心之说纯系谣言、虚诬，欲"以雪洋人之冤，以解士民之惑"的观点，是公然替洋人张目、说话；在教案的最终处理结果上，也是偏袒洋人而结怨于同胞。

朝廷一方面对曾国藩的处理意见表现"已均照所请"，"降谕旨宣示矣"。而另一方面仍然要求曾国藩对一些风闻之事"确切查明"，同时认为曾国藩的所作所为乃系"为消弭衅端委曲求全起见"，重申"惟洋人诡谲性成，得步进步，若事事遂其所求，将来何所底止？是欲弭衅，而仍不免起衅也"。意思是说，曾国藩这样做，目的是为了消除洋人挑衅的可能，但如果事事都去满足洋人的要求，将来就没有了底线。想要"弭衅"也不可能。生生地把曾国藩一个人抛了出去，当替死鬼。

事已至此，曾国藩已经没有了退路，只能咬紧牙关挺住。对朝廷的胡言乱语，曾国藩的态度很明确很坚定，那就是该支持的支持，该驳斥的驳斥，该照办的照办。其目的就是"坚持一心曲全邻好，惟万不得已而设备乃取，以善全和局，兵端决不可自我而开，以为保民之道，时时设备，以为立国之本"。意思是说，我们应该坚持和平外交路线，只有到万不得已的时候才能诉诸武力，决不能没事找事，擅起兵端，但也要随时保持戒备，不可偏颇。

曾国藩回复朝廷，再次重申自己的观点，即洋人挖眼剖心之说绝不是事实；迷拐儿童一事不能保证一定没有。对当事人的处理结果是：在刑狱方面，将致死人命的二十余人判处死刑；将涉案较重的二十五人发配充军；对没有犯罪证据的，予以释放。在经济方面，赔偿洋人四十二万两白银，作为死者的抚恤和被毁建筑物的损失。对罗淑亚将天津知府张光藻、知县刘杰与提督陈国瑞斩首的无理要求，予以断然拒绝。

这个结果一经披露，举国哗然，曾国藩顿时被湮没在愤怒的唾沫与声讨之中。"卖国贼"一说，由此而起。曾国藩题的字被刮掉了，住过的地方被砸了，同僚反目，故友相讥，更有好事者给曾国藩作了一副对联讥斥之：杀贼功高，百战余生真福将；和戎罪大，三年早死是完人。

重压毁谤之下，曾国藩没有替自己去辩驳什么，而是为自己"举措失宜""办理过柔"而"寸心抱疚""悔憾无及"，甚至"外惭清议，内疚神明"。

常言道，站着说话不腰疼。局外之人怎么能够体会曾国藩当时的难处呢？倒是曾国藩的老幕府，后任江苏、福建等地巡抚的丁日昌颇能体会曾国藩的心思，说了一番公道话。他说："自古局外议论，不谅局中艰苦，一唱百和，亦足以荧上听，挠大计。卒之事势决裂，国家受无穷之累，而局外不与其祸，反得力持清议之名，臣实痛之！"

天津教案，使曾国藩声名狼藉，一落千丈。于清同治九年（1870年）八月初四日，曾国藩被调补两江总督任，直隶总督一职则由曾国藩的门生李鸿章继任。

曾国藩心灰意冷，加之眼疾加重，已然没有再就督抚之心。他在家书中写道："趁此尽可隐退，何必再到江南画蛇添足。"⑫

注释：

①⑥⑦⑪《曾国藩全集·年谱》。

②③④⑤《曾国藩全集·奏稿》：清同治八年正月十七日之《略陈直隶应办事宜折》。

⑧《曾国藩全集·日记》：清同治九年五月卅日。

⑨《曾国藩全集·家书》：清同治九年六月初四日谕曾纪泽、曾纪鸿。

⑩《曾国藩全集·家书》：清同治九年六月初四日谕曾纪泽、曾纪鸿。

⑫《曾国藩全集·家书》：清同治九年八月初八日之谕曾纪泽。

11
不争气的身子骨

　　曾国藩的一生，可以用"波澜壮阔，波谲云诡"八个字来形容。

　　说曾国藩的一生波澜壮阔，是因为他一生涉猎甚广，阅历极其丰富。年轻时金榜题名，被点过翰林；出任过乡试主考官，又以文章而声名远播，被誉为文坛一代宗师；年纪不大即步入高层，曾遍兼五部侍郎，遍览古今，难见出其左右者。后来墨绖出山，从编练湘勇起步而涉足军事，竟然把一支民兵，培养成大清国对抗太平军的绝对主力，让那些脑满肠肥、趾高气扬的八旗兵、绿营兵相形见绌，颜面尽失。后来又因剿灭太平天国而使大清国得以苟延残喘，以功勋卓著得以封侯拜相，位极人臣，集总督、大学士、侯爷等于一身，成为清以来汉官之首。可谓登峰造极，睥睨群雄。这样的经历，绝非常人可比拟。

　　说曾国藩的一生波谲云诡，是因为他一生屡经困厄，饱受劫难，终生游弋于天堂与地狱之间，人生起伏、落差甚巨，可以说是阅尽了世间百态，饱尝人世艰辛。科举数次不第，虽点中翰林却身份不显；跻身高层，却因两手空空而备受讥讽，甚至成为官场的一大笑柄；涉足兵事，却屡战屡败，乃至数次被逼上自裁的绝境；一朝登上权力顶峰却从此心神不宁，悚惕之机，更因为剿捻不利而从此与军界绝缘；一场天津教案，让被奉若神明的曾国藩声明俱毁，暗自神伤。其遭遇，让人难以卒读。然而，曾国藩毕竟是一名成功者，他的境遇无非就是应了那句老话：世上没有随随便便的成功。

作为一名成功者，就"武功政事立品植学"而言，曾国藩几乎不欠缺什么，久为世人所共知公认。以中国毕业于美国高等学府的第一位留学生容闳的话最具代表性，甚至可以一言以蔽之，他认为曾国藩一生的政绩、道德、人格、文章等，"皆远过于侪辈，殆如埃浮立司高峰，独耸于喜马拉耶诸峰之上，令人望而生景仰之思"[①]。但是，无论人们如何褒奖曾国藩，事物总是由多个侧面所构成的，并非仅仅就只有一个角度、一个方面。尽管曾国藩"德业文章兼备一身""文韬武略功德照人"，然而也有着致命的先天不足和后天缺失，而首当其冲的就是曾国藩那不争气的身子骨。人们常说，身体是革命的本钱，更是生存的本钱，而曾国藩独独就却这个本钱，以至于"老成忽谢"，过早辞世。无论对大清国来说，还是对曾国藩个人而言，不能不说这是一件无比遗憾而又无法弥补的憾事。

先天之本不足

生来身子骨就不健壮。

尽管没有更详尽的资料表明，曾国藩的脏腑及气血等先天之本的状况如何，但从他的年谱、日记和家书、信札中，可略窥其身体孱弱之一斑。比如，从清道光二十年（1840 年）起，也就是曾国藩刚刚三十岁时，在他的日记、家书中就频繁出现了诸如"精神亏损""倦甚""人渐有病，饮食减少，精神不振""不耐久思，思多则头昏"等记载。这说明，曾国藩刚至而立之年便感精力不济，身体出现了一些不好的征兆或毛病，其身体先天之不足昭然若揭。

清道光二十年（1840 年）六月，刚刚踏入词林、升授翰林院检讨的曾国藩得了一场大病。这场病一直持续了三四个月之久，险些要了曾国藩的命。这件事在《曾国藩年谱》有明晰的记载。

曾国藩这次病得不轻,其症状就是始终高烧不退,茶饭不思,甚至"危剧",几乎丧命。幸得好友精心护持,到了八月份才"病渐轻,始能食粥"。至九月"乃大愈"。自此以后,曾国藩孱弱的身体再也没有完全恢复过来,其表现就是极易疲倦、睡眠不好,容易染病、视力下降、精力不济等。身体不好,必然精力难持,而精力不济,必然影响到心情。所以,身体问题不仅成了曾国藩一块挥之不去的心病,而且影响到了他的工作和生活。曾国藩在日记中写道:"……申初到家,倦甚,不能看书,眼蒙如老人……腠理都极懈弛,不复以固肌肤、束筋骸。于是,风寒易侵,日见疲软……"②在接下来的日记中,曾国藩又道:"傍晚归,眼蒙特甚。年在壮岁,而颓情称病,可耻孰甚。"③曾国藩无奈地哀叹:"予以心血亏,不作诗文,乃并不写字,何颓散至此!"④可见他的身体虚弱到什么程度。

从曾国藩的病因来看,固然有后天劳累的原因,但主要的还是先天不足。曾国藩自己曾说过:"余自三十时即不能多说话,说至数十句便气不接续,神犹困倦。"⑤在那个年龄身体就出现如此症状,绝不会仅仅源于后天的原因所致。以曾国藩眼蒙、气短、心血亏为例,从中医的角度来分析,这是典型的脾胃不和,导致难以将食物很好地消化吸收,转化为营养,濡养全身。营养不足,必然兼及肝肾,造成亏血亏气。这是先天不足的显著标志。

"显迹"很要命

那身充满神秘色彩和传说的蛇皮癣,让曾国藩一生苦不堪言。

坊间传说曾国藩系巨蟒转世,其中最显著的标志,就是因为他长了一身蛇皮癣,且终身未愈。有人戏谑此癣最终与曾国藩同归于尽。

中医认为蛇皮癣多因"血虚生风,风邪搏于肌肤而发",而"缠绵顽固,持续终身"。可见,曾国藩的癣疾并非是先天的,而是后天所得。原本就是一种不招人待见的疾病,放到了曾国藩的身上就成了"显迹",最后竟病以人贵,实为笑谈。

其实,曾国藩原无癣疾。从文献的记载中发现,曾国藩第一次犯癣病是在清道光二十五年（1845年）的夏季。

这一年，本来是曾国藩的腾龙之年、得意之年。时年三十五岁、作了七年京官的曾国藩突然间官运亨通，被连续提拔、重用。先是升授正五品的詹事府右春坊右庶子，再转左庶子。未出三个月，又至从四品翰林院侍讲学士，从而比一些同僚同年更早地迈入了大清中层官员的行列。也就在曾国藩深感皇恩浩荡、圣眷甚隆、为自己的超擢自得之时，意想不到的癣疾爆发了。这次发病几经反复，前后竟然拖了近两年之久。《曾国藩年谱》记曰："自是以往，癣疾恒作。"——这次发病成了曾国藩噩梦的开始。

曾国藩虽然四处求医问药，但效果却不显著，都不过是治表不治里的权宜之计，根本无法根除。癣疾纠缠了曾国藩一生，"以至老年，未得全瘳也"。

曾国藩一生为癣疾所累，让他吃尽了苦头。但在刚开始时，曾国藩并没有当成一回事，认为癣疾无非就是表皮上的一个小问题，伤及不了性命，只要吃点药，等天气一凉爽就没事了。他在家书中禀告父母："近日头上生癣，身上生热毒……身上之毒至秋即可全好，头上之癣亦不至蔓延。"所以，曾国藩"不甚经意"，压根就没放在心上，每天仍然"读书应酬如故"。可事情却并不像曾国藩想象的那么简单，癣疾的发作越来越频繁，程度越来越严重，令他全身"若有芒刺者然"，常常"数夜不能成寐"，"抓乱作痛"，"身无完肤"，痛不欲生，生不如死。这在曾国藩的著述中屡屡出现，诸如"男之癣疾近又小发""吾身之癣，春间又发""癣疾大发""癣疾日甚"之类的记述、赘述。

癣疾发作与季节有关，关键还是与心绪相属。心情不畅极易导致内分泌失调。内分泌一旦失调，作为最主要排毒途径的汗腺、皮脂腺就会产生障碍，阻碍正常排毒、排汗，导致皮肤干燥，从而使病情加重。如清咸丰五年、八年、九年、十一年、清同治元年等，在曾国藩的人生出现重大波折、心情极度恶劣之时，癣疾都曾大作就是最好的证明。

而随着声誉日隆，地位遽升，让曾国藩费心费力的事情越来越多，而往往不得不"用心太过""胶着难名"，而这就不可避免地导致他的癣疾加剧，最后甚至达到"偶用心略甚，癣疾即发"的程度。

癣疾发作之时，痛痒难耐，终日抓挠，往往弄得浑身上下血迹斑斑，惨不忍睹。清咸丰十一年（1861年），身为两江总督、节制四省军务的曾国藩再一次为癣疾所累。函告弟弟曾国潢"疮久不愈"，"夜间彻晓不寐，手不停爬"，弄得"几乎身无完肤，良以为苦"，身心备受折磨。

清同治元年（1862年），历经父丧、被剥夺兵权、弟弟死难、被困祁门等一系列困厄的曾国藩，奉上谕以两江总督领协办大学士，终于入阁拜相，在仕途之路上终修成了正果。可也就在这一年的正月，曾国藩癣疾大发。死缠烂打的癣疾，丝毫不给曾国藩留情面，深深困扰着这位权倾朝野、独撑东南的曾相爷。"遍身若有芒刺者然"的曾国藩，每天必做的功课之一就是"竟夕爬搔，不能成寐"，以至于"左腿爬破，痛甚，彻夜不甚成寐"。

癣疾不仅让曾国藩身体备尝辛苦，而且很影响外在形象，有碍观瞻。每当癣疾发作之时，周身遍布，无法掩饰。清道光二十五年（1845年），曾国藩的癣疾初次发作，约有大拇指肚大小的白色的癣迹，"自头上颈上以至腹下，无处无之"。具体的情况是："通身约有七八十颗，鼻子两旁有而不成堆，馀皆成堆。脱皮白痂，发里及颈上约二十余颗，两类及胸腹越五十馀……"清道光二十九年（1849年）四月十六日，曾国藩告知父母自己的身体不太好，"稍一用心，即癣发于面"，"男恐大发，则不能入见，故不敢用心"。别的不说，"不能入见"皇上就是天大的事儿，这对一向以庄重、威严自律的曾国藩来说，是难以容忍的。

恼人的蛇皮癣纠缠了曾国藩一生，其精神上的痛苦有时比身体上的痛苦还要大。每当病发，都会破坏曾国藩的心情，常常使向来重视修养的曾国藩也难遏心头怒火，拍案骂街。

见曾国藩日夜折腾，寝不安眠，实在太痛苦了，就有属下劝说曾国藩纳一个小妾帮助"爬搔"，以减轻一些痛苦。

对这个建议，曾国藩开始时有些犹豫不决，他认为自己的癣疾系"积年痼疾，非药饵所能愈，亦非爬搔所能愈也"，但也没有坚决反对。

见曾国藩并没有对纳妾一事断然拒绝，孝心满满的部下就自作主张，代曾国藩定纳了一个小妾。曾国藩也就顺水推舟，予以"笑纳"。但纳妾之后，也不能从根本上解决癣疾的问题，曾国藩曾云，自己的癣疾"迄不能愈。娶妾之后，亦无增减"，曾国藩哀叹，纳妾也"不能有裨于吾之病耳"。

纳妾没有达到减轻痛苦的目的，却由此引发了一场贬曾的浪潮。正所谓没有打着狐狸，倒惹了一身骚。原来，曾国藩纳妾之时，适逢咸丰帝驾崩。按照大清律，在皇上大丧期间搞婚娶之事"违禁失德"，是大逆不道。然而，不管是谁在那里乱嚷嚷都无济于事，此时的曾国藩早已不是彼时的曾国藩了。

因用心太过而伤神

处心积虑的曾国藩，总是想得太多。

曾国藩此人，既具有钢铁般的意志，又不乏缜密的心思。这一点，我们完全可以从曾国藩的人生历程中得到验证。换句话说，在那样的年代、那样的环境中，曾国藩如果缺少了钢铁般的意志和缜密的心思，恐怕早就被淹没在波谲云诡、暗流丛生的宦海之中了。

官场充满凶险。人们甚至把官场比喻为战场。所以为官首先就不是一件轻松的事。世人往往只看到达官显贵们表面上的荣耀，却难窥其背后的坎坷与悚惕。

曾国藩一无背景二无靠山三无金钱，是一个地地道道的草根。凭着这样的条件要想有所造就，就只能凭着自己的顽强与勤奋去努力去打拼去搏取，其所承担的巨大的心理压力是可想而知的。曾国藩深知"居官不过偶然之事"的道理，所有的事务"凡盛必有衰"，所以他升官后反而"时时战兢惕惧"，"盛时常作衰时想，上场当念下场时"，终日悚惧得很。晚年的曾国藩"位高、名大、权重"，即使是这样，曾国藩仍然"寸心惕惕，恒惧罹于大戾"。如果不这样，"皆危道也"。在这样一种心境下生活，犹如泰山压顶，想放松身心过自由自在的生活只能是一种不切实际的奢望。

其次，曾国藩内省太过，几尽苛刻。曾国藩无疑是最具反省精神的古人之一，堪称反躬自省的第一人。其反省的频率、时间跨度、所涉及的内容，均超过了以"躬自厚而薄责于人""吾日三省吾身"而著称的孔子，真正做到了生命不息，反省不止。这样地玩命儿似的省克是相当耗费心血的。

曾国藩的反躬自省始于清道光二十二年（1842年）。

这时的曾国藩，早已不是从湖南湘乡走出来的那个两榜不第的毛头小子了。时年三十二岁的曾国藩虽然刚刚过了而立之年，但已跻身京师官场，实现了读书人的最高理想，进入了大清国培养官员的最高学府——翰林院，官拜翰林院检讨。此时的曾国藩拥有令人眼热的年龄，拥有别人无法企及的机遇，尤其是拥有使人艳羡不已的位置。然而，曾国藩并没有陶醉于所谓的成功之中，终日饱尝翰林的"正果"，也没有像其他同僚那样沉湎于整天阿谀逢迎、声色犬马，而是来了一个逆向思维：从这一年开始，他开始全面检讨、否定自己的品德、言行、学识，从此拉开了全方位反躬自省的序幕。

曾国藩的反躬自省主要包括四个方面。

第一，忏修为。诚信是中国人自古以来为人处世的基本规范。曾国藩是读书人出身，从小受的就是这种以纲常伦理为核心理念的传统教育，作为程朱理学的继承者，自然把诚信看得很重。然而官场之上，巧言令色、溜须拍马之举无时不有，无处不在，无所不用，可看作是通病，比较集中的表现就是为人不诚，言不由衷，言语尖刻，待人怠慢。曾国藩身在官场，自然也难免其俗，但所不同的是曾国藩在"言行不一""随俗"之时，心里头保持着一份清醒，一份理智，尤其是一份羞惭。在曾国藩这一时期的日记中，多有"语不诚""心有骄气""言不诚"、"语多不诚""口过甚多""有骄气""有狂妄语""言多谐谑""背议人短"之语，自责之意甚矣。如道光二十二年（1842年）十月十三日记，"是日，口过甚多，中有一言戏谑，非特过也，直大恶矣！"廿一日，"说话太多，神疲，心颇有骄气，斗筲之量，真可丑也。"不难看出，曾国藩对自己的所思所想、所作所为的确充满了诚心的省克和强烈的批判精神。

第二，恨无成。曾国藩中进士入翰林，诗词歌赋舞文弄墨之属自然不在话下，加之曾国藩从小用功甚笃，特别是跻身翰林，成为天子门生以后，更是文名在外，自视很高，处处不甘居于人后。然而，京师毕竟不是湖南，翰林院更不是岳麓书院，高手比比皆是，藏龙卧虎，难见首尾，这对曾国藩刺激不小。清道光二十二年（1842年）十月十九日，曾国藩在朋友处欣赏昆曲，颇入戏，感到"心甚静且和"，感慨古乐陶情淑性，入人之深，反省自己"吾齿长矣，而诗书六艺一无所识，进而自责"志不立，过不改，欲求无忝所生，难矣！"，为自己缺少文艺细胞很自惭。

交朋会友是曾国藩官场生活的重要组成部分。每每朋友相聚，谈经论道，吟诗作赋，交流心得是经常的节目。如果肚子里没有一些真东西的话，那是难以为继的。曾国藩生性好强，用他自己的话说是"有求胜心"。然而由于"心浮不能读书"，或"涉猎悠忽"，经常是"无所得"。所以，参加朋友聚会时常有露怯之处。他在时年十月十九日的日记中记述道"午正，易莲舫来久谈。问'正心'，余不能答"。在同一天的日记中又记载道"日来颇有数友晤，辄讲学中无所得，而以掠影之言欺人，可羞，慎之！"曾国藩深为自己"声气日广，学问不进，过尤不改，真无地自容矣"。在曾国藩辞世前的那一两年里，他仍在反省，为自己一生一无所而感叹不已。清同治十年（1871年）二月，曾国藩在日记中道："暮年疾病、事变、人人不免。余忝居高位，一无德业，尤为疚负，故此心郁郁不释耳。"

第三，谴谑浪。君子，作为一种理想的人格标准，历来是读书人毕生追求的目标。作为标准，"君子"一词的涵义相当丰富。儒家学派的鼻祖孔子就有着众多的论述。在儒学经典《论语》中，孔子就"君子"一词的阐述就达百次之多。按照孔子的观点，君子的核心是"仁"。那么什么是"仁"？在《论语》第十二篇"颜渊"中颜渊问孔子什么是仁。孔子回答说："克己复礼为仁。一日克己复礼，天下归仁焉。为仁由己，而由人乎哉？"颜渊又问："请问其目。"孔子回答道："非礼勿视，非礼勿听，非礼勿言，非礼勿动。"在遵守这些传统规范方面，曾国藩认为自己做得很不够，从而自责日甚。曾国藩在清道光二十二年（1842年）十二月十一日的日记中记述道："友人纳姬，欲强之见，狎亵大不敬。"在是月十六日的日记中又记载道，与朋友交谈，"闻色而心艳羡，真禽兽矣"。在是月廿三日日记中记道："嬉戏游荡，适成为无忌惮之小人而已矣。"廿二十四日有"席间多戏言，无论乱德，即取尤招怨，岂可不察?"之语，次日又有"语多不诚，又谑浪无节"的谴言。其实，兽性是人性的底色。一旦所谓人性的斑斓掩盖不住兽性的底色的时候，兽性就会明目张胆地暴露无遗。而一旦如此，所有的仁义道德、纲常伦理统统不堪一击。而曾国藩所表现出来的问题就证明了这一点。曾国藩对自己这种"犯了再改，改了再犯"的毛病深恶痛绝，因为"盖以凤诺久不尝，甚疚于心，又以今年空度，一事无成，一过未改"而"不胜愤恨"。发现错误容易，而改正错误则是困难的。曾国藩为此感到很痛苦，"寝不寐，有游思"，恐怕长此以往将"不圣则狂，不上达则下达，危矣哉"!

道光二十二年（1842年）十二月初七日，在曾国藩的人生历程中是一个具有里程碑意义的日子。为了"新换为人，毋为禽兽"，实现"修身、齐家、治国、平天下"的人生目标，曾国藩给自己设立了为人处世、养气修身、读书为文的十二项功课。这十二项功课具体包括：敬：整齐严肃。无时不惧。无事时心在腔子里，应事时专一不杂。如日之升；静坐：每日不拘何时，静坐半时。体验来复之仁心。正位凝命，如鼎之镇；早起：黎明即起。醒后勿粘恋；读书不二：一书未点完，断不看他书。东翻西阅。徒徇外为人。每日以十页为率；读史：丙申购廿三史。大人曰："尔借钱买书，吾不惮极力为尔弥缝。尔能圈点一遍，则不负我矣。"嗣后每日点十页，间断不孝；谨言：刻刻留心。是功夫第一；养气：气藏丹田，无不可对人言之事；保身：十月廿二奉大人手谕曰："节劳、节欲、节饮食。"时时当作养病；日知所亡：每日记《茶余偶谈》二则。有求深意是徇人；月无忘所能：每月作诗文数首，以验积埋之多寡，养气之盛否。不可一味耽着，最易溺心丧志；作字：早饭后字这半时，凡笔墨应酬，作为自己课程。凡事不可待明日，愈积愈难清；夜不出门：旷功疲神，切戒切戒。曾国藩坚信，只要刻苦修为，勤于改过，终究会提升人生的品位，完善功德。曾国藩深知自己的"病根在无恒"，"今日立条例，明日仍散漫"。所以，曾国藩提醒自己"急宜猛省"。

第四，悔俗见。清同治元年（1862年），身为两江总督、协办大学士的曾国藩节制四省军务，名满朝野，权倾东南半壁。可即便如此，曾国藩也没有沾沾自喜，妄自菲薄，仍然不断反思反省自己，给自己定目标提要求。在这一年八月的一篇日记中，曾国藩写道："近日公事不甚认真，人客颇多，志趣较前散漫。大约吏事、军事、饷事、文事，每日须以精心果力，独造幽奥，直凑单微，以求进境。一日无进境，则日日退矣。以后每日留心吏事，须从勤见僚属、多问外事下手；留心军事，须从教训将领、屡阅操练下手；留心饷事，须从慎择卡员、比较入数下手；留心文事，须从恬吟声调、广徵古训下手。每日午前于吏事、军事加意；午后于饷事加意；灯后于文事加意。以一缕精心，运用于幽微之境，纵不日进，或可免于退乎？"⑥

晚年的曾国藩虽已功成名就，誉满天下了。而此时，他的身体也渐渐不支，衰态毕至。可即便如此，曾国藩仍然不满意自己。反而更多地以批判的态度看待自己的一生，评价自己的一生。

曾国藩在一篇日记中写道："因思古来圣哲，胸怀极广，而可达天德者约有数端，如笃恭修己而生睿智，程子之说也；至诚感神而致前知，子思之训也；安贫乐道而润身晬面，孔、颜、曾、孟之旨也；观物闲吟而意适神恬，陶、白、苏、陆之趣也。自恨少壮不知努力，老年常多悔惧，于古人心境不能领取一二，反复寻思，叹喟无已。"⑦

在另一篇日记中，曾国藩又写道："因思近年焦虑过多，无一日游于坦荡之天，总于由名心太切、俗见太重二端。名心切，故于学问无成，德行未立，不胜其愧馁。俗见重，故于家人之疾病、子孙及兄弟子孙有无强弱贤否，不胜其萦绕，用是忧惭局促，如茧自缚。今欲去此二病，须在一'淡'字上着意。不特富贵功名及身家之顺遂、子孙之旺否悉由天定，即学问德行之成立与否，亦大半关乎天事，一概淡而忘之，庶此心稍得自在。"⑧

应该说，作为封建社会的士大夫，曾国藩自然摆脱不了历史的局限性，他的功过是非自有历史去评判。但就个人"知至、正心、诚意、修身"的恒心和毅力而言，在当时的官场上实属罕见，即使对今人也不无裨益。而问题在于，省克过甚就会严重伤及心脾。

溘然辞世

曾国藩以六十二岁的年龄辞世，让无数人感到痛惜。

曾国藩的身体似乎就没有健壮过。三十刚出头的时候就"不耐久思，思多则头昏"。没过多久，又莫名其妙地添了一个耳鸣的毛病，时时受到困扰。因为身体"不甚壮健"，便开始服药调养。但是效果并不明显。至清道光二十八年（1848年），曾国藩就感到自己"精力日差"，"夜坐略久，次日即昏倦"。

这一年，曾国藩又添了一个新病，即经常闹眼疾，这对一个读书人来说是很让人烦心的一个事儿。其后，呕吐、牙痛、腹泻、疝气、尿频等毛病也接踵而至，不离曾国藩左右。但这些毛病都不是什么大事，最要命的是睡眠不好，不是睡不着就是睡不好，到后来演变成"愈眠愈疲"，这几乎困扰了曾国藩的一生。

清同治九年（1870年）四月，曾国藩已身居相位，但身体却每况愈下，不得不向朝廷请假调养。曾国藩这时候的主要病症包括右眼失明和眩晕。如果说癣疾是先天的话，那么眼疾则纯粹系劳累所致。曾国藩在清道光二十三年（1843年）起日记中就经常有"眼蒙""眼犹蒙""眼蒙如老人""眼蒙特甚"的记述。至清道光二十五年（1845年）眼病越发加剧。同年正月初一，按例，曾国藩必须要进宫向皇上朝贺新年，而他却已经没有办法做到了。在当天的日记中，曾国藩记述道："黎明即起，因眼痛不可风，故不入内朝贺，亦不敢早起。"因眼疾而不能入朝晋贺，这在曾国藩来说是绝无仅有的，但凡能够克服都不会如此。可见他的眼睛达到了多么严重的程度。清咸丰九年，曾国藩的眼疾进一步加重。在同年五月十五日的日记中说自己"右目红痛，不敢多看书"，在接下来的几日中皆有"目红痛，因写字多，又加红焉""是日因右眼红痛，自未后不复作字看书""饭后因目痛不敢多作一事，竟日闭目酣睡""夜困倦殊甚，目光尤蒙""倦甚，不能作事。目亦极蒙也"等相同内容的记载。到了清道光二十八年（1848年），曾国藩的目疾经常化，"常有目疾"，"总为眼蒙，不耐久视，遂至百事废弛"，严重影响了他的生活和工作。而此时，眼疾已经到了无法挽回的地步。

曾国藩上奏皇上说："窃臣自上年秋冬以后，目力昏眊，看字常如隔雾。治事稍久，则眼蒙益甚。初，犹自谓衰老之常态，迨本年二月二十九日，偶以一手自扪左目，竟不复辨知人物，始知右目已属无光……十六日复得昏晕之病……昏晕欲绝，但觉房屋床帐翻覆旋转，心神不能自主，头若坠冰，足若上举……"⑨

自这一刻，位高责重的曾国藩已经没有能力治事了，为此他"深感愧疚，寸心如焚"。同年底，曾国藩预感自己"衰病如此，殆难久支耳"⑩。

到了清同治十年（1871年），曾国藩再添新病。

这一年二月，曾国藩发现自己的右肾浮肿，"大如鸡卵"，预判"危症见矣"。在同月二十三日的日记中，曾国藩慨叹道："前以目疾，用心则愈蒙，近以疝气，用心则愈痛，遂全不敢用心"，所以，不能看书，不能见客，不爱吃饭，"竟成一废人矣。"随着时间的推移，曾国藩的眩晕之症越来越严重，已经到了"目一眩晃，辄已跌落在地"的程度。到同年底，曾国藩自觉"日来衰颓殊甚，全无作新气象"。在同年十二月初十的日记中，曾国藩写道："是日会客时，右脚麻木不仁……近日手掌皱皮粗涩，面尤憔悴，盖血虚已极，全不腴润矣。"十二日记曰："在坐沉吟，新如枯木，了无生机。"二十日更道："盖心血全枯，无不可汲……"

我们从曾国藩清同治十一年（1872年）的日记中，可以一窥他辞世前的身体状况。在这段时间里，曾国藩与疾病顽强斗争，仍然坚持办公、会客、读书，但因身体"疲乏殊甚""疲乏极矣"，严重影响了学习和公干的效率与质量。

清同治十一年（1872年）正月二十三日，曾国藩接见一位属下，刚刚说了几句话，右脚就突然麻木，接着就发颤，"若抽掣动风者，良久乃止"。二十六日，曾国藩出门迎接路过金陵的前河道总督苏廷魁。"在途中已觉痰迷心中，若昏昧不明者，欲与轿旁支戈什哈说话，而久说不出。至水西门官厅，欲与梅小岩方伯说话，又许久说不出，如欲动风者。然等候良久，而苏赓翁不至。又欲说话而久说不出，众人因劝余先归。到署后，与纪泽说话，又许久说不出，似将动风抽掣者"①。

曾国藩对自己的病情有些失望了。在二十八日的日记中写道："昔道光二十六、七年间，每思作诗文，则身上癣疾大作，彻夜不能成寐。近年或欲作文，亦觉心中恍惚不能自主，故眩晕、目疾、肝风等症，皆心肝血虚之所致也。只能溘先朝露，速归于尽，又不能振作精神，稍治应尽之职事，苟活人间，惭悚何极！"

二月初一日，曾国藩记道："余精神散漫已久，凡遇应了结之件，久不能完成，应收拾之件，久不能检，如败页满山，全无归宿。通籍三十余年，官至极品，而学业一无所成，德行一无可许，老大徒伤，不胜惭赧。"初二日，曾国藩"坐而假寐，疲甚，若不堪治一事者"。中午后"又发病……手执笔而如颤，口欲言而不能出声，因停止不复阅核公事"。初三日，"又有手颤心摇之象"。

清同治十一年（1872年）二月初四日午后，曾国藩在儿子曾纪泽的陪伴下，在总督府西花园里散步。"游毕将返"，曾国藩连声说脚麻，曾纪泽赶紧把曾国藩扶回书房，曾国藩"端坐三刻乃薨"。时年六十二岁。

据《曾国藩年谱》记载，当时"金陵微雨，天色阴惨，忽火光烛城中，江宁、上元两县令惊出救火，率无所见，见有红光圆如镜面，出天西南隅，良久渐微江南士民巷哭"。噩耗传来，皇上大惊，辍朝三日，以示痛悼。据说，就连慈禧皇太后在接到曾国藩的死讯后，也悲痛万分，当即惊掉了手中的奏折，不禁潸然，痛惜擎天柱之崩摧，哀叹大清国之势衰。

曾国藩之死，无疑给苟延残喘的大清国以沉重的打击。但痛惜也好，哀叹也罢，总之是人死而不能复生，人们只能无奈地看着大清国最后一座神明黯然辞世，烟消云散。

不管如何天生异象，也不论朝野如何痛悼；不管是后世怎样演绎，也不论民众如何哀痛，总之，曾国藩对所发生的一切都无法知晓了。大起大落、毁誉参半的曾国藩，在与窘困险恶拼争了一生后撒手人寰。现在，曾国藩终于可以不用再为任何人或事耗费心血了，自然也不会再受癣疾、眼疾、神倦、睡不好觉所累而心烦意乱了。

养生不逮

讲究了一辈子养生，曾国藩似乎没有受到多少益。

曾国藩的死，使人惋惜，也产生许多不解，其中最主要的就是曾国藩一生极其讲究养生。既有理论，又有经验。无论是在京中为官，还是戎马倥偬，只要感觉不舒服，就及时医治，即使没有什么毛病，也时时当养病。这么爱惜自己的一个人，何以会过早辞世？

曾国藩是一个谨严之人。受"崇仁""守礼"等传统文化的训导，把言必信行必果作为为人处世的准则。但是白璧微瑕，曾国藩也确实有说得多，做得少；说得到，没做到的事，其中最突出的就是他念念不忘而又津津乐道的保身养生。

曾国藩在养生方面有许多见解。有的是从别人那里学来的，有的则是他自己总结的。日积月累，不断完善、丰富。如曾国藩在清咸丰十年（1860 年）三月的家书中，告诫弟弟："太劳伤精，唢呐伤气，多酒伤脾。以后要戒此三事……"，并嘱："学射最足保养，起早尤千金妙方、长寿金丹。"在同年十二月二十四日的家书中又论及养生之法，认为："亦唯在慎饮食节嗜欲……"而在清咸丰十一年（1861 年）正月十四日的日记中更是把养生之道理论化，归纳为："念养生之法，莫大于惩忿、窒欲、少食、多动八字。"并时常补充完善。

清咸丰十年（1860 年）十二月二十四日，曾国藩在给儿子的家训中，提出："每日饭后走数十步，是养生家第一秘诀。"

清同治元年（1862 年）正月初一，时年五十二岁、已官拜协办大学士、两江总督的曾国藩，正处在癣疾的困扰之中，吃不好，睡不着，"竟夕爬搔，不能成寐"。于是感念"养生之道莫大于眠食……"，把吃好饭睡好觉摆上了养生的第一位。

清同治五年（1866 年）七月初三日，曾国藩提出"养生四法"，即"一眠食有恒，一饭后散步，一惩忿，一洗脚"，此为曾氏养生之道的精髓。

到了清同治十年（1871 年），也就是曾国藩六十一岁的时候，他的养生体系业已渐成。他在这一年的八月的日记中言道："养生之道，视、息、眠、食四字最为要紧。息必归海，视必垂帘，食必淡节，眠必虚恬。"曾国藩阐述道："归海，谓藏息于丹田，气海也；垂帘，谓半视不全开，不用苦也；虚，谓心虚而无营，腹虚而不滞也。"曾国藩认为："谨此四字，虽无医药丹诀，而足以却病矣。"

同年十月二十二日，曾国藩在家书中，把他的养生之道正式概括为"六法"，即"一曰饭后千步走，一曰将睡洗脚，一曰胸无恼怒，一曰静坐有常时，一曰习射有常时，一曰黎明吃白饭一碗不沾点菜"。这标志着曾国藩的养生体系业已完成。

那么，对于这些说得明明白白的养生之道，曾国藩又遵循得如何呢？答案并不乐观。

首先，曾国藩没有完全做到惩忿。所谓惩忿，即警戒恼怒是也。曾国藩认为，惩忿是养生的要诀。然而，人毕竟是生活在现实之中，不可能天天太平，日日无忧。人又是具足七情六欲之躯，嬉笑怒骂皆谓本性，一味地强行遏制，长期抑郁在心而不得宣泄，不仅有悖常理，且于身心有百害而无一利。

曾国藩人年轻时起就脾气大，一发作起来往往难以遏制。而控制不了自己的脾气，这既是官场中的大忌，更易损伤身体，即所谓气大伤身者也。

聪明绝顶的曾国藩焉能不知道这些利弊？但是，尽管他时时克制自己，约束自己，而一旦发作仍然不可遏制。所以从实践的角度来说，惩忿的效果并不显著。这在他的日记、家书中多有记载。比如，清道光二十三年（1843 年）正月初三，有朋友来访。谈话间涉及一件小事，触动了曾国藩的神经。已身为翰林公的曾国藩全然没有了平日的谦谦胸怀、道德修养，"大发忿不可遏"，而且殃及到了家人。虽经朋友劝解，但曾国藩"犹复肆口谩骂，比时绝无忌惮"；同月初四，曾国藩因为下人不得力，"屡动气"；同月初六，又因为下人不怎么聪明能干，而"坐车中频生气"；道光二十四年（1844 年）正月初一这一天，"为车夫忿怒二次"；同治三年

（1864年）五月初八，仅仅因为"内室晏起者多，愠怒者久之"。

在冷静的时候，曾国藩对于怒大伤身之事，还是有着比较清醒的认识的，而且也做过深刻的反思。他认为，在与人交往过程中，如果总是计较那些只言片语或细枝末节，就会影响心情，进而"成忿"。如果在来不及控制就会一发而不可收，其后果相当于"引盗入室矣"。

随着年龄的增长，特别是随着官位越来越高，官职越来越大，曾国藩刻意强迫自己控制情绪，少发脾气，努力"于'忍气'二字加倍用功"。但是，江山易改本性难移。"当此乱世，黑白颠倒，办事万难"，悻悻之事安能免除？

曾国藩身居高位后，对自己的言行多有忌惮，不可能像从前一样任性而为。有了怒气，对外不好发作，一味强调"忍气""内敛"，"打脱牙和血吞"就是曾国藩最常用最主要的手段，甚至成为他的一句名言。然而，怒气就像逝水一样，这里不通，就要另寻他途。从表面上看，曾国藩保持了不愠不怒，不温不火，但却把恼怒萦绕于胸，积聚于心，变成"内伤"。而这样做的结果，就是给身体造成了更大的伤害。

其次是嗜欲难禁。曾国藩有两大嗜好，一是好烟二是好棋。然而曾国藩深知，这两样嗜好既费神、费时，又有损于健康，是非戒除不可的。曾国藩首先从戒烟入手，把戒烟作为"改换新人"的第一要务。

道光二十二年（1842年）十月廿一日，曾国藩在家里会客。客人走后，曾国藩突然感到有一些昏眩，便想到每天"昏锢"的原因，就是"由于多吃烟"所致。于是当即"毁折烟袋"，发誓"永不再吃烟"，并起毒誓："如再食言，明神殛之。"

戒烟是一件很痛苦的事情。用曾国藩的话说，刚开始戒烟时，那种痛苦"如失乳彷徨"，又云，在坚持的过程中，备受心神不宁、六神无主的煎熬，其苦楚难以言表。但是，曾国藩把戒烟这件事看得很重，没有给自己留下一丝一毫的回旋余地。曾国藩告诫自己，不能给自己留下任何借口，更不能对自己有稍许的同情。一旦对自己稍有"自恕"，那么"天下无可为之事矣"，时刻提醒自己"急宜猛醒"。还不错，戒烟之事，曾国藩还是坚持下来了，此后终生未碰。

曾国藩的另一嗜好就是下围棋。下围棋几乎伴随了曾国藩的一生。无论是居庙堂之高，还是处兵戎相见之险，好棋之嗜未离须臾。曾国藩深知下围棋"费精力，日中动念之时，夜间初醒之时，皆萦绕于黑白之上，心血因而愈亏，目光因而愈蒙，欲病体之渐痊，非戒棋不为功"。清道光二十四年（1844 年）正月廿三日夜，正值盛年的曾国藩因为与朋友连下了两局棋而"头昏眼花"，不能自持，于是便起誓"以后永戒不下棋也"。然而，曾国藩在戒棋的事上，却始终做不了自己的主，屡戒屡弈，直至辞世。

清同治三年（1864 年）六月，正是曾国藩率领湘军与太平天国进行最后鏖战的决胜之际，并最终扑灭了燃烧了十四年的"天朝之火"。竟日的殊死拼争，使曾国藩疲乏困度，勉力支撑。在这个时期的日记中，屡屡见到"倦困殊甚""不甚成寐""疲乏殊甚"等记述。但是，就是在这样的情况下，曾国藩仍然没有忘记留恋于棋枰之中，赏玩黑白之乐。在这一个月里，除了外出视察军务外，曾国藩共下了二十六局棋，平均每天一局。

到了清同治十一年（1872 年），时年仅六十二岁的曾国藩已经垂垂老矣。年初至辞世前，曾国藩始终每日下棋。在辞世前一天，曾国藩仍然下了两局围棋，真正做到了生命不息，弈棋不止。戒棋，成为曾国藩一生中，唯一说到却始终没有做到的事。

再次就是饮食过俭。曾国藩认为自己身体孱弱的原因是"盖以禀赋不厚，而又百忧摧撼，历年郁抑，不无闷损"而致。其实，也与他过于清淡的饮食有关。

曾国藩秉持家训，一生过着节俭的生活，尤其是在饮食方面，不尚精细、奢华，几近苛刻。早年做京官的时候，虽然每日少不了胡吃海喝，觥筹交错。但随着时间的推移，曾国藩渐渐把饮食提升到健康的高度，注意清淡戒奢，他把这既做为继承祖训的重要内容之一，更视为养生的秘诀。

曾国藩身居高位，权倾半壁。只要是他想要的，恐怕没有什么得不到的。单以吃食而论，只要他想吃，哪里还敢少了他的山珍海味？但曾国藩恰恰对饮食没有太高的要求。

清同治五年，曾国藩早已拜相封侯，功成名就，光环绕身。而此时的饮食业已形成自己的一定之规。他认为一些高官依靠参茸燕菜鱼翅海参补身"亦鲜实效"或"亦终无所补救"，而是推崇自己的那一套。

曾国藩在该年十月初六的家书中说："余现在调养之法，饭必精凿，蔬菜以肉汤煮之，鸡鸭鱼养豕炖得极烂……"

虽然官居相位，但曾国藩的日常饮食始终保持着农家本色和自己的习惯。一日三餐，均少不了以家乡小菜相佐。这些家乡的小菜，无非就是一些自家腌制的腐乳、酱菜、倒笋、盐姜、腊肉、蛏虷之类，一日不可或缺。常常嘱咐家人预备"寄与我吃"。他认为这些食物，是天下的"至味"，"大补莫过于此"。

随着年龄的增长，曾国藩的身体每况愈下，各种疾病不期而至。由于脾胃虚弱，曾国藩的饭量越来越少，饮食越来越寡。清同治九年（1870年）十二月二十一日，曾国藩记录自己的饮食仅仅就是用一点"面条、薄饼之类"。

曾国藩尽管讲究饮食的清淡，家乡的小菜也固然适合自己的口味，但是能否保证足够的营养供应和均衡却值得商榷。

从客观情况看，曾国藩自幼体弱，为了参加科举，苦熬十几年。被点翰林后，虽无风雨之苦，衣食之忧，但官场险恶，暗流汹涌，哪容得了片刻安心？后来编练湘勇，开始了与太平军经年苦战。虽终得事功，但身体也完全垮了。随后搅捻、开创洋务，直到使他声名狼藉的"天津教案"，曾国藩身心疲惫，几近崩颓。可以肯定地说，曾国藩这样的身心耗损，仅凭他的那套饮食之法实难以支撑。

从曾国藩的身体情况来看，患有目疾、眠少、胃虚、腰痛等多种病症，经常患感冒，腹泻，这是明显的抵抗能力弱，免疫能力低下的症状。而这一切无不与饮食有关。

第四是运动乏陈。尽管曾国藩把运动作为他的养生"六法"中的一项基本内容。但在曾国藩的著作中，关于他运动的记录比较少见。在清咸丰十年（1853年）十二月二十四日的家训中，曾国藩告诉儿子曾纪泽："每日饭后走数十步，是养生家的第一秘诀。"然而，曾国藩自己在这方面却坚持得不好，更谈不上成效了。

清同治五年（1866年）六月初五，曾国藩发誓要做一件重要的事，就是决定"饭后三千步近日试行"，并且"自矢永不间断"。而事实上，曾国藩显然也没有完全做到。五年以后，曾国藩自己承认，在他自己提倡的养生"六法"中，他自己坚持比较好的，也仅仅就是"洗脚一事"。

作为中国近代史上一位重量级人物，曾国藩以道德修养，文韬武略著称于世，可谓"善始"。然而以六十二岁谢世，也难称"善终"；虽然不能算是早亡，也绝对称不上是长寿。其根本原因，就是由于身体孱弱，"革命"的本钱不厚所致。

注释：

①《西学东渐记》语。

②《曾国藩全集·日记》：清道光二十三年二月初一日。

③《曾国藩全集·日记》：清道光二十三年二月初九日。

④《曾国藩全集·日记》：清道光二十三年二月十一。

⑤《曾国藩全集·日记》：清同治元年闰八月初三日。

⑥《曾国藩全集·日记》：清同治元年八月十九日。

⑦《曾国藩全集·日记》：清同治十年三月初十日。

⑧《曾国藩全集·日记》：清同治十年三月十六日。

⑨《曾国藩全集·奏稿》：清同治九年四月二十一日之《因病请假折》。

⑩《曾国藩全集·日记》：清同治九年十一月初九日。

⑪《曾国藩全集·日记》：清同治十一年正月二十六日。